Adolph Ebeling

Lebende Bilder aus dem modernen Paris

Adolph Ebeling

Lebende Bilder aus dem modernen Paris

ISBN/EAN: 9783743439627

Hergestellt in Europa, USA, Kanada, Australien, Japan

Cover: Foto ©Thomas Meinert / pixelio.de

Manufactured and distributed by brebook publishing software (www.brebook.com)

Adolph Ebeling

Lebende Bilder aus dem modernen Paris

Lebende Bilder

aus dem modernen Paris.

Erster Band.

Köln, 1863.

Druck und Verlag von J. P. Bachem.

Vorwort.

Die vorliegenden Arbeiten sind durchaus anspruchslos. Sie erschienen im Laufe der letzten Jahre unter dem Titel: „Kleine Chronik aus Paris" im Feuilleton der „Kölnischen Blätter", wo sie eine so freundliche Aufnahme fanden, daß der Verleger dem Verfasser einen Separatabdruck vorzuschlagen wagte. Ihr einziges Verdienst (wenn nicht anders schon dies Wort zu hoch klingt) wäre vielleicht die Unmittelbarkeit, wie eine solche aus persönlicher Anschauung, gewissermaßen als ein Erlebtes, hervorgeht; wobei wir den Umstand nicht unerwähnt lassen wollen, daß der Verfasser bereits gegen zehn Jahre in Paris und in Frankreich, obenein in den verschiedenartigsten Verhältnissen, zugebracht, bevor er überhaupt die ihm gewordenen Eindrücke niederschrieb.

Dennoch verlangen der Inhalt und die Form dieser Arbeiten, zumal sie jetzt vor ein größeres Publicum treten, zwei Worte zur Verständigung.

Als Feuilleton flüchtete sich diese „leichte Waare" bequem unter die schützende Aegide der genannten Zeitung, wie ein Gast, der sich in guter Gesellschaft befindet, eben durch diese selbst genügend legitimirt wird, wenn er etwa nicht ganz salonfähig auftreten, oder sonst ein Weniges (»un tout petit peu«, wie der Franzose sagt) gegen Ton und Sitte des Hauses verstoßen sollte; — mit dem Buche ist es ein Anderes: das steht selbstständig da und muß für sich selbst reden.

Deshalb die Bitte an den Leser, den ja jeder Autor nicht ohne Grund den „freundlichen" nennt, trotz des losen Gewandes die Schale vom Kern zu scheiden und das allenfalls verborgene Goldkörnchen in dem bunten, flüchtig schimmernden Gestein nicht zu verkennen.

Vielleicht gerade weil wir social, politisch und religiös den Ernst des Tages, „die schwere Noth der Zeit", um so tiefer fühlten, schlugen wir einen desto leichtern Ton an und führten manch heiteres, weltliches Bild, wenn auch nicht als Trost, so doch zur Zerstreuung vorüber.

Was ferner die Form dieser Arbeiten betrifft, so tritt durch dieselbe die Persönlichkeit des Verfassers allerdings sehr in den Vordergrund; aber dies soll nur eine leichtere Darstellungsweise vermitteln; daß es keinen individuellen Grund hat, geht schon daraus hervor, daß wir unsern Namen nicht auf das Titelblatt setzen.

So dürften diese an sich nicht eben bedeutenden Blätter, vom richtigen Gesichtspunkte aus betrachtet, nicht allein einen willkommenen Beitrag liefern zur angemessenen Beurtheilung von Paris und Frankreich, was vielfach ein und dasselbe ist, sondern auch einen Maßstab zur unbefangenen Würdigung hier des französischen Volkes, dort der Pariser Gesellschaft.

In rein statistischer Hinsicht und als bloße Schilderung der „Hauptstadt der Welt", namentlich im Hinblick auf Alles, was bereits über Paris und Frankreich geschrieben ist und wohl noch geschrieben wird, sind freilich diese Bände, ungeachtet ihres Umfanges und unserer Absicht, später eine Fortsetzung derselben zu veranstalten, nur ein Tropfen im Meer; .... wir können zwar, wenn wir nicht gewisse Kritiker fürchteten, darauf erwidern, daß die Naturforscher in einem Wassertropfen „eine Welt im Kleinen" sehen und daß derselbe, ungeachtet seiner Kleinheit, die schönste Lufterscheinung, den Regenbogen, ja das Sonnenbild selbst widerspiegelt; — wir wollen sogar diesen allerdings etwas kühnen Passus getrost stehen lassen, da ja so Viele „aus Princip" niemals das Vorwort eines Buches lesen.

Und damit schließlich auch der Dedication ihr Recht werde, gestatte man uns, diese Arbeiten den vielverehrten kölnischen Lesern und mehr noch den kölnischen Leserinnen zu widmen, als Dank für die freundliche Nachsicht und die aufmunternde Theilnahme, die sie dem „Chronikschreiber" stets und in so hohem Maße zugewendet. Auf diese Weise gelangen wir mit unserm Buche geschickt wieder unter die obenerwähnte schützende Aegide und hätten erst recht nichts für das Schicksal desselben zu fürchten.

Schloß Crafaut-en-Plédran, in der Bretagne,
im Juli 1863.

E.

Veilchen.

Der pariser Winter ist bekanntlich sehr milde und oft scheint er ganz ausbleiben zu wollen; der Herbst zieht sich bis in den December hinein, und im Januar haben wir schon wieder einige Frühlingstage.

Das Veilchen, der eigentliche Lenzbote, verläßt uns daher auch im Winter nicht, und zur Neujahrszeit sieht man fast immer an den Ecken aller Boulevards und der Hauptstraßen wahre Veilchenberge, hinter denen die Blumenverkäuferinnen manchmal ganz versteckt sind. Wer „gut kaiserlich" gesinnt ist, ob Herr oder Dame, trägt alsdann stets den obligaten Veilchenstrauß. Nur im Faubourg Saint=Germain kauft man keine Veilchen. Kein Blumenmädchen geht in jenes Quartier; es würde dort schlechte Geschäfte machen, denn das Veilchen, dies unschuldige, bescheidene Blümchen, ist längst hier in Paris ein politisches Abzeichen geworden: es ist die napoleonische Blume par excellence. Schon mehr als ein Mal hat ein Veilchenstrauß hier in Paris eine wichtige Rolle gespielt.

Es sind jetzt etwa sechs Jahre her, als eines Tages aus einem alten prächtigen Hôtel, so recht inmitten des Faubourg Saint-Germain, eine Carosse herausfuhr, ebenfalls alt und prächtig, wappengeschmückt und reich vergoldet; der Kutscher und die beiden Lakaien silberbetreßt und gepudert, ein peitschenknallender Vorreiter in gleichem Costüm. Im Wagen saß ein ältlicher kleiner Mann, mit scharfen Zügen und lebhaften Augen, einfach schwarz gekleidet; den brillantenen Stern des Ludwigsordens hatte er wohlweislich zu Hause gelassen. Dieser Herr war der Marquis de P., bis dahin ein leidenschaftlicher Legitimist, in gerader Linie mit den Valois verwandt, mithin von königlichem Geblüt und ein Nachkomme des Kreuzritters P., der mit dem h. Ludwig die Gefangenschaft theilte. Der Marquis war überdem ein persönlicher Freund des Grafen Chambord, soweit nach den Begriffen der guten, alten Zeit ein getreuer Unterthan der Freund seines rechtmäßigen Königs sein kann. Er reiste alljährlich nach Deutschland, um „Sr. Majestät Heinrich V." aufzuwarten, und wenn er von Napoleon und den Bonapartisten sprach, so . . . . Wohin fuhr denn der Marquis de P. in seinem Galawagen? Direct nach St. Cloud zu Hofe, zum Kaiser. Unmöglich!

„Solch ein Verrath und Felonie, Herr Fürst,
Sind ohne Beispiel in der Welt Geschichten."

Der Marquis hatte vermuthlich Schiller's Wallenstein nie gelesen; auch könnte man einwenden, daß das Citat nicht paßt, denn seine Desertion war nur eine individuelle. Aber Lärm und Aufsehen hat sie doch damals nicht wenig gemacht, und noch heute nennt man in gewissen Kreisen den Namen des Marquis nur mit Achselzucken oder noch bedeutsamern Gesten.

Was in St. Cloud im kaiserlichen Cabinet bei jener Audienz vorgegangen, hat Niemand erfahren. Acht Tage darauf wurde der Marquis zum Senator ernannt, und seine Gemahlin erschien im kommenden Winter bei Hofe an den großen Empfangtagen in einem mit goldenen Bienen durchstickten Schleppkleide und mit einem Veilchenstrauß, dessen Größe dem Erstaunen der Hofdamen und Hofherren nichts nachgab. Arme Veilchen! schüchterne Frühlingskinder, der ländlichen Flur entführt, um der politischen Intrigue zu dienen, oder gar den Treubruch zu bezeichnen! Die Lilie, die stolze, die königliche, ist von dem kleinen Veilchen verdrängt und verdunkelt.

Noch eine andere Geschichte gibt es, wo ein Veilchenstrauß in Paris so bedeutsam wurde, daß er gar eine Kaiserkrone gewann.

Vor neun Jahren war in einer eleganten Villa am Seine-Ufer in Passy, wo seit Kurzem eine spanische Familie wohnte, gar oft vornehme und zahlreiche Gesellschaft. Die Herzogin war eine liebenswürdige Dame, und ihre beiden Töchter, an Schönheit und Geist gleich ausgezeichnet, bildeten einen gewaltigen Doppelmagnet, der alle Herzen anzog. Manchmal war vollends große Bewegung in den schimmernden Sälen, und die ganze Versammlung, Herren und

Damen, Jung und Alt, schauten und horchten auf einen einzigen Mann, der dort am Kamine mit der Frau vom Hause scherzte, hier den Damen verbindliche Worte sagte, oder auch in einen plaudernden Männerkreis trat, wo ihm Alles ehrerbietig Platz machte. Wenn er sprach, wurde es mäuschenstille im Saale, wie wenn ein König da wäre. Dieser Mann trug einen einfachen schwarzen Frack, wie die übrigen Herren, aber auch ein kleines silbernes Sternchen auf der linken Seite, halb versteckt, als wenn es sich nicht sehen lassen dürfe. Die unbeholfenen Lakaien bückten sich verlegen fast bis zur Erde, wenn sie ihm Eis oder Limonade präsentirten, und nannten ihn Altesse, die übrigen Gäste sagten kurzweg: Monsieur le président.

Louis Napoleon (er war es) kam zu immer häufigern Besuchen in die Villa am Seine-Ufer in Passy. Man merkte gar bald, daß diese Besuche zumeist der ältesten Tochter des Hauses galten, und die Prinzeß Eugenie merkte dies ebenfalls. Anfangs soll sie jedoch mit ächt spanischer Grandezza diese Huldigungen zurückgewiesen haben, obgleich sie von einem Manne kamen, den schon damals die Welt als den Erben des napoleonischen Kaiserthrons, wenn auch leise und kopfschüttelnd, bezeichnete. Aber der Prinz hatte auch in dieser Beziehung etwas von dem Eroberungs-Talent des Oheims bekommen, und eines Abends, es war eben großer glänzender Empfang bei der Herzogin, erschien die Prinzeß in einer reizenden — Veilchen-

Toilette, wenn man so sagen könnte: Veilchen im Haar, Veilchenbouquets im Besatz ihres Kleides, und in der Hand den historischen, bedeutsamen Strauß. Der Prinz verstand diese symbolische Sprache. Die Prinzessin hatte seinen Heirathsantrag angenommen. Ein volles Jahr verging freilich noch, bevor die Vermählung vollzogen werden konnte, und obenein ein ernstes, schreckliches Jahr, wo während einiger Tage Alles, Alles auf dem Spiele stand, — nicht für den Prinzen allein, sondern für ganz Frankreich, ja, für Europa. Denn wie ständen wohl die Weltverhältnisse jetzt, wenn der Staatsstreich mißglückt wäre, wenn die Republikaner die Oberhand gewonnen, oder wenn gar eine neue Restauration den Napoleoniden verdrängt hätte?

Aber dies Mal sollte das Veilchen noch den Sieg davontragen im Kampf mit der Lilie. —

Wieder ein Jahr später zog an einem sternenklaren December-Abend eine lange, lange Wagenreihe vom Senatspalast durch die elysäischen Felder nach St. Cloud, um dem Prinzen das Volksvotum zu überbringen, das ihn zum Kaiser von Frankreich machte, zu einem der ersten Monarchen der Christenheit!

Im Thronsaale stand der Mann, den wir schon in der spanischen Villa in Passy kennen gelernt, aber diesmal in voller Uniform, um den Hals die prächtige Kette des goldenen Vließes, ein Erbstück seines großen Vorfahren, und über der Brust das breite geflammte Purpurband der Ehrenlegion, deren Herr und Großmeister er nun geworden. Ihm zur Seite standen sein

Oheim, der alte Prinz Jerome, und dessen Sohn, die Prinzessin Mathilde und die Fürstin Murat, damals die einzigen Mitglieder der kaiserlichen Familie, und im Hintergrunde viel sonstige Herren und Damen. Auch die Veilchensträuße fehlten nicht.

Endlich, wieder nach einigen Monaten, fuhr ein mit acht weißen Rossen bespannter goldener Wagen mit lautem Gepränge und endlosem Gefolge durch die Rivolistraße nach der Kathedrale von Notre-Dame. Im Wagen saß der Kaiser und ihm zur Seite die Tochter der Herzogin, für die sich nun der glänzende Traum zur noch glänzendern Wirklichkeit gestaltete: denn eine Stunde später hatte sie den Veilchenstrauß mit der Kaiserkrone vertauscht.

Der 15. November ist der Namenstag der Kaiserin, und an jenem Tage steigen alljährlich die Veilchen im Preise. In den ersten Jahren des neuen Kaiserreichs gab es vollends am 15. November eine wahre Veilchen-Ovation: nicht Hunderte, nicht Tausende, sondern Hunderttausende von Veilchensträußen, groß und klein, warf man durch das hohe Gitter des Tuilerienhofes. Die Schloßdienerschaft baute gigantische Pyramiden daraus, die bis zum ersten Stockwerk des Palastes hinaufreichten; auch die verschiedenen Portale der Eingangsthore schmückte man damit, und der große Balcon in der Mitte, von welchem aus die Kaiserin die Menge begrüßte, schien ganz aus Veilchen gemacht zu sein.

Selbst Pinaud, der erste Parfümeur von Paris und kaiserlicher Hoflieferant, präparirt fast alle seine Essenzen, Pomaden, Oele und Riechwasser nur mit Veilchen. Er soll im Herzogthum Parma — dem schönsten Veilchenlande der Welt — große Felder mit Veilchen angepflanzt haben, die zur Zeit der Blüthe die ganze Landschaft durchduften und in einen unabsehbar weiten, dunkelblauen Teppich verwandeln. Aber wer weiß, ob nicht die rohen Schaaren der sogenannten italienischen Freiheitskämpfer jetzt jene lieblichen Fluren verheert und zerstört haben, wäre es auch nur, um sich an dem absolutistischen Princip zu rächen, das diese unschuldigen Blumen vertreten? Doch lassen wir die Politik und erzählen wir lieber, wie das kleine Veilchen überhaupt dazu gekommen ist, die bonapartistische Partei und die Dynastie der Napoleoniden zu bezeichnen.

Es war in den ersten Jahren dieses Jahrhunderts. Der große General, der die Geschicke Frankreichs und Europa's, wie er selbst sich rühmte, auf der Spitze seines Schwertes trug, war bereits zum Consul auf Lebenszeit ernannt und stieg raschen Schrittes die Stufen zum Kaiserthrone hinan. In Malmaison wohnte seine Gemahlin, die unvergeßliche Josephine; er selbst bewohnte das Elysée, denn die Tuilerien bezog er erst nach seiner Krönung. Fast täglich ritt Bonaparte nach Malmaison hinaus, nur von einem Diener, oder auch von seinem treuen Rustan gefolgt. So war er auch an einem Februarmorgen unterwegs und ritt schneller als gewöhnlich, denn er hatte sich verspätet. Die Ursache der Verzögerung war ein Veilchen-Bouquet, das der Consul aus den Treibhäusern von Versailles erwartete und das nicht ankam. Damals waren Veilchen im Winter eine Seltenheit, und ein Bouquet sofort anderweitig aufzutreiben, war geradezu unmöglich. Und doch hatte Bonaparte ein Versprechen zu lösen; denn es war der Namenstag seiner Gattin, und sie hatte ihm wenig Tage vorher auf seine Anfrage, welches Geschenk sie wünsche, einfach geantwortet: nichts als einen Strauß Veilchen. Nun sollte er diesen Wunsch nicht erfüllen, er, der ein Jahr später seiner Gemahlin eine Kaiserkrone schenkte! Zwei Couriere hatte der Ungeduldige schon nach Versailles geschickt; es ging ihm wirklich wie Ludwig XIV.: er mußte warten. Da bringt man plötzlich von unbekannter Hand einen großen, prächtigen Veilchenstrauß, so duftig und frisch, wie mitten im Mai gepflückt, jedenfalls zehn Mal schöner, als das von Versailles erwartete Bouquet gewesen wäre. Der Consul, überrascht und gerührt — ahnte er vielleicht, von wem der Strauß kam? — schwingt sich hastig damit auf's Pferd und sprengt nach Malmaison. Dort ist schon große Versammlung; die Freunde des Hauses, und begreiflich zählte der erste Consul deren nicht wenige, waren mit reichen, glänzenden Geschenken gekommen. Bonaparte tritt ein, umarmt seine Gemahlin und überreicht ihr lächelnd das Bouquet.

Von da an datirt die Vorliebe Napoleon's für Veilchen. Der bewußte Strauß wurde gehegt und gepflegt wie ein Schooßkind auf den besondern Befehl des Consuls. Als die Blumen endlich verwelkt waren, sorgte Josephine, die sich die plötzliche Veilchenpassion ihres

Gemahls gar nicht erklären konnte, für frische, und auch als Kaiserin war sie stets von Veilchen umgeben.

Später, da sie als Opfer einer unheilvollen Politik dem Thron entsagte und sich nach Malmaison zurückzog, gebeugt und verlassen, war Blumenpflege ihre liebste Beschäftigung und ihre liebste Blume blieb das Veilchen. Als sie nach einigen Jahren am gebrochenen Herzen starb, pflanzte man Veilchen auf ihr Grab, und noch heute, wo ein prächtiges Mausoleum über der Gruft der ersten Kaiserin aufgeführt ist, blühen Veilchen in Fülle rings umher.

Auch auf St. Helena pflanzte Napoleon I. Veilchen mit Vorliebe, und als sein Sarg in Cherbourg die französische Erde berührte, war er in wenig Minuten mit Veilchensträußen und Kränzen über und über bedeckt.

Unter der Restauration hob die weiße Lilie von neuem das stolze Haupt, und unter der prosaischen Juli-Regierung bekümmerte man sich gar nicht um Blumen; aber mit dem neuen Kaiserthum trat das Veilchen wieder an seinen frühern Ehrenplatz.

Im November 1848 war die Aufregung der Gemüther groß in Paris, denn es waren die Tage der Präsidentenwahl für die neue Republik. Die blutigen Junitage waren noch im Gedächtniß Aller, und verhüllter denn je zuvor schien die Zukunft Frankreichs. Man fragte sich ängstlich, welcher Name hervorgehen würde aus der Volksabstimmung. Cavaignac mit dem Säbel-Regiment, Louis Blanc oder Ledru-Rollin mit dem Socialismus und dem Communismus, oder endlich Louis Napoleon mit dem neuen Kaiserreich. Der Prinz ging unruhig auf und ab in einem Salon des Hôtel du Rhin am Vendôme-Platz, wo er als schlichter Privatmann abgestiegen war. Auf dem Kamin und auf den Fensterbrüstungen standen in reichen Vasen herrliche Veilchenbouquets, eine Aufmerksamkeit des Wirths, die ihm der spätere Kaiser nicht vergessen haben soll. Wenige Getreue umgaben ihn: Persigny, Morny, der Dr. Conneau und Andere. „Die Blumen bedeuten Glück," sagte der Prinz zu Persigny und wies auf die Veilchen, — und schon wälzte sich der Tumult näher und näher vom Hôtel de Ville, wo man gerade die gigantische Addition der drei Millionen Stimmen abgeschlossen hatte: neun Zehntheile waren zu Gunsten Napoleon's ausgefallen. Der Saal und die anstoßenden Zimmer füllten sich nach wenigen Minuten mit zahlreichen Gratulanten, und bis nach Mitternacht wogte draußen die Menge auf und ab. Der Prinz zog sich spät zurück und mag wohl nicht viel geschlafen haben; vielleicht hat ihm auch von Scepter und Krone geträumt. Im leeren Saal dufteten die Veilchen nach wie vor; wer weiß: sie haben sich wohl gar verstohlene Triumph- und Freudenworte zugeflüstert. Denn daß die Blumen eine Sprache haben und einander allerlei erzählen, ist ja eine längst bekannte Geschichte.

Die Weihnachts- und Neujahrszeit.

I.

Das interessante Paris wird um diese Zeit doppelt interessant. Aber das Wetter muß gut bleiben, das ist die Hauptsache; denn die kleine Handelswelt in ihren Buden auf den Boulevards ist völlig von den Launen des Barometers abhängig. Ach, und wie viel Tausende wünschen für die beiden letzten Decemberwochen Sonnenschein und heitere Luft! — die Wetterfrage ist für sie eine Frage um Existenz und tägliches Brod. Was ist im Grunde auch das Anpreisen und Zurufen und das tausendfach verworrene Schreien und Lärmen all der kleinen Händler und Verkäufer anders, als eine in alle mögliche Tonarten gesetzte Variation der Bitte um das tägliche Brod?

Ist aber das Wetter schön, so bekommt ganz Paris einen fröhlichen, vergnügten Anstrich, und die ewig alten, aber auch ewig neuen Boulevards, von der Madeleine nach der Bastille, hinauf und hinunter und hinunter und hinauf, sind von früh bis spät mit einer treibenden, wogenden Menschenmenge bedeckt, wie sie eben nur eine große Stadt wie Paris besitzt. Durch die ununterbrochenen Budenreihen werden die breiten Trottoirs ganz von dem Fahrweg abgeschlossen und bilden so einen in's Unendliche fortlaufenden Bazar voll Bewegung und Lärm, voll Flitter und Licht. Denn Abends ist der Anblick am belebtesten und am schönsten. An der Häuserseite die prächtigen, blitzenden Läden und Magazine in verschwenderischer Beleuchtung und im reichsten Putz, auf der andern Seite die kleinen, zeltartigen Boutiquen, nicht minder geschmackvoll und glänzend aufgeputzt und mit Lichtern und Lampen, Laternen, farbigen Glaskugeln 2c. zierlich erhellt; der dunkle Nachthimmel darüber mit der silbernen Mondsichel im Westen, — und nun gar auf der Höhe der Porte Saint=Denis oder auf dem Boulevard du Temple ein Rückblick, meilenlang, auf dies wogende Chaos von Lichtern und Flammen und Menschen und rollenden Wagen und Fuhrwerken, das unerschöpflich heraufzieht und vorüber, und sich stets in vergrößertem Maß erneuert und wiederholt.

Am Chateau d'Eau flammt plötzlich von der Spitze eines thurmhohen Gerüstes ein elektrisches Licht auf. Die Häuser stehen auf einmal wie im Sonnenscheine; viertelstundenweit sieht man auf allen Balcons die herabschauenden Herren und Damen und kann bequem seine Freunde und Bekannten erkennen; die Pferde, wenn sie in die breite, blendendweiße Lichtströmung hineingerathen, scheuen und bäumen sich, und die Gasflammen werden matt und gelb wie nachgemachte Steine aus Glasfluß an der Seite echter Edelsteine.

Man macht uns hier in Paris seit langem Hoffnung auf eine regelmäßige Straßenerleuchtung durch elektrische Batterieen, wenigstens der großen Plätze und der Boulevards; aber bis jetzt ist das Project nicht realisirt worden, obgleich die häufigen Versuche immer sehr günstig ausgefallen sind. Wer seit Langem in Paris wohnt, erinnert sich noch sehr wohl, wie die Bauten des großen Hôtel du Louvre, das ja bekanntlich ein ganzes Straßenviertel einnimmt, ununterbrochen Tag und Nacht Statt fanden und zwar Nachts bei elektrischem Licht, was allabendlich viele tausend Zuschauer anlockte. Meines Wissens war dies der einzige Fall, wo die elektrische Beleuchtung praktisch verwerthet wurde, denn im Uebrigen hat man sich stets auf interessante aber nutzlose Experimente beschränkt. Es heißt allerdings, daß das neue Opernhaus, dessen Bau bereits in Angriff genommen ist, auf die erwähnte Art erleuchtet werden solle; das Wie ist aber dabei nicht gesagt, so daß wir abwarten müssen, was uns die Zeit bringt.

Aber nur jetzt keine lange Relationen und umständliche Referate....... Eine prächtige Carosse rollt gerade an uns vorüber. Der Kutscher, in Pelz gehüllt, sieht aus wie ein Bär, aber wie ein civilisirter; das dreieckige Hütchen auf der gepuderten Perrücke erinnert fast an den alten Fritz; die beiden Lakaien, die hintenauf stehen, in ähnlicher Tracht. Hinter den großen

Spiegelscheiben des Wagens ein paar lachende Kindergesichter und tiefer zurück in den weichen, rothsammetnen Kissen eine schöne Dame, weiße, wallende Straußenfedern auf dem Hut, wie unsere Großmütter sie trugen, aber jetzt wieder das Allerneueste; denn im Kreislauf der Mode wird ja so oft das Alte neu. Auf dem Kutschenschlage ein großes buntgemaltes Wappen mit Fürstenkrone und Hermelin und außen am Wagen Vergoldung und Bronze und das Metall am Pferdegeschirr von ächtem Silber! .... Ach, der Mensch ist ein eitles, nichtsnutziges Ding, und trotz seiner hohen Gedanken und erhabenen Gefühle hängt er mit kindischer Sorge und Freude an diesem Flitter und Tand. Hab' ich doch selbst — daß ich es nur gestehe! — einst in jenem Wagen gesessen, den ich so eben geschildert: durch Zufall, denn ich traf den Herzog von G. gerade im Augenblick des Einsteigens, und er war höflich genug, mir einen Platz an seiner Seite anzubieten und mich mitzunehmen in eine Sitzung der Akademie. Wie ich mir vornehm und groß vorkam auf den sammetnen Polstern: ich meinte, es müsse mich Jeder darauf ansehen. Und gar beim Aussteigen von zwei Lakaien ehrerbietigst bedient! Armes Menschenkind! Und der Wagen und der ganze übrige Tand gehörte ja nicht einmal mir. Wie würde nun Einem zu Muthe sein, wenn man dergleichen zu eigen hätte und hunderttausend Thaler Einkünfte dazu? O, das seltsame und doch so gewaltige Wort von dem Kameel und dem Nadelöhr ist nur allzuwahr!

Die prächtige Carosse hält bereits am Boulevard des Capucines vor einem hellerleuchteten, palastähnlichen Gebäude. Will etwa die Herzogin bei irgend einer Fürstin eine Abendvisite machen, oder ist dort oben große Gala bei einem der pariser Börsenkönige? Weder das Eine noch das Andere; das schöne, glänzende Haus mit einer Façade von zwölf Fenstern, mit fünf Stockwerken und reichen Sculpturen und vergoldeten Balconen ist nichts weiter als das Spielwaaren-Magazin der Gebrüder Giroux, in Paris wie in ganz Frankreich bekannt und hoch angesehen. Die Preise entsprechen allerdings vollständig dieser Berühmtheit; Alles, was von Giroux kommt, ist doppelt so theuer als aus einem andern Magazin, obwohl oft um nichts besser. Der Name, der einmal Mode geworden ist, will auch bezahlt sein.

Glücklicherweise lesen uns keine Kinder, sonst würde uns die Enttäuschung betrüben, die wir ihnen sofort bereiten, indem wir nämlich nicht die hellen, teppichbelegten Treppen bei Giroux hinaufgehen, und mithin die tausend und aber tausend Sehenswürdigkeiten unberücksichtigt und unbeschrieben lassen, sondern dem Wagen der Herzogin vorauseilen in ihr Palais, um sie dort zu empfangen.

Die hohe Dame wohnt im Faubourg Saint Germain, in der Rue de Grenelle, und man citirt gar häufig das Hôtel G. als ein Muster der Eleganz, des Luxus und des guten Geschmacks. Der Vorsaal ist in ein Treibhaus verwandelt, voll fremdländischer Gewächse und Blumen mit ihrem eigenthümlichen Tropenduft; der ganze weite Raum ist mild erleuchtet und sanft erwärmt, nur die schläfrigen Lakaien in den Sophaecken sind eine häßliche Zugabe zu dem lieblichen Bilde. Hinter schweren, dunkeln Sammetvorhängen, mit goldenen Borden und Trobbeln reich besetzt, stehen die Flügelthüren rechts und links halb offen, und durch ein zweites Vorzimmer gelangen wir in den Salon. An den Wänden blauer Atlas, von dem die Herzogin sehr gut ein Kleid tragen könnte, und oben und unten fußbreite Goldrahmen; auf dem Marmor-Kamin die Pendülen, die Armleuchter und Vasen von jenem onyxartigen Achat, den man in Algerien erst kürzlich entdeckt hat und der deshalb weit theurer ist als die feinste Goldbronze; die Kamingeräthe, Zange, Schaufel ꝛc. von schwerem Silber und von äußerst kunstvoller Arbeit; die vergoldeten Sessel, Armstühle und Sophas sind ebenfalls mit blauem Atlas überzogen, und auf dem weichen geflammten Teppich hört man den Schritt des Gehenden nicht. Der Kronleuchter ist ein wahres Wunderwerk: eine blaßrothe, leuchtende Kristallkugel von goldenen Engeln wie im Fluge gehalten; auf den Pfeilertischen sind außerdem hohe Lampen von antiker Form angezündet, ihr helles Licht wird durch fächerartige Schirme von grüner Seide gemildert; kostbare Porzellan-Vasen von Sèvres und hundert sonstige Raritäten auf allen Etagèren.

Man hört den Wagen vorfahren, und schon stürmen die beiden Kinder mit lautem Gelächter herein, werfen hier auf einen Sessel ihre Mäntelchen von Zobelpelz, dort Hut und Handschuhe auf einen andern, und laufen alsdann wieder ihrer Mutter entgegen, die von einigen, Kasten und Schachteln tragenden Bedienten gefolgt, nachkommt. Auf den verschiedenen Paketen prangt in ultramarinblauen Lettern (denn die Reclame ist stets die Hauptsache) der Name Giroux mit den nöthigen Titeln und Adressen. Ich löste sofort eine große Pappschachtel aus dem umhüllenden Papier; in der Schachtel lag, weich auf Watte und Seide gebettet, ein Polichinell, oder wie wir auf deutsch sagen: ein Hampelmann. Aber ein Hampelmann einzig in seiner Art, wie man dergleichen nur in Paris und bei Giroux findet; und selbst dort betrachtete man diesen als ein non plus ultra. Die Herzogin hatte fünfhundert Franken dafür bezahlt; ich schreibe die Summe absichtlich mit Buchstaben und nicht mit Ziffern. Fünfhundert Franken für einen Hanswurst!

Es will mir nicht in den Kopf, wie man eine solche Summe für ein Kinderspielzeug hingeben kann, selbst wenn man Herzogin ist und eine Million Renten besitzt.

Hübsch war er übrigens, der Hampelmann: die Schellen und Glöckchen und sonstigen Metallzierrathen waren sämmtlich von Gold und in feiner Juwelierarbeit; das Tamburin, das er in der einen Hand hielt, war gleich kostbar und obenein mit kleinen ächten Perlen besetzt. Die fünfhundert Franken erklärten sich mithin leicht; im Gegentheil, der Preis war noch sehr mäßig.

Dennoch hatte die Herzogin die verlangte Summe zu hoch gefunden, etwas, das ihr bei ihren Einkäufen selten paſſirt, worauf man ſich ſofort beeilte, ihr billigere Polichinells zu zeigen, die nur zweihundertfünfzig oder gar nur zweihundert Franken koſteten. „Nur!". Aber Ihre Durchlaucht wollte damit ein Neujahrsgeſchenk ihrer Nichte, der kleinen Comteſſe Marie machen, und ſomit wurde der theuerſte gekauft. Nun fanden aber die beiden eigenen Kinder der Herzogin den Hanswurſt ſo überaus reizend und unwiderſtehlich, daß ſie ſich nicht von ihm trennen wollten und unter Thränen erklärten, kein anderes Neujahrsgeſchenk anzunehmen, wenn man den Hampelmann wieder fortſchicke; ſo gab denn die Herzogin, wie im Laden bei Giroux, auch hier wieder nach und das alberne, fratzenhafte Ding blieb im Beſitz der herzoglichen Kinder; die Mutter war dadurch allerdings genöthigt, ein neues Geſchenk für ihre kleine Nichte zu kaufen, die doch nicht leer ausgehen durfte.

„Aber was iſt denn nun der langen Rede kurzer Sinn?" ruft ungeduldig vielleicht mehr als ein Leſer —

* * *

An der Ecke der Rue Hauteville und des Boulevard Bonne Nouvelle ſtand im vorigen Monat allabendlich eine arme Frau, eine Bettlerin im wahren Sinne des Wortes: in Lumpen gehüllt, auf dem Arme ein Kind von etwa ſechs Monaten, halb verhungert; ein Bild des kläglichſten, jammervollſten Elends. Ich gab der Frau, denn mein Kaffeehausweg führte mich jeden Abend um diese Ecke, regelmäßig zwei Sous, »l'obole du pauvre«. Sie dankte mir stets mit einem leisen merci und sah sich dabei angstvoll nach den Polizeidienern um, die sie jeden Augenblick arretiren konnten; das Kind weinte beständig. Die Bettlerin stand gerade dem großen Restaurant Plaisant gegenüber, wo es oft so laut und lustig hergeht, daß man auf der Straße die knallenden Champagnerpfropfen und das Gelächter der Gäste hört..... Dergleichen Soupers sind theuer, — es gibt außer den Polichinells noch gar manche Dinge in Paris, die viel Geld kosten..... Manchmal warf ihr auch wohl einer der Herren im Fortgehen ein Geldstück zu.

Eines Abends stand sie wieder da, aber allein, und trostloser anzusehen, denn je. Ich fragte nach ihrem Kinde: es war in der letzten Nacht gestorben. Mit einer Stimme und einem Blick, die ich beide im Leben nicht vergessen werde, fügte sie hinzu: „Vor Entkräftung und Hunger! Denn wie konnte ich das arme Geschöpf ernähren, ich hatte ja selbst nichts zu essen." Ich machte absichtlich einen Umweg, um nicht mit diesen traurigen Gedanken in meine nahe Wohnung zu gelangen. Fürwahr, ich hätte in jener Stunde nicht der Herr von Rothschild sein mögen. Mit dem Reichthum geht eine schreckliche Verantwortung Hand in Hand.

Unterwegs fiel mir der Hampelmann zu fünfhundert Franken ein. Die Hälfte der Summe hätte vielleicht jene arme Frau glücklich gemacht und ihr Kind vom Hungertode gerettet, und die Herzogin hätte dabei noch immer für zweihundertfünfzig Franken (Gott verzeih' mir diese Jronie!) einen ganz ansehnlichen, präsentabeln Polichinell gehabt. Und wie viel hübsche Kamingeräthe gibt es von blankem Stahl, die sich sehr elegant ausnehmen und deren Preis nicht so viel in Franken ausmacht, wie der jener massiv silbernen in Louisd'or. Und so könnte man diesen Vergleich fortsetzen, und immer weiter fortsetzen, wenn das End-Resultat nicht ein allzu gefährliches würde.

Das aber wollte ich sagen mit meiner Geschichte von der Herzogin und der armen Frau, und das wäre zugleich, um dem Leser gerecht zu werden, der langen Rede kurzer Sinn, daß der übergroße Reichthum auf der einen und die grenzenlose Armuth auf der andern Seite einen schreienden Contrast bilden im socialen pariser Leben, einen Contrast, den nichts zu mildern oder gar zu heben vermag, gegen den alle philantropischen Bemühungen vergebens sind und der wie ein dunkles Verhängniß auf der Weltstadt lastet. Wie dort der Luxus so in's Maßlose gestiegen ist, daß man für ein albernes Kinderspielzeug die Quartal-Einnahme eines kleinen Beamten fortwirft, so ist hier die Noth auf einen solchen Höhepunkt gelangt, daß das Kind der Bettlerin vor Hunger stirbt und sie vielleicht ebenfalls: denn ich habe die arme Frau nie wieder gesehen. Diese Bettlerin liebte ihr Kind wohl mit eben so reiner Mutterliebe wie die Herzogin die ihrigen, ja, wer kann ferner sagen, welche von beiden Frauen vor Gott am meisten gilt?

II.

Endlich haben wir Schnee und Eis, und der eigentliche Winter ist da. Schon werden Schlittenfahrten projectirt, und die Schlittschuhläufer, deren es allerdings nicht viele in Paris gibt, rüsten sich zum Eislauf auf dem großen See im Bois de Boulogne; denn für derartige Wintervergnügungen muß man hier schnell bei der Hand sein. Man darf sich nicht lange besinnen: über Nacht kann Thauwetter eintreten und die ganze weiße, blitzende Herrlichkeit in grenzenlosen Koth verwandeln. Alsdann wird Paris wieder die alte, schreckliche Lutetia, und die Straßenfeger, die Trottoir-Reiniger und vor allem die Stiefelputzer treten in ihr altes Recht, die Einen, um uns mit ihren Besen die Stiefel und Beinkleider zu beschmutzen, die Andern, um uns mit Bürsten und sonstigen Utensilien zu putzen und zu säubern.

Aber heute ist von all' dem nichts zu sehen. Die Straßen und Fahrwege sind weiß und glatt; eine prächtige Sonne steht am durchsichtig blauen Himmel. Wer einen Pelz besitzt, hat ihn heute angezogen, um ihn zu zeigen, denn Pelze sind in Paris stets eine Seltenheit. Mit einem Pelzkragen oder gar mit einem vollständigen Pelzmantel passirt man leicht für einen reichen Russen oder für einen norddeutschen Baron, was — namentlich das letztere — kein geringes Compliment ist.

In den herrlichen Nachmittagsstunden ist wohl nur derjenige zu Hause geblieben, der nicht anders konnte, in welche Kategorie allerdings halb Paris gehört. Aber alle diese Dulder entschädigen sich am Abend, der vielleicht noch schöner ist; denn z. B. auf der Insel im Bois de Boulogne ist eine fête de nuit angekündigt wie mitten im Sommer: Schlittenfahrt und Eislauf bei Fackelschein und elektrischen Sonnen, nachher Concert und Ball.

So ist der Pariser immer draußen und überall, nur nicht zu Hause am häuslichen Heerd, wo er doch eigentlich am meisten und am liebsten sein sollte — der Familienvater wenigstens, oder der Gatte oder Sohn, der das Glück hat, eine Familie zu besitzen. Der Sinn für Häuslichkeit ist jedoch dem Pariser fremd; die Gemüthlichkeit des heimischen Heerdes kennt er so gut wie gar nicht. Der englische comfort ist ihm so heterogen, daß er in seiner Sprache nicht einmal ein Wort dafür hat. Er meint Alles gethan zu haben, wenn er confaure daraus macht.

Auf diese Schattenseite des pariser Lebens hat man meines Erachtens nur selten und nie eindringlich genug hingewiesen — dann vorzüglich, wenn es eine ernste Antwort galt auf die Vorwürfe, welche die Franzosen mit gewohnter Leichtfertigkeit so oft den Deutschen machen: wegen ihrer Schwerfälligkeit, ihrer Vorliebe für altherkömmliche Sitten und Gebräuche, ihrer Philisterhaftigkeit ꝛc. O, wie ist mir in so vielen Beziehungen der deutsche Philister, mit Pfeife sogar und Bier (obwohl ich dieser doppelten Zugabe persönlich sehr abhold bin), lieber als der windige Franzose mit seiner grenzenlosen Arroganz und Eitelkeit und zumeist der Hohlheit und Oberflächlichkeit seines ganzen Wesens!

Doch ich falle aus der Rolle und will, um wieder in den rechten Ton zu gerathen, schnell ein Witzwort von Heine erzählen, das auf die obige Bemerkung vortrefflich paßt.

Einer der modernen pariser Tagesschriftsteller, man behauptet, es sei Alexander Dumas gewesen, hatte einst in seinem Feuilleton, als Beleg für die Verschiedenheit des französischen und deutschen Nationalcharakters, albern genug gesagt: en Allemagne tout le monde s'appelle Jean et mange du saucisson. Heine hört diese Phrase in einer Abendgesellschaft und sagt ganz trocken: der Verfasser irrt sich sehr, denn in dem, was er anführt, liegt gerade die Aehnlichkeit beider Nationen; mit denselben beiden Wörtern Jean saucisson (Hanswurst) bezeichnet man überall in Deutschland den Franzosen. Schade, daß Heine nicht immer so gute Witze gemacht hat.

Unter solchen Gedanken bog ich um die Ecke der Rue Vivienne und stieß auf Max, der mir ein zierliches Paket entgegenhielt, — mit rothseidenem Band umwickelt, vanilleduftend, und auf dem weißen Atlaspapier in goldenen Buchstaben die Aufschrift: Marquis, passage des Panoramas. Dies kleine Paket vertilgte den letzten Rest philosophischer Betrachtungen in mir und gab mich ganz der Wirklichkeit, dem Moment wieder: der Weihnachts- und Neujahrsfreude, die in ihrer tausendfachen Gestalt für die Pariser in dem einzigen Worte vereinigt ist: „les étrennes."

Das Wort étrennes — um auch eine gelehrte, philologische Notiz zu bringen, die ich allerdings billig habe, da mir das Dictionnaire de l'Académie zur Seite liegt — das Wort étrennes kommt aus dem Lateinischen. Schon unter den ersten römischen Königen nannte man strenna oder strenua die Zweige, die man alljährlich zu Neujahr in dem der Göttin Strenua geheiligten Hain pflückte, um sie unter großem Pomp nach Rom in den Palast des Königs zu tragen. Der erste Tarquinius soll durch ein besonderes Decret diesen Gebrauch für ewige Zeiten angeordnet haben. So wenigstens sagt mein Dictionnaire de l'Académie, für Alles, was französische Sprachforschung und Etymologie betrifft, die höchste Autorität. Die römischen Könige sind längst dahin und die römischen Kaiser desgleichen, und tausend Jahre sind verflossen seit den ersten Neujahrsgeschenken; aber sie selbst sind uns geblieben, wenigstens in den meisten südlichen und katholischen Ländern, unter denen Frankreich in erster Reihe und Paris natürlich obenan steht. Das aber vermuthet wohl Keiner im Auslande, daß das unschuldige, kleine Wort étrennes bei tausend und aber tausenden Parisern Angst und Kopfschmerzen, ja Uebelkeiten und noch schlimmere Zufälle hervorruft, und daß Tausende und aber Tausende die Neujahrszeit mit Herzklopfen herannahen sehen, wo nicht gar sie verwünschen. Der Grund hiervon liegt in dem großen Mißbrauch, der mit den Neujahrsgeschenken getrieben wird, und der, namentlich in den letzten zehn Jahren, derartige Verhältnisse angenommen hat, daß man wirklich nicht mehr weiß, wo hinaus. Aber so groß ist auf der andern Seite wieder der Respect vor der Mode und ihrem Götzendienst, daß Niemand seine wahre Meinung auszusprechen wagt und lieber gute Miene zum bösen Spiel macht, nur um kein Aufsehen zu erregen und die Blicke der Kritiker und Spötter nicht auf sich zu ziehen. Jene Kritiker und Spötter sind ganz derselben Ansicht; auch sie seufzen und klagen im Stillen, aber hüten sich wohl, ihre Noth laut werden zu lassen. Balzac hat wirklich ganz Recht, wenn er sagt: »la vie humaine n'est qu'une grande comédie.«

Diese Leidenszeit nun beginnt acht Tage vor Neujahr und dauert bis in die ersten Wochen des Januar hinein. Der Briefträger eröffnet den Reigen; er überreicht uns mit fröhlichem Glückwunsch einen Kalender für das neue Jahr, und wir ihm das betreffende Zwei- oder Fünffrankenstück, je nachdem er uns im Laufe des Jahres viel Briefe und Zeitungen gebracht; wir thun dies gern, denn der Briefträger ist uns lieb und werth. Der Wasserträger desgleichen und der Holz- und Kohlenhändler nicht minder; aber hier schon mit dem Unterschiede, daß Wasser, Holz und Kohlen in Paris sehr theuere Dinge sind, die wir zwölf Monate lang wahrhaftig nicht billig bezahlt haben. Die Straßenfeger und Laternenputzer erscheinen ebenfalls mit der nöthigen Reverenz, und wir dürfen sie nicht vergessen. Ach, der Straßenfeger ist gar ein deutscher Landsmann, nichts für ungut, und am vorigen Neujahrstage gratulirten wenigstens ihrer vier und einer noch deutscher als der andere, obwohl in den unverständlichsten Dialecten. Dennoch durfte ich keinen mit leerer Hand gehen lassen.

Aber dies Alles ist nur das leichte Vorpostengefecht und von untergeordneter Bedeutung; das schwere Geschütz wird im Hintergrunde aufgefahren und rückt später heran. Alle möglichen Lieferanten, zuerst Bäcker, Schlächter und Krämer, die Frucht= und Gemüsehändlerin, die Fischfrau (in Paris eine vornehme Dame, nicht selten mit goldener Kette und Brillant=Ohrringen und dame de la halle genannt), Schuster und Schneider, ja Hut= und Handschuhmacher und Gott weiß, was sonst noch für Leute, die im Lauf des Jahres mit uns Geschäfte gemacht haben — sie alle erscheinen, freilich nicht in Person, sondern durch ihre Burschen, Laufjungen, Lehrlinge und Commis vertreten. Diese grüßen höflich, denn höflich sind sie sammt und sonders, und die zierlichsten Phrasen fehlen ihnen nicht, und man erwidert ihren höflichen Gruß unter Hinzufügung des unabwendbaren Zweifranken= oder Fünffrankenstücks. Diese Pflicht trifft zunächst nur die

Hauseigenthümer, die vermögenden Familienväter, die Beamten und Angestellten; aber im Grunde wird doch Jeder, der einen halbwegs anständigen Rock an hat, in Contribution gesetzt.

Damit ist aber das Leiden noch lange, lange nicht zu Ende. Eine Tambour-Deputation der National-garde erscheint mit militärischem Ernst und hochrothen Wangen und Nasen, welchen letztern Umstand wir nachsichtsvoll auf den scharfen Wind schieben wollen. Sie gratulirt in Versen und läßt auf einem sauber gedruckten Papier Wünsche und Hoffnungen in Fülle für das neue Jahr zurück. Man credenzt dieser Deputation, außer dem üblichen Thaler, noch einige Gläser Liqueur, gleichviel welche Sorte, denn sie trinken Alles und haben noch weit zu gehen.

Sogar beim Kaiser erscheint diese Deputation, freilich etwas anders als bei uns und in einer Weise, die vielleicht einzig in der Welt ist. Am Neujahrstage versammelt sich nämlich zwischen neun und zehn Uhr Morgens im innern Hof der Tuilerien eine wahre Armee von Trommelschlägern, tausend bis zwölfhundert, ja fünfzehnhundert an der Zahl mit ihren sämmtlichen Tambour-Majors. Sie stellen sich in einem großen Halbkreise auf, je nach ihren Waffengattungen, und gewiß hängt man für den Tag noch manchem Soldaten ein Kalbsfell um, nur um die Zahl voll zu machen. Auf dem Carrousselplatz haben sich mittlerweile gegen hunderttausend Zuschauer versammelt. Noch ist Alles still, und man kann deutlich die Schloßuhr schlagen hören — da bricht plötzlich auf ein gegebenes Zeichen der tausendfache Trommelwirbel los, erst in einzelnen Abtheilungen, dann zusammen und mit verdoppelter Kraft, ein wahrer Höllenlärm, gehirnbetäubend, ohrzerreißend, sinnverwirrend, wie ein Erdbeben am jüngsten Tage, denn der Erdboden bebt wirklich und die Luft dröhnt wie beim Geschützdonner einer Schlacht. Der Kaiser ist mittlerweile auf den großen Balcon hinausgetreten, in voller Generals-Uniform; er grüßt mit seinem Federhut nach allen Seiten hinab, sein Söhnchen im Zuaven-Costüm an der Hand. Der kleine Bursche muß sich frühzeitig an all diese Abnormitäten gewöhnen. Auch die Kaiserin erscheint, von Herren und Damen gefolgt. Die zwei bis drei tausend Trommelstöcke sind in beständiger Bewegung, als wollte jeder Tambour sein Kalbfell zersprengen. Mit einem furchtbaren Doppelschlag ist dann plötzlich Alles vorbei. Das darauf folgende Vivatrufen ist wie Vogelgezwitscher nach Löwengebrüll. In den entlegenen Vorstädten von Paris, also in meilenweiter Entfernung von den Tuilerien, hört man um dieselbe Stunde ein dumpfes Rollen wie den grollenden Donner eines fernen Gewitters, und gar Viele, die nicht sofort an die Ursache denken, laufen schnell zum Nachbar hinüber, um zu fragen, was denn eigentlich los sei. Aber der ächte Franzose freut sich auch hier wieder und nickt uns stolz und selbstzufrieden zu: denn der Lärm ist doch die Hauptsache in der Welt, wenigstens in Frankreich, und je größer und toller der Lärm, um so besser.

Ich hoffte schon, durch diese kleine Abschweifung den übrigen Neujahrs-Gratulanten aus dem Wege zu gehen. Aber nein! Es klopft schon wieder, nur dies Mal schüchtern und leise: zwei barmherzige Schwestern halten uns still ihre Büchse entgegen; sie bitten für die Armen, die am heutigen Tage weder Brod noch Feuerung haben, und die sich doch auch gern am Neujahrstage, — ach, nicht freuen möchten, sondern nur satt essen und wärmen. O ihr guten, ich möchte sagen heiligen Frauen! Könnt' ich doch euere Hände und Taschen mit Gold füllen, oder euch gar einen Heckthaler zum Festgeschenk machen! Wie hab' ich euch lieb, und wie bin ich stolz, katholisch zu sein, bloß weil ich dadurch euerm Glauben angehöre, der solche Wunder wirkt der Nächstenliebe und Selbstverleugnung.

Doch kaum haben die guten Schwestern das Haus verlassen, so kommt neuer Besuch. Wenn ich nicht sehr irre, so sind die Leute vor einigen Tagen schon ein Mal hier gewesen, um zu gratuliren, und haben auch ihren Thaler erhalten. Die Männer gehören überdies einem Stande an, den man nicht gern nennt, und treiben ein Geschäft, das, wenn auch vom Gesichtspunkte der Sanitäts-Polizei äußerst nützlich, doch nichts weniger als wohlriechend ist: das gerade Gegentheil von Pinaud, der, nebenbei bemerkt, jetzt der erste Parfumeur von Paris ist. Natürlich kommt es zu gegenseitigen Erklärungen, unter Verzichtleistung von unserer Seite auf diesen erneueten, wenn auch noch so gut gemeinten Glückwunsch. Aber es stellt sich heraus, daß diejenigen, die uns vor einigen Tagen im Namen desselben Reinigungshandwerks gratulirt und denen wir reichlich gegeben, denn sie waren die Ersten, gar nicht zum gedachten Handwerk gehörten, sondern einfach Gauner waren, die unsere Leichtgläubigkeit mißbrauchten. Uebrigens ist es gar kein seltener Fall, der nur uns neu war, so gut wir Paris auch zu kennen glaubten. So lernt man stets und hat doch nie ausgelernt. Inzwischen warten die Leute noch immer, und klagen und schimpfen über diese anticipando gratulirenden und eincassirenden Industrieritter. Nur um die Postulanten, die nicht gerade nach Rosenöl dufteten, los zu werden, greifen wir von neuem in die stets leerer werdende Tasche, zugleich aber auch nach Hut und Stock, um in's Freie zu flüchten und neuen Besuchen zu entgehen. Begreiflicher Weise steigt uns der Gedanke auf, daß jene Spitzbuben vielleicht nicht die einzigen sein möchten, die ihre Industrie an uns versucht, und daß uns möglicher Weise noch weitere Reclamationen bevorstehen. Deshalb schnelle Flucht, um solchen schrecklichen Eventualitäten auszuweichen. Armer Odysseus!

»Incidit in Scyllam qui vult vitare Charybdim,« auf deutsch: vom Regen in die Traufe; denn nun wird es erst recht schlimm.

Ich flüchtete mich also in's Freie, aber ich hatte leider die Rechnung ohne den Wirth gemacht, was hier obenein buchstäblich zu nehmen ist, denn gerade an die Wirthe hatte ich nicht gedacht.

Ruhig gehe ich in's Café, um meine Chokolade zu trinken, nehme auch sofort das erste beste Journal und denke, wie mir dies so oft bei pariser Zeitungen passirt, an nichts. Aber als man mir die Chokolade bringt, wird mir Alles klar: auf dem Plateau liegt eine prächtige Orange, ein zierliches Schächtelchen voll Bonbons und eine „famose" Cigarre, würde ein Raucher sagen, noch dazu mit blau-roth-weißem Seidenband umwickelt. Der Kellner lächelt dabei, wie wenn er eine Liebeserklärung zu machen hätte, und wir, denn was bleibt uns anders zu thun übrig, lächeln auch, stecken beim Fortgehen die Apfelsine in die Tasche und legen an ihre Stelle den traditionellen Fünffrankenthaler, aber dies Mal verdrießlicher denn je zuvor, weil nach dem Urtheil Aller das Neujahrsgeschenk in den pariser Kaffeehäusern ein großer Mißbrauch, ja eine wahre Prellerei ist. Zwei Worte zur Erklärung. Die einfache Tasse Kaffee kostet acht Sous in allen anständigen Cafés, und man kann nur in solche gehen, wegen der Zeitungen, auch wegen seiner Freunde und Bekannten und aus mehrern sonstigen Gründen. Mit jenen acht Sous nun ist das Wenige, was man verzehrt, drei vier Mal bezahlt; man findet sich jedoch darein, ein Mal weil der Preis überall derselbe ist, und dann auch, weil man die Zeitungen, die Erleuchtung, den Luxus und die Eleganz, nicht minder die schnelle und aufmerksame Bedienung in Anschlag bringt. Aber nun will es die Sitte, d. h. die Unsitte, daß man noch außerdem jedes Mal dem Kellner ein Trinkgeld gibt und zwar nicht einen, sondern zwei Sous, wodurch die Tasse Kaffee auf

zehn Sous, mithin auf einen halben Franken zu stehen
kommt. Der tägliche Kaffeehausbesuch ist aber für viele
Pariser gewissermaßen eine gesellschaftliche Nothwendigkeit, und wir nehmen gar keinen Anstand, uns zu diesen
zu rechnen, obwohl wir weder beim Domino noch im
Karten- oder Billard-Spiel Großes zu leisten vermögen. Der einzelnstehende gebildete Mann aber, der Fremde
zumal, findet eine Menge Ressourcen im Kaffehause,
und wer sich nur einigermaßen für das öffentliche Leben in Paris interessirt, scheut die Ausgabe nicht, die
allerdings bei regelmäßigem Besuch ein paar hundert
Franken im Jahr beträgt. Da man indeß von dieser
Summe bereits zwanzig Procent an Trinkgeldern gegeben, so ist die Neujahrsgratulation der Kellner etwas
Lästiges und Unverschämtes, was Jeder einsieht. Dennoch wagt Niemand, eine Ausnahme zu machen. In
großen Kaffeehäusern, wie im Café de la Rotonde
des Palais-Royal, im Café Riche, im Café de la Régence ꝛc. beläuft sich das Trinkgeld auf 50, 60, ja auf
80 und 100 Franken täglich. Auch bezahlt der Eigenthümer des Etablissements seine Kellner nicht, die sich
allmonatlich die Trinkgelder theilen und selbst da, wo
ihrer fünfzehn und zwanzig sind, noch immer recht
gut verdienen. Der witzige Alphonse Karr hatte im
vorigen Jahre eine beißende Philippica gegen die Neu-
jahrs-Orangen und Cigarren geschrieben, die viel gelesen und belacht wurde, und in welcher er am Schluß
geradezu vom Kaffeehausbesitzer ein Neujahrsgeschenk verlangt, weil er zwölf Monate lang ein täglicher Gast

des Hauses gewesen. Aber das Uebel wurde dadurch nicht gehoben, und wer weiß, ob nicht Alphonse Karr ebenfalls seinen Thaler gegeben? Nur daß er dafür die tricolore Cigarre gewählt hat, denn er ist ein passionirter Raucher.

Von den Restaurants, wie man die pariser Speisehäuser nennt, gilt ein Gleiches: auch dort das tägliche Trinkgeld und trotzdem die Neujahrs=Contribution, nur daß die Cigarre dort durch ein kleines Bund Zahnstocher ersetzt wird. Und wir wollen Niemanden rathen, hier Opposition zu machen; er würde sich unbedingt den schlimmsten Recriminationen aussetzen und in dem ungleichen Kampf unterliegen. Die Höflichkeit der Kellner würde sich in das gerade Gegentheil verwandeln und der Fall könnte wahr werden, den Alphonse Karr im Scherz von zwei Kellnern erzählte, die einen Gast aus Rache vergiften wollten, weil er die Neujahrs=Cigarre zu seinem Kaffee geraucht und beim Fortgehen mit zwei Sous bezahlt hatte.

Auch der Barbier und Friseur hat sich zur Neujahrszeit gegen uns verschworen; und daß nur vorzüglich derjenige, der aus Ungeschicklichkeit oder sonst einem Grunde sich nicht selbst rasiren kann, sondern seine tägliche Zuflucht zum Bartscheerer nehmen muß, sich nicht einfallen lasse, die dreifarbig bekränzte Büchse zu vergessen: er würde sich ja buchstäblich selbst an's Messer liefern! Und doch gibt man beim jedesmaligen Haarschneiden, Rasiren und Frisiren ebenfalls das übliche Trinkgeld; aber die ersten Künst=

ler dieser Art, wie Lespe in der Rue Vivienne, der sich auf seinem Aushängeschild und auf all seinen Flacons, Kruken und Töpfen »professeur d'art capillaire« nennt, präsentirt uns dafür auch zur Neujahrszeit auf einem silbernen Plateau ein kleines Kalenderchen, das selbst unter Brüdern seine zwei Sous werth ist.

Wir haben also mit unserer Flucht aus dem Hause nichts gewonnen. Ueberall, wohin wir uns wenden, tritt uns dasselbe süßfreundliche, lächelnde Gratulantengesicht entgegen in Form eines Kellners oder sonstigen „gehorsamen Dieners", und man muß wirklich der Herr von Rothschild in Person sein, um allen Anforderungen gerecht zu werden. Selbst aus den kleinen Buden auf den Boulevards ruft man uns ununterbrochen zu: »étrennez-moi donc, mon cher monsieur!«, noch dazu gegen alle Regeln der französischen Grammatik, die so wenig wie das Dictionnaire de l'Académie dieses ad hoc gebildete Verbum angenommen hat. Aber was erlaubt man sich nicht Alles in Paris um die Neujahrszeit, wo „alle Bände frommer Scheu" gelöst sind. Ist es nicht meinem Freunde Max selbst passirt, daß ihm ein Gamin ganz leise das Taschentuch aus der Tasche gezogen, um es ihm sofort wieder zurückzugeben und sich dafür seine »étrennes« auszubitten? Also in diesen Tagen kann uns nichts mehr Wunder nehmen.

Springen wir schnell in den vorbeifahrenden Omnibus, theils um uns dieser gefährlichen Atmosphäre zu entziehen, theils auch, um zu sehen, wie es denn an der Bastille und in den Volksquartieren des Faubourg St. Antoine aussieht.

Eine neue Sylla! Der Conducteur schenkt uns den Wegweiser aller pariser Omnibuslinien und nur mit einigen Franken können wir uns loskaufen. Hätten wir einen Fiaker genommen, so wäre es uns nicht besser ergangen. Die pariser Droschkenkutscher sind zur Neujahrszeit wie umgewandelt: sie sind nur sanft angetrunken, keine Grobheit für den Kunden, den sie bourgeois oder auch mon maitre nennen, keine Flüche und Peitschenhiebe für das arme Pferd, das sie nur durch den Zuruf »allons ma blonde!« in Trab setzen, selbst wenn es ein Brauner oder ein Schwarzer ist. Es ist unbegreiflich, unglaublich, aber das Paradoxon existirt wirklich: ein höflicher Droschkenkutscher, vielleicht die höchste Errungenschaft der pariser Neujahrszeit.

An der Bastille und in der gesammten dortigen Gegend geht es laut und wild her. Der zweitägige starke Schneefall liefert ein willkommenes Material zu allen möglichen schlechten Witzen und dummen Späßen. Es werden dort förmliche Schlachten geliefert, friedlichere und sanftere freilich als in den Revolutionsjahren; aber blaue Augen und sonst blaue Flecke mag es doch nicht wenige abgesetzt haben. Paletot und Hut sind ohnedies in jenem Blousen- und Mützenquartier verpönte Dinge; sie wurden in jenen Tagen die Hauptzielscheiben aller Schneeballwerfer. Ein ehrenvoller Rückzug schien mir deshalb in dieser kritischen Lage am gerathensten, vollends als ich an meine Taschen griff, in die man richtig schon ein paar Schneeballen während des Gedränges hinein zu prakticiren gewußt hatte. Der pariser Gamin ist und bleibt der Urtypus aller Ungezogenheit und Eselei!

Mir blieb also nichts übrig, als wieder nach Hause zu gehen, um mich für die nothwendigen Neujahrsbesuche umzukleiden. In der Hausthüre stieß ich auf den Portier, den ich am Morgen beim Fortgehen vergebens in seiner Loge gesucht hatte. Er machte vermuthlich in jener Stunde seine Gratulationsvisiten in den untern Etagen bei den vornehmen und reichen Familien; zu mir und meines Gleichen im vierten und fünften Stockwerk geht er nicht hinauf, sondern zieht es vor, uns unten zu erwarten. Der pariser Portier ist nach dem Hauseigenthümer unbestritten die erste und wichtigste Person im ganzen Hause und, wie der Droschkenkutscher, ein geschworener Feind der Höflichkeit. Aber acht Tage vor Neujahr ändert er jedes Mal sein Benehmen: seine Miene wird sanft und freundlich, am Sylvestertage sogar weich und hingebend, und am ersten Januar ist er aufmerksam und zuvorkommend wie ein dienstthuender Kammerherr. Wehe aber dem Miethsmann, der dies für baare Münze nimmt und, um seine eigene baare Münze zu sparen, ihn unbeschenkt läßt!

   Gefährlich ist's, den Leu zu wecken,
   Verderblich ist des Tigers Zahn,
   Jedoch der schrecklichste der Schrecken

.... das ist die Rache eines pariser Portiers. Das reimt freilich nicht, und die schöne Strophe ist verstümmelt, aber das Wort ist nur allzuwahr. Man könnte ein besonderes Capitel — was sage ich? — ein dickes Buch über den pariser Portier und über die Freuden und Leiden des Miethsmannes schreiben und doch den Gegenstand nicht erschöpfen, weil er eben unerschöpflich ist. Ich für meine Person besann mich daher auch nicht lange, griff, Gott weiß zum wievielten Male an diesem Tage, in die Tasche und gab dem Cerberus, der aber lammfromm geworden war, die Krallen einzog und das Sammtpfötchen zeigte, einen halben Louisd'or. Ich erkaufte mir mit diesen zehn Franken Ruhe und Frieden für das kommende Jahr, die exacte Ablieferung aller Briefe, Zeitungen, Pakete u. s. w., nicht minder die pünktliche Ausrichtung aller mündlichen Bestellungen und Aufträge, seine Discretion, wenn man für gewisse Leute nicht zu Hause sein will, das schnelle Oeffnen der Hausthüre, wenn man nach Mitternacht heimkehrt, und eine Menge sonstiger Annehmlichkeiten, unter denen nicht die kleinste und unwesentlichste das wenn auch nicht freundliche, so doch auch nicht mürrische Gesicht des Thürhüters ist, und das zutrauliche Lächeln seiner Frau. All' dies Glück für zehn Franken; und es gibt Leute, die behaupten, das Leben sei in Paris so theuer!

Während des Umkleidens fällt es mir auf ein Mal wie ein Alp auf die Seele: man kann ja zur Neujahrszeit in Paris nirgends Besuche machen, ohne der

Dame des Hauses ein Geschenk mitzubringen und den Kindern obenein, wenn welche da sind, und Kinder trifft man überall in dieser Woche. Das übliche Geschenk, — denn jeder Erdenmensch kann doch nicht brillantene Armbänder oder Polichinells zu fünfhundert Franken schenken — das übliche Geschenk besteht in Bonbons und sonstiger Conditorwaare, an sich höchst unschuldige Sachen; unschuldig auch in Bezug auf den Preis, sollte man vernünftiger Weise glauben. Aber nun verlangt die Mode, damit doch der Teufel stets sein Spiel dabei habe, daß eben diese Bonbons und übrigen Leckereien nur in gewissen großen renommirten Magazinen gekauft werden, will man anders Gnade finden vor dem strengen Urtheile der feinen Welt und nicht für einen Barbaren gehalten werden, der direct von Island oder Lappland gekommen ist. Jetzt fällt mir auch der triumphirende Blick meines Freundes ein, dem ich zu Anfang meiner Schilderung an der Ecke der Rue Vivienne begegnete, und der mir das elegante Paket entgegenhielt, auf welchem die goldenen Worte »Marquis, passage des Panoramas« zu lesen waren. La maison Marquis ist eben eins von jenen berühmten Magazinen, deren es überhaupt für jede Saison nur drei bis vier gibt, obwohl man in hundert andern ähnlichen Läden ganz dasselbe und in ganz gleicher Qualität kaufen kann und drei, vier Mal billiger. Aber wo hat denn je die Mode nach Logik und gesundem Menschenverstande gefragt? So ist seit einigen Jahren der Chokoladen-Fabrikant Marquis wegen seiner marrons glacés berühmt: eingemachte Kastanien mit Vanillezuckerguß, allerdings sehr appetitlich und delicat, aber bei jedem andern Conditor in jeder beliebigen Straße eben so gut zu haben. Das Pfund kostet überall anderthalb bis zwei Franken, bei Marquis hingegen, der sich natürlich die Narrheit der vornehmen Welt zu Nutze macht und sie zu seinem Vortheil ausbeutet, zumal ihn die launische Mode morgen entthronen kann, bei Marquis kostet das Pfund fünf und sechs Franken, und man muß eine halbe Stunde und länger warten, bevor man nur an das Buffet gelangt, so groß ist das Gedränge. Für Liqueur-Bonbons ist schon seit mehrern Jahren Boissier, für gebrannte Mandeln und derartiges Gouache der Erste. In zierlichen Kästchen und Schachteln, die nun wieder ein unsinniges Geld kosten, prangt selbstverständlich der berühmte Name mit den sonstigen Titeln, als: kaiserlicher Hoflieferant, brevetirter Erfinder ꝛc. in so augenfälliger Weise, daß auch ein halb Erblindeter denselben noch deutlich genug lesen kann. So ist man leicht im Stande, da ein paar Louisd'or auszugeben, wo ein paar Thaler bequem ausgereicht hätten; aber mit Bonbons, die einen der genannten Namen an der Stirne tragen, kann man alsdann auch voll stolzer Zuversicht an alle Thüren klopfen, und würde selbst in den Tuilerien nicht zurückgewiesen. Jedoch auch die ironische Seite an diesem ohnehin schon so komischen Bilde fehlt nicht; nur muß mich um Gottes willen keiner von den Lesern verrathen, daß ich dergleichen in die Welt hinausschreibe. Es wird nämlich ein gewaltiger Mißbrauch mit jenen großen Namen getrieben, d. h. besser gesagt, mit den Gegenständen, die in den genannten Magazinen gekauft sind. In den vornehmen Häusern, wo derartige Schachteln und Kistchen und Kästchen, eins stets prächtiger und kostbarer als das andere, zu Dutzenden, ja zu Hunderten eintreffen, fallen sie fast sämmtlich früher oder später in die Hände der Kammermädchen, Bedienten und der übrigen Dienerschaft. Die Frau vom Hause nimmt sie allerdings mit gnädigem Lächeln, wohl gar mit einem dankenden Worte an, aber setzt sie sofort bei Seite und bekümmert sich nicht weiter darum. Sie hätte auch viel zu thun, wenn sie derartige „Kleinigkeiten" genau mustern und besehen wollte. In den Vorzimmern und Bedientenstuben werden alsdann die Kasten leer gegessen und (das ist die Hauptsache) die Kasten selbst unter der Hand und ganz im Stillen wieder verkauft. Abnehmer gibt es dafür in Menge. Es ist dies ein besonderer, sehr einträglicher Industriezweig, und im Faubourg du Temple, dem großen Schacher- und Wucherquartier, gibt es mehrere solcher Etablissements. Dahin geht man in der nächsten Neujahrszeit, kauft für einen Spottpreis irgend ein sammetnes oder seidenes, gold- oder silberbeschlagenes Kästchen mit der sauber erhaltenen und noch nicht aus der Mode gekommenen Firma darin, läßt es bei dem ersten besten Conditor oder gar Krämer für dreißig Sous mit ganz gewöhnlichen Bonbons füllen, wickelt es in Atlaspapier und schickt es oder überreicht es alsdann einer gnädigen Frau, die uns völlig gleichgültig ist, wie wir ihr, der wir aber anstandshalber zum Neujahr gratuliren müssen, weil ihr Mann oder Bruder uns protegirt, oder uns doch seine Protection versprochen hat, und was der sonstigen Misère mehr ist. Ich sage „uns", aber das ist hier nur die stilistische Ausdrucksweise, und ich bitte sehr, zu glauben, daß „mir" eine derartige Schmuggelei niemals in den Sinn gekommen ist. Es gibt eine sehr pikante Geschichte von einer Bonbonsschachtel, die auf solche Weise drei Mal in dieselben Hände gelangt ist; aber ich darf sie leider nicht erzählen, da sie eine sehr hohe Dame betrifft.

Lawinenartig ziehen immer neue Wolken für den Neujahrswanderer herauf, der nun gar selbst in einen Gratulanten verwandelt ist, aber doch dabei stets geben muß und nichts empfängt. Kommt wohl gar noch ein „guter Freund und Landsmann", dem der „Wechsel" ausgeblieben ist, und bittet uns um ein Darlehen; und wir haben weder den Muth noch die Geschicklichkeit, es wie Börne zu machen, der jedes Mal, wenn er hier in Paris einen derartigen verdächtigen Besuch erhielt, dem Eintretenden mit der hastigen Bitte entgegen ging, „ihm auf wenige Tage hundert Franken zu leihen."

So langen wir endlich wieder zu Hause an, matt und zerschlagen, mit fast geleertem Beutel, ach, und mehr als je uns fremd fühlend in der Fremde, — sehnsüchtiger und wehmüthiger denn sonst der Heimath gedenkend und der dortigen Lieben.

Alle heitern Bilder der frühesten Kinderzeit tauchen herauf mit fröhlichem Gruß: der blitzende Christbaum mit der knitternden Goldfahne und den hundert Näschereien in den belasteten Zweigen, mit den goldenen Nüssen und Aepfeln und den Düten aus Goldpapier (denn in jenen Jahren ist Alles Gold und vergoldet), der Duft des Tannenbaums und der Wachslichter, blühende Hyazinthen vor den Fenstern, und draußen Schlitten= und Eisbahn, endlich die festliche Familientafel am Weihnachts=Feiertage und rings und überall vergnügte, lächelnde Gesichter! Der ungetrübte Kindesblick schaut in nichts als in eine große, herrliche, daseinsfreudige Welt!

Von all dem wissen und verstehen die Leute in Paris nichts, und wenn wir ihnen von unserer Weihnachts=Bescheerung in Deutschland, von der Feiertagsfreude und der festlich gehobenen Stimmung erzählen, so lachen sie und sagen: »Sont-ils drôles, les Allemands, avec leurs embarras!« Der Weihnachtsabend, den wir auf deutsch so schön den heiligen Abend nennen, geht für die Franzosen bedeutungslos vorüber, wenigstens für die Kinderwelt, die ja bei uns den ersten Platz einnimmt. Die Erwachsenen haben allerdings, wie in andern katholischen Ländern, die Mitternachtsmesse, in welche die Pariser aber nur gehen, um mit um so größerm Rechte nach der Messe den sogenannten Réveillon zu feiern: Punsch=Gesellschaften, wilde Gelage und noch schlimmere Dinge. Die Meisten gehen nicht einmal in die Kirche, sondern beginnen den Réveillon schon um 10 Uhr. Den Christbaum, diese Poesie des

Weihnachtsfestes, kennen die Franzosen kaum dem Namen nach. Sie finden ihn albern, und begreifen nicht, wie erwachsene, vernünftige Leute an dergleichen „Kindereien" Geschmack und Gefallen finden können. So gehen auch hier, wie in so vielen, vielen andern Beziehungen die beiden Nationen diametral auseinander; und fürwahr nicht zum Nachtheil der Deutschen, die vielleicht vor allen Nationen der Welt in Bezug auf Familienleben, gesellige Häuslichkeit und Pietät gegen die Sitten und Gebräuche der Voreltern den ersten Rang einnehmen. Diese Behauptung ist übrigens nicht von mir, obwohl sie meine Ueberzeugung ausspricht, sondern von einer französischen Schriftstellerin, die bei allen gebildeten Franzosen in hoher Achtung steht: der Frau von Stael; und ich für meine Person vergebe ihr so manches andere schiefe und falsche Urtheil über deutsche Verhältnisse gern dieses einen Ausspruchs wegen.

Und somit einen herzlichen Neujahrsgruß hinüber nach dem deutschen Vaterlande, dem ewig theuern, und an alle Freunde am Rhein und an der Elbe, die wir nun schon seit langen Jahren nicht mehr gesehen, aber noch stets in treuem Andenken halten.

Der Garçon in meinem Hôtel ist zufällig ein Deutscher, und ich freute mich wirklich, als er diesen Morgen in mein Zimmer trat mit einem ehrlichen „viel Glück zum neuen Jahr."

———

Pariser Fasching.

La saison des bals.

Wären wir hier in Paris nicht an Wechsel und Veränderung in allen, allen Dingen gewöhnt, so könnten wir uns über den plötzlich zurückgekehrten Winter nach dem milden Frühlingswetter der vorigen Woche arg verwundern. So aber finden wir dies ganz natürlich: vor acht Tagen zwölf Grad Wärme, und ein Spaziergang auf den Blumenmarkt; heute fast eben so viel Grad Kälte und statt der Kinder Flora's nur die Eisblumen der gefrierenden Fenster. Und dabei so gut wie gar keine Neuigkeiten, wenigstens aus der société parisienne, diesem auf- und abwogenden Meer, dessen Brandung doch immer so hoch geht, und dessen flüchtiger Schaum sonst so glänzend leuchtet und so weithin spritzt. Ein ächter Pariser (wir Deutsche werden es leider nie!) würde freilich mitleidig lächeln, wenn er dieses Klagewort läse, und dasselbe als ein testimonium paupertatis ansehen, zugleich jedoch erstaunt fragen: „Aber, Bester, was thun Sie denn und wo haben Sie denn Ihre Augen? Vor Allem, wo bringen Sie denn Ihre Abende zu und — Ihre Nächte?" muß er als ächter Pariser noch hinzusetzen. Ja so, meine Nächte. — Das erinnert an den ehrlichen Kleinstädter aus der Provinz, der neulich vor dem Opernhause stehen blieb, die Anzeige des großen Maskenballes las und bei den Schlußworten »Les portes ouvriront à minuit« ausrief: „Die dummen Leute! Wer wird da viel kommen! Um Mitternacht sind ja längst alle Menschen zu Bette." In Orten wie Romorantin allerdings, du gute, fromme Haut, und in Montereau ebenfalls; aber in Paris, wo die ganze Welt verkehrt ist, fängt um Mitternacht erst das eigentliche Leben an, wenigstens für alle diejenigen, bei denen das Zeitwort „leben" so viel bedeutet, als „sich amüsiren", wie denn auch sehr charakteristisch das Verbum vivre beide Begriffe in sich schließt.

Ein solcher Pariser viveur nun würde gewaltigen Lärm schlagen, wenn eine Chronik aus der Hauptstadt der Welt in der zweiten Hälfte des Januars nicht sofort mit dem Wichtigsten begänne: den Bällen und Maskeraden der Faschingszeit.

„Umstände verändern die Sache", heißt ein altes Sprüchwort, und von diesem Gesichtspunkte aus hätten wir allerdings so viel zu erzählen, daß wir die bekannte Phrase darauf anwenden können: Wo anfangen und wo enden?

Aufrichtig gestanden, sind wir mehr für den oben erwähnten Kleinstädter aus der Provinz; wir theilen seine Ansicht und seinen Geschmack, nämlich um Mitternacht bereits „in den Federn" zu liegen. Aber wir sind auch wiederum nicht allzu strenge und gestatten uns gern eine Ausnahme von der Regel. Nur wird der Besuch überall ein flüchtiger sein; denn wir haben uns vielerwärts hinzubegeben und können uns deshalb an einem und demselben Orte nicht lange aufhalten.

Aber nun auch kein weiteres Besinnen, sondern sofort die Rundreise angetreten und zwar, denn wir wissen zu leben, mit Nummer Eins angefangen.

I.
Au château.

So sagte man in der guten alten Zeit, wenn man von den Tuilerien sprach, und die Redensart ist auch jetzt wieder aufgekommen, Dank den vielen Legitimisten, die im Laufe der letzten Jahre endlich den Weg in's „Schloß" eingeschlagen haben. Die Herren Pastoret und Larochejacquelein sind mit gutem Beispiele vorangegangen und haben viele Nachahmer gefunden. Das ewige Schmollen mit der geballten Faust in der Tasche wird auch einförmig und langweilig, und der Hofball ist doch immer „ein Ball bei Hofe", gleichviel welcher König oder Kaiser ihn gibt. Eine leichtfertige Logik allerdings, aber die Logik gar vieler vornehmen Leute hier zu Lande. Unter Louis Philippe kamen sie auch nicht in's Schloß; dem König indessen war es ganz recht; denn die Hofbälle kosteten dadurch nur weniger. Der jetzige Kaiser aber gibt seine Bälle mit einer solchen Pracht und mit einem solchen Glanze, daß er dadurch eben die Widerspenstigen anzieht.

Gegen zweitausend Einladungen werden ausgegeben. Das Oberkammerherrn-Amt hat zur Zeit der Hofbälle so viel zu thun wie das Kriegsministerium in Kriegszeiten. Ein bestimmter Unterschied nach Rangklassen, namentlich mit Berücksichtigung des Adels, wird bei jenen Einladungen nicht beobachtet. Die neuen Adeligen des Kaiserreichs oder, was richtiger wäre, die Adeligen des neuen Kaiserreichs, sind ja zumeist Bürgerliche, und fast sämmtliche Minister und Marschälle und mehr als die Hälfte der Staatsräthe und Generale gehören dazu. Nur unter den Senatoren findet man viele alte Namen und Wappen; aber diese sind alle gut kaiserlich gesinnt, sonst wären sie ja eben nicht Senatoren. Eigentliche Courfähigkeit gibt es in Frankreich seit der Juli-Revolution nicht mehr. Mit Karl X. verschwanden die letzten wieder hervorgesuchten Reste: das Tabouret für die Hofdamen erster Klasse, der Sessel für die zweite und der gewöhnliche Stuhl für die dritte Rangordnung; im ersten Jahre unter Louis Philippe ging man sogar in Stiefeln und im Oberrocke zu Hofe. Das richtige Maß kann eben der Franzose nur schwer einhalten. So waren auch die Hof-Costüme des ersten Kaiserreichs, als Gegensatz zu den Sansculotten der Revolution und zu den Incroyables des Directoriums, so theatralisch überladen, daß man dieselben jetzt kaum in der großen Oper gebrauchen könnte.

Das neue Kaiserreich hat nur das Schleppkleid (le manteau de cour) für die Damen und das sogenannte Hofkleid für die Herren beibehalten; das letztere ist ein geschmackvolles violettes Sammet=Costüm à la Louis XV., das man aber nur sehr selten zu sehen bekommt, da ja die ganze Männer=Welt Uniform trägt. Noch seltener ist freilich der einfache schwarze Frack, und bei der großen Cour ist es immer nur ein Herr, der darin erscheint und natürlich alle Blicke auf sich zieht: der nordamericanische Geschäftsträger.

Imposant sehen an einem Hofball=Abende die Tuilerien von weitem aus. Die ganze unermeßliche Façade ist von oben bis unten erleuchtet, und auf dem Carrousselplatze ist ein solches Wagengedränge, daß man gar nicht begreift, wie nur jede Equipage an Ort und Stelle gelangen kann. Trotzdem herrscht die musterhafteste Ordnung, die sich vorzüglich am Schlusse des Balles beim Fortfahren der Gäste zeigt.

Der innere Hof der Tuilerien, la cour d'honneur, ist vollends prächtig: an der Stelle der Gaslaternen prangt überall das kaiserliche N im Brillantfeuer oder auch die Kaiserkrone in einem Lorbeerkranze, und da diese Illumination sich nach allen vier Seiten hin ungefähr zweihundert Mal wiederholt, so kann man sich leicht den Glanz und die Helle des Schloßhofes vorstellen, der bekanntlich so groß ist, daß hunderttausend Mann bequem darauf manövriren können. Neuerdings ist freilich die Symmetrie des schönen Raumes durch den Abbruch des Pavillon de Flore gestört, und nicht minder durch ein provisorisches Gebäude an der südlichen Seite, das nothwendig war, um einen Theil des Dienstpersonals und die Centgarden unterzubringen.

Von schöner, großartiger Wirkung ist auch die Haupttreppe im Innern des Schlosses. Bis oben hinauf, rechts und links, auf allen Stufen, nicht eine ausgenommen, abwechselnd ein zwölfarmiger hoher Candelaber und ein Centgarde en grande tenue; ein dunkelrother Teppich auf den weißen Marmorstufen und hoch oben ein Riesen-Kronleuchter, der wie eine Sonne strahlt. Der Anblick ist wirklich wundervoll!

Im Marschallsaal ist Empfang und in der Galerie de Diane der eigentliche Ball. Die Räumlichkeiten sind aber im Verhältnisse zu der großen Anzahl der Gäste nur klein; die Tuilerien sind bekanntlich ein Gebäude von außerordentlicher Länge, aber nur sehr geringer Tiefe. Ein Theil der Privatgemächer der Kaiserin wird übrigens bei den Hofbällen ebenfalls hinzugezogen, und das Souper wird im Pavillon de Marsan servirt. An dem letztern nehmen aber nur mit den Majestäten etwa fünfhundert Personen Theil, fast sämmtlich Damen; die sonstige Gesellschaft vertheilt sich in verschiedene große Säle, wo überall Buffets errichtet sind, die begreiflich nichts zu wünschen übrig lassen. An Tischen zu vier, acht und zwölf Personen wird

servirt, und da gegen vierhundert Lakaien an einem sol=
chen Abend im Schlosse angestellt sind, so ist auch die
Bedienung der hohen Gesellschaft würdig.

Der Kaiser eröffnet in der Regel den Ball mit
irgend einer Dame ohne Unterschied; gewöhnlich ist es
aber doch die Frau eines Gesandten. Die Kaiserin tanzt
seit dem Tode ihrer Schwester, der Herzogin von Alba,
nicht mehr; sie begibt sich indeß in den Ballsaal, wo
eine besondere Estrade für sie errichtet ist. Dort ver=
weilt sie, von ihren Hofdamen umgeben, und das ist
auch der Moment, wo ihr der grand chambellan
einige vornehme Fremde und sonstige Personen von
Distinction vorstellt. Die Toiletten, die sich alsdann
auf der Estrade befinden, sind wirklich das non plus
ultra der Eleganz und des Reichthums. Wer weiß,
für wie viele Millionen Diamanten und sonstige Edel=
steine auf jenem kleinen Raum zusammenkommen! Die
Toilette der Kaiserin selbst ist dabei, wenn auch nicht
immer die reichste (Frau von Rothschild z. B. trägt
manchmal einen ganz mit Brillanten gestickten Spencer),
so doch die geschmackvollste. Auf dem letzten Hofballe
trug sie ein weißes Atlaskleid mit feiner Goldstickerei,
alle Blonden=Volants mit Amethyst=Agraffen aufgefaßt,
ein Diadem von Amethysten im Haar und der Hals=
und Armschmuck von denselben Steinen. Man hatte
nie etwas Schöneres, Reizenderes gesehen, und ein
Ach! der Bewunderung ertönte von tausend Lippen.

Die Kaiserin bleibt übrigens niemals lange und
zieht sich bald nach Mitternacht ganz still zurück. Als=

dann verschwindet die Erleuchtung auf der südlichen Palastseite, aber der Ball selbst dauert ungestört fort bis gegen Morgen. Der Kaiser bleibt gewöhnlich länger; oft sind auch seine Privatgemächer im Erdgeschoß den Gästen geöffnet, und es ist bei wichtigen Gelegenheiten schon vorgekommen, daß im Cabinet des Kaisers eine Art von improvisirtem Conseil gehalten wurde, wo man Dinge besprach, die sich auf nichts weniger als auf den Ball eine Treppe höher bezogen. Je länger aber der Ball dauert, um so mehr zieht sich Alles nach dem Pavillon de Marsan hinüber, wo sich die Spielzimmer befinden, und wo mancher alte General noch um sechs Uhr Morgens pointirt.

Die directen Kosten eines großen Hofballes, wie deren jährlich vier gegeben werden, sollen sich für die kaiserliche Civilliste auf 130= bis 140,000 Franken belaufen; die indirecten Kosten der geladenen Gäste, vorzüglich der Damen für ihre Toiletten, mögen leicht das Zehnfache und noch mehr betragen. Allen Modehändlern, Putzmacherinnen, Bijoutiers ɾc. sind daher die kaiserlichen Hofbälle äußerst willkommen.

II.

A l'Opéra.

Eine andere Welt als im kaiserlichen Schlosse! Ebenfalls voll Diamanten und Juwelen, voll Spitzen, Sammetroben, Paradiesvögeln und Straußenfedern;

aber die Diamanten sind nichts als blitzende Glasflüsse und die übrigen Juwelen nichts als »imitation«, die man freilich nirgends in der Welt schöner und täuschender macht als hier in Paris, der Stadt des Truges und des Scheines. Die Spitzen gehören in dieselbe Kategorie wie die Edelsteine; sie kosten nicht dreihundert Franken die Elle wie in den Tuilerien, sondern quarante sous, und die Sammetroben — ach die Sammetroben sind allerdings wirkliche, ächte, die theuer genug gewesen sein mögen, aber die erst vielerlei Schicksale erlebt haben, bevor sie in diese Regionen gekommen: oft eine wahre Odyssee. Die Gräfin oder Herzogin (auch eine reiche Kaufmannsfrau, wenn sie nur Geld hat) bezahlte das Kleid mit zweitausend Franken und trug es ein, höchstens zwei Mal. Die Modehändlerin nahm es dann zurück für den halben Preis oder auch für weniger, stutzte es wieder zurecht und verkaufte es für „neu" an eine Schauspielerin des Théatre Français oder des Gymnase, wo es eine Zeit lang als »toilette ébouriffante« Furore machte. Von der Bühne kam das Kleid durch allerlei Zwischenhändler an eine Dame der »demi-monde«, aber an eine vornehme; und als diese Dame, von ihren „Anbetern" verlassen, ihre Miethe nicht bezahlen konnte und an die Luft gesetzt wurde, wanderte das Prachtgewand in das öffentliche Auctionshaus, wo eine alte Trödlerin aus dem Tempelquartier es um ein Billiges erhandelte. Auf der langen Reise hatte das schöne Kleid natürlich stark gelitten und nicht wenig von seinem ursprünglichen

Glanz verloren; aber die pariser Tröblerinnen verstehen sich vortrefflich darauf, aus alten Effecten neue zu machen (remettre à neuf nennt man das), und so ging auch diese Robe zum dritten oder vierten Male aus allen Metamorphosen als „neu" hervor. Die Faschingszeit erschien und mit ihr die Zeit der Opernbälle, die beste Gelegenheit also, das Kleid wieder unterzubringen, das aber jetzt nicht mehr verkauft sondern nur vermiethet wird, was sehr guten Profit abwirft. So weit die Odyssee der Sammetrobe. Und nun kommt ein Neuling, der erst seit acht Tagen in Paris ist und selbstverständlich einen Maskenball in der großen Oper nicht versäumen darf, der stößt uns mitten in dem wilden Gewühl leise an den Arm und flüstert uns zu: „Sehen Sie doch da hinten die Dame in dem prächtigen Sammetkleide. Wer mag die sein? Vielleicht eine fremde Fürstin? Und wie sich die »Brillanten« so schön auf dem rothen Sammet ausnehmen!" — Ja, ja, die Brillanten! Magnifique et pas cher, sagt ein hiesiges Sprüchwort.

Mit den Paradiesvögeln ist es ebenso: auch sie haben erst manchen stolzen Flug gewagt, bevor sie sich auf die Frisur einer dieser Damen niederließen. Die Straußenfedern endlich sind billige, inländische Waare, die niemals die africanische Tropensonne geschaut.

Es ist mithin fast Alles, was wir auf den berühmten Opernbällen zu sehen bekommen, falsch, unächt, nachgemacht, gemiethet, geborgt, apokryph. Das letzte Fremdwort wenden wir aus Delicatesse auf die

schönen Wangen, Schultern und Arme an; denn „ge=
schminkt" und „angemalt" klingt doch gar zu prosaisch
und indiscret.

»Les portes ouvriront à minuit« ist, wie wir
bereits gesagt, die vornehme Devise der Opernbälle, und
erst gegen ein Uhr Nachts beginnt das eigentliche Ball=
fest. Alsdann finden sich wohl gegen drei= bis vier=
tausend Personen in dem großen Gebäude beisammen;
aber das Gedränge ist dann auch so groß und die Hitze,
trotz aller Zugluft=Apparate, so entsetzlich, daß an Tan=
zen kaum zu denken ist. Die Bühne bildet mit den
Sperrsitzen und dem Parterre einen einzigen ungeheuern
Saal, in der Mitte das Strauß'sche Orchester, und
die Quadrillen arrangiren sich, so gut es die stets auf=
und abwogende Menschenmasse gestattet.

Die Masken an sich sind aber nur unbedeutend;
eigentliche Charaktermasken sieht man auf den Opern=
bällen nie. In dieser Beziehung ist Paris arm bestellt,
und nur hier und da macht eine Privatmaskerade in
einem vornehmen Hause eine glänzende Ausnahme. ...
Das Hotel Castellane ist leider verwaist und hat noch
immer keinen Käufer gefunden; das Hotel d'Albe ist
gar demolirt und dem Erdboden gleich gemacht; dies
waren die beiden bedeutendsten Hotels für den pariser
Fasching. ... Die gewöhnlichsten, hundertfach sich wie=
derholenden Masken sind der unvermeidliche Pierrot
und Harlekin; ferner für die Damenwelt, wenigstens
für die der großen Oper, seit einigen Jahren auch der
sogenannte bébé (das kleine Kind mit Fallhut und

Kinderkleid, die Taille unter den Armen: eine alberne, unschöne Verkleidung), und der débardeur (ein Collectivbegriff für jedes frivole, als Mann verkleidete Frauenzimmer). Das ist Alles; große ästhetische Genüsse sind mithin auf den Opernbällen nicht zu haben, und auch die materiellen, an denen allerdings kein Mangel ist, gehören nach diesen kurzen Andeutungen mehr oder weniger in die Kategorie der oben geschilderten Brillanten, Spitzen, Paradiesvögel und Straußenfedern. Denn die Opernbälle sind seit langen Jahren gesunken und sinken immer mehr; dieser Verfall datirt schon aus der Zeit Louis Philippe's, und was auch die Direction versucht und angestellt hat, sie wieder in die Höhe zu bringen, es hat Alles nichts helfen wollen. Jetzt ist es längst dahin gekommen, daß eine wirklich feine, d. h. eine anständige Dame nicht auf jene Bälle geht. Mit den Herren ist es etwas anderes; das männliche Geschlecht hat ja ohnehin in der ganzen Welt das Privilegium, überall hinzugehen, „ohne sich etwas zu vergeben."

„Aber, wenn dem so ist," entgegnet uns wohl eine Leserin und vielleicht mehr als eine, „weshalb führt uns denn der Chronikschreiber hin? Wenn die dortige Gesellschaft nicht anständig ist, so wollen wir eben so wenig hingehen, wie die Pariserinnen."

„Mit Verlaub, Verehrteste, so ist es nicht gemeint. Sie werden gleich sehen, daß Sie sehr gut mit uns auf den Opernball gehen können. »Distinguons«, sagt der Franzose."

Das dortige Publicum theilt sich nämlich in zwei streng geschiedene Theile und zwar einfach nach den Räumlichkeiten selbst: in den eigentlichen Ballsaal mit den Masken, Dominos und den übrigen Tänzern und Tänzerinnen, und in die Logen, die Foyers und obern Galerien mit den Zuschauern. Die Letztern haben natürlich das Recht, in den Saal hinab zu gehen; aber die Masken und Dominos dürfen nicht hinauf. Mit den Dominos macht man indeß vielfach eine Ausnahme, wenn sie sich an der Controle legitimiren oder sich direct in eine Loge führen lassen. Sie sehen also, es ist nichts zu riskiren. Wild und bunt, laut und lärmend geht es freilich in allen Räumen her; aber das gehört einmal dazu. Allzu prüde dürfen Sie daher nicht sein, und allzu sehr zieren dürfen Sie sich auch nicht, oder ich erzähle den Parisern, was Sie in Köln, München nnd Wien für lose und schlimme Streiche zur Carnevalszeit machen, und alsdann werden die Franzosen zu Ihnen hinüber kommen, um von Ihnen zu lernen.

Die Loge, in die ich Sie führe, ist überdies eine der besten im ganzen Theater; es ist eine sogenannte Balconloge im ersten Rang, hat Raum für sechs bis acht Personen und kostet für den Abend gerade zweihundert Franken. Viel Geld, nicht wahr? Aber die Gräfin S., die uns eingeladen hat, thut nichts halb; sie ist mit zwei andern fremden Damen da, ich glaube Engländerinnen, die in das brausende, flimmernde, chaotische Gewühl mit wahrhaft ängstlichen Mienen hinabschauen.

Die Gräfin selbst ist aber eine heitere, lebenslustige Dame, die als ächte Pariserin Alles mitmacht und so wenig einen Opernball als eine Fastenpredigt des P. Felix in Notre-Dame versäumt. Ihr Gemahl nicht minder, der sie aber diesen Abend nicht hat begleiten können; denn es ist große Herrengesellschaft im Jockeyclub. Vielleicht auch, daß manche von jenen Herren und der Graf mit ihnen schon unten im Ballsaal sind, unter der schützenden Hülle eines seidenen Domino's; denn die fashionable Männerwelt von Paris läßt keinen Opernball vorübergehen, ohne nicht wenigstens acte de présence zu machen.

Die Tänze haben längst begonnen und entwickeln sich immer zügelloser und wilder; - bei den Luftsprüngen der meisten Tänzerinnen möchte man fast an eine hundertfache Ausgabe (obendrein in vermehrter und verbesserter Auflage!) der berühmten Rigolboche glauben. Das Orchester schmettert und rauscht dazwischen wie ein Sturm, und nicht einmal wie ein melodischer; denn Trompeten, Pauken und Trommeln dominiren die ganze übrige Musik.

„Wer wagt es, Rittersmann oder Knapp', zu tauchen in diesen Schlund?" flüsterte ich meiner Nachbarin zu, d. h. Ihnen, Verehrteste. Aber Sie antworteten ironisch: „Da ich weder Ritter noch Knappe bin, so zieh' ich vor, hier oben in der sichern Loge zu bleiben."

Den Engländerinnen, von deren zarten Lippen ich schon verschiedentlich beim Anblick der Rigolbochaden unter ihnen das traditionelle »shocking!« gehört, wagte ich noch weniger von einer Promenade durch den Ballsaal zu sprechen, und allein konnte ich anstandshalber auch nicht wohl hinabgehen, da ich eben der einzige Herr in unserer Loge war. Und doch hätt' ich mich so gern leise aus dem Staube gemacht, wenn auch nur auf eine kleine halbe Stunde; denn schon hatte mir ein stattlicher Pascha zugewinkt, herab zu kommen. Der Pascha war Niemand anders, als unser Freund Max, der ja nirgends fehlt, „wo etwas los ist," und der als ächter Kosmopolit jedes Mal zur pariser Faschingszeit in allen möglichen Nationaltrachten erscheint.

Die Gräfin, mit gewohnter Nächstenliebe, schien mir meine Verlegenheit anzusehen. Sie winkte mich an ihre Seite, um mir eine Commission zu geben, wie sie sagte. Ich sollte, so lautete der sehr willkommene Auftrag, hinabgehen in den Ballsaal und mich nach einem schwarzen Domino umsehen und so lange suchen, bis ich ihn gefunden.

„Er ist ganz schwarz," fügte die Gräfin hinzu, „nur auf der linken Schulter trägt er eine große blaue Schleife, in der Mitte der Schleife eine weiße Seidenrose und in der Mitte der Rose einen rothen Stern." Zugleich steckte mir die Gräfin eine ähnliche Rose an den Frack, sowohl zu meiner Legitimation für den Domino, als auch, weil das Reglement ein Abzeichen erfordert für Alle, die von den Logen in den Ballsaal herabkommen. Wenn ich den bewußten Domino gefunden, so sollte ich ihm sagen, so schnell wie möglich in die Loge der Gräfin zu kommen.

Also eine Intrigue, sagte ich überglücklich zu mir selbst, als ich die breite Haupttreppe in hastigen Sätzen hinabsprang; wer weiß, was das bedeuten mag! Eine Intrigue, wohl gar ein Abenteuer!

In den mittlern Hauptsaal konnte ich anfangs gar nicht hinein; ich mußte das Ende einer Polka abwarten, die gegen den Schluß in eine wahrhafte wilde Jagd ausartete. Wenigstens vierhundert Paare flogen an mir vorüber wie im Wirbel, wie ein Sturmwind. . . . Sie hatten sehr Recht, Fräulein, meine Einladung abzulehnen. Glücklicherweise fand ich meinen Pascha in einem Seitensaale, wo er Sorbet schlürfte wie seine orientalischen Standesgenossen. Auf Seitenwegen und nicht ohne Mühe gelangten wir endlich in den Hauptsaal und noch dazu dicht unter das Orchester, das gerade durch laute Trompetenstöße zu einem neuen Tanze aufrief. Die Paare ordneten sich auch mit bewunderungswürdiger Schnelligkeit, und die Quadrille begann. Aber die Beschreibung derselben muß ich aus guten Gründen schuldig bleiben. Wie gesagt, mein Fräulein, Sie hatten sehr Recht, oben in Ihrer Loge zu bleiben.

Ueberdies mußte ich ja meinen Auftrag ausrichten und den schwarzen Domino suchen mit der blauen Schleife. Aber wie ihn finden in diesem Gewühl, wo Jeder genug mit sich selbst zu thun hat und froh ist, wenn er auf seinen eigenen Beinen stehen bleiben kann und nicht mit fremden (Beinen nämlich) in Collision geräth.

Wenigstens zwei- bis dreihundert Dominos zogen an mir vorüber, oder ich an ihnen. Auch mein Pascha war mir im Umsehen wieder abhanden gekommen; irrte ich mich nicht, so tanzte er gar hinten in der Ferne. Ich überließ ihn seinem Schicksale; denn zu ihm hin zu gelangen, war geradezu unmöglich.

Da legte sich plötzlich eine leichte Hand auf meinen Arm; ich drehte mich um, und vor mir stand eine weibliche Maske in einem eleganten Phantasiecostüme von blaßrother Seide, mit dunkelrothen Schleifen und Aufschlägen.

„Der Domino, den du suchst," redete sie mich an, und zwar nach Maskenfreiheit in der zweiten Person des Singulars, „der Domino hat bereits den Ball verlassen. Er war heute nicht bei Laune und klagte über Kopfweh. Das Weitere will ich schon selbst bestellen."

Und fort war sie, wie verschwunden. Ich konnte ihr nicht einmal nacheilen; denn die Quadrille war gerade zu Ende, und ich wurde widerstandslos auf die entgegengesetzte Seite des Saales geschoben.

„Du meinst zu schieben und wirst geschoben;" .... sogar meine schöne Seidenrose war mir im Gedränge verloren gegangen.

Ich schaute nach unserer Loge und zu den Damen hinauf; die vielen Kronleuchter blendeten mich aber so, daß ich in dieser Entfernung nichts deutlich erkennen konnte. Schon wollte ich daher mich auf den Rückweg machen und der Gräfin den mysteriösen Bescheid der unbekannten Maske überbringen, als mir der Pascha auf's neue in den Weg trat, dies Mal in Begleitung zweier Landsleute, die ich nur mit Mühe in ihren mittelalterlichen Costümen à la Louis treize erkannte. Sie ließen meine Entschuldigung nicht gelten, mit der ich mich auf und davon machen wollte, um meine Commission auszurichten, und zogen mich in's große Foyer an eines der dortigen zahlreichen Buffets. Auch hier war wieder nur mit Noth und Mühe ein Plätzchen zu bekommen, zum Stehen natürlich; denn alle Tische und Stühle waren dicht besetzt, und doch ist das Foyer so groß und hoch wie eine kleine Kirche. Die bunte Faschingswirthschaft freilich, die darin stattfand, mahnte nicht an ein Gotteshaus. Ich trat an eines der Bogenfenster und sah auf die Straße hinab: in der ganzen Rue le Peletier statt der Laternen hohe Pyramiden aus Gasflammen, und das Opernhaus selbst von allen Seiten mit feurigen Linien eingefaßt. Dabei eine Menschenmenge auf der Straße, die nur mühsam von den Carabiniers in Ordnung gehalten werden konnte. Alles drängte sich an den Haupteingang, um die ankommenden und abfahrenden Masken zu sehen; denn auf einem Opernballe ist es wie Ebbe und Fluth, die ganze Nacht hindurch bis an den hellen Morgen. Viel Lärm gab es auch, wenn in die fortfahrenden Wagen mehr Personen hinein wollten, als Plätze da waren; alsdann stiegen einige Pierrots oben auf den Kutschenkasten, nahmen auch wohl noch eine herzhafte Colombine zwischen sich, und fort ging es unter lautem Gelächter und Geschrei zu einem der vielen Restaurants in der Nähe; denn der Ball muß stets mit einem Souper geschlossen werden. Doch bis dahin wollen wir die bunten Gäste nicht begleiten.

Endlich kehrte ich wieder, freilich auf manchen Umwegen, in unsere Loge zurück, um Bericht zu erstatten und namentlich das mysteriöse Auftreten der blaßrothen Maske zu erzählen. Aber die Gräfin lachte und rief: „Das weiß ich ja bereits Alles, und zwar von der Maske selbst."

„Von der Maske selbst!" wiederholte ich erstaunt. „Ist sie denn hier oben in der Loge gewesen?"

„Gewiß," entgegnete die Gräfin. „Sie hatten ihr ja zur Legitimation Ihre weiße Rose gegeben. Sie meldete uns auch, daß Sie noch einige Zeit unten bleiben würden, und beruhigte uns so über Ihr langes Fortbleiben; denn über zwei Stunden sind Sie weggeblieben. Da haben Sie Ihre Rose wieder," schloß die Gräfin ihre seltsame Rede und steckte mir dieselbe wieder an.

Ich war und blieb höchst verlegen und wußte gar nicht, was ich antworten sollte. War ich am Ende selbst der Angeführte, und war das Ganze eine Intrigue, die man mit mir gespielt? Ich meinte ja, meine Rose verloren zu haben, und kannte ja auch die blaßrothe Maske nicht. Und über zwei Stunden sollte ich fortgeblieben sein — unmöglich! Und doch war es so. Aber daran war allein der Pascha Schuld.

Auch die beiden Engländerinnen kicherten leise vor sich hin, und Sie nicht minder, mein Fräulein. . . .

„Die Zeit ist uns übrigens nicht lang geworden," begann die Gräfin auf's neue; „denn auch wir haben unterdeß Besuch gehabt und uns sehr gut amüsirt." — Auf einem Seitentische standen auch noch die Eis= und Sorbetgläser und eine Menge der feinsten Bonbons.

Da sämmtliche vier Damen sich einander bei diesen Worten, wie in geheimnißvollem Verständniß, zulächelten, hielt ich es nicht für gerathen, noch weiter zu forschen und zu fragen. Entschieden war ich der Mystificirte, und es blieb mir nichts übrig, als möglichst gute Miene zum bösen Spiel zu machen.

Als ich unten den Damen in den Wagen half (es wär fast vier Uhr Morgens), sagte mir die Gräfin halb ironisch: „Ich biete Ihnen keinen Platz an, da wir schon vier Personen sind und da Sie doch, aller Wahrscheinlichkeit nach, lieber in den Ballsaal zurückkehren, um die blaßrothe Maske zu suchen." Damit fuhr der Wagen fort. Erst später, und auch nur ganz zufällig, erfuhr ich den Zusammenhang der kleinen Intrigue und die so einfache Auflösung des Räthsels. Da lachte ich denn über mich selbst recht herzlich. Der Leser hat sie ebenfalls wohl schon errathen; wo nicht, so erzähl' ich sie ihm auf einem der nächsten Bälle.

III.
Die Volksbälle.

La salle Barthélémy.

Wieder ein ganz anderes Bild! Aber dies Mal wage ich nicht, mein Fräulein, Sie um Ihre Begleitung zu bitten; es geht nicht, nein, es geht wirklich nicht! Verlassen Sie sich übrigens auf mich: ich erzähle Ihnen getreu, was ich gesehen und, wer weiß, so aus der Entfernung wird sich vielleicht die Erzählung recht gut ausnehmen. Und dann, das ist die Hauptsache, habe ich ja auch nicht nöthig, Ihnen Alles zu erzählen, was ich dort gesehen, wie man ja auch an einer reichbesetzten Tafel unmöglich von allen Gerichten essen kann. So gibt es Schüsseln, in denen der Knoblauch dominirt — ein schreckliches Essen, für meinen Gaumen wenigstens, und vielleicht auch für den Ihrigen; andere Schüsseln, die zu fett sind (die Butter, die man dazu verwandte, war wohl nicht einmal recht frisch), auch die lassen wir vorübergehen; endlich Gerichte, die angebrannt oder sonst mißrathen sind, an die rühren wir nun vollends nicht. Man hätte sie lieber gar nicht aufsetzen sollen; aber die Köche wollten sich nicht sagen lassen, und dann ist ja auch der Geschmack so verschieden hienieden auf dem irdischen Rund. Sie sehen, man könnte gar leicht aus jener Sentenz einen Vers machen. Sie verstehen also, was ich mit den „Schüsseln" und „Gerichten" sagen will, nicht wahr? Und Sie sind nicht ungehalten, wenn ich Sie höflich bitte, hübsch zu Hause zu bleiben? Der Weg ist ohnehin lang bis in die Rue du Chateau d'Eau, wo die vielbekannte und von einem gewissen Publicum vielgepriesene „Salle Barthélémy" liegt.

„Gibt es denn dort keine Logen, wie in der großen Oper?" fragen Sie mich — ja, Sie Verehrteste, die ich das Vergnügen hatte, auf den neulichen Opernball zu begleiten, wo Sie sich so gut amüsirt haben, wie Sie mir am andern Morgen gestanden.

Hélas! Logen gibt es dort auch, aber leider keine Gräfin S., deren mütterlicher Obhut ich Sie anvertrauen könnte; denn in jenen Tanzsaal wagt sich wirklich keine feine Dame. Kurz, es geht nicht; das ist mein Ultimatum.

Und dann (ich bin schon unterwegs nach der Rue du Chateau d'Eau, und rufe Ihnen diese letzten Worte aus der Ferne zu) und dann bin ich Ihnen auch ein wenig gram, mein Fräulein, just wegen des bewußten Opernballes, wo Sie nicht allein recht gut wußten, daß der rothseidene weibliche Domino, der mich unten im Saale so intriguirte, Niemand anders als die Gräfin selbst war — das wußten Sie nicht allein recht gut und haben mir nichts gesagt, sondern Sie haben sich herzlich gefreut über mein mystificirtes Gesicht und haben überdies noch während der Abwesenheit der Gräfin deren Hut aufgesetzt und deren Shawl umgethan, damit ich nur gar nichts merkte, wenn ich zufällig zur Loge hinaufschauen sollte, wie es auch geschehen ist. Ich bin daher in meinem vollen Rechte, wenn ich Ihnen heute zur Strafe für Ihre Malice einen kleinen Dienst abschlage. Aber wie gelinde zugleich meine Rache ist, ersehen Sie aus dem Umstande, daß ich Ihnen etwas versage, was ich Ihnen selbst dann nicht gewähren könnte, wenn ich mich gar nicht über Sie zu beklagen hätte.

Doch Sie hören wohl kaum mehr meine Worte; denn schon überschreite ich die breite Hauptstraße des Faubourg Saint-Martin und gehe auf einen lichten Stern zu, der aus der Ferne herauf leuchtet und der mit jeder Minute heller und heller wird, bis er sich endlich in eine strahlende Sonne verwandelt. Wenn man genau hinsieht, ist es freilich nichts anderes als ein aus vielen Radialspiegeln zusammengesetzter Reflector, der die paar in der Mitte brennenden Gasflammen hundertfach zurückwirft. Wieder eine Manier, mit wenig Aufwand viel Schein zu verbreiten, — also ächt französisch. Doch Sie kennen diese blendenden Dinger auch gewiß in Deutschland.

Wir stehen vor dem Eingange, der von einer solchen Menge Stadtsergeanten und Soldaten besetzt und bewacht ist, daß man unter der Zugbrücke von Vincennes oder eines andern Pariser Forts zu stehen glaubt und nicht an der Thüre eines Ballsaales. Es geht aber oft ziemlich laut und ungenirt her in jenem „Ballsaal", und zehn bis zwanzig Mann Soldaten sind alsdann nöthig, um die „Tanzordnung" wieder herzustellen. Für einen Franken können wir hineingelangen in's Heiligthum, sogar für die Hälfte, wenn wir uns bei einem der vielen Coiffeurs des Quartiers frisiren d. h. einen »coup de peigne« geben lassen. Dies kostet vier Sous, und wir bekommen alsdann das Eintrittsbillet für zehn Sous: ein altes Privilegium der Haarschneider im Faubourg St. Martin. Die vornehme Devise der großen Oper »les portes ouvriront à minuit« finden wir nicht an der Salle Barthélémy, weil hier der Ball schon um 8 Uhr beginnt, wohl aber eine andere charakteristische Phrase, die rechts und links in großer Schrift dem Eintretenden in die Augen fällt: »une belle toilette est de rigueur«. Im vorigen Jahre, wo diese doch gewiß verständliche Empfehlung ungenügend erschien, las man gar die Worte: »toute toilette négligée sera rigoureusement refusée.« Unwillkürlich denkt man an die Antecedentien, die ein solches Gesetz hervorgerufen haben, und geräth begreiflich auf die abenteuerlichsten Hypothesen.

Die „Damen" sind frei, sie bezahlen kein Eintrittsgeld; nur müssen sie sich dafür vorher einer kleinen Inspection unterwerfen, die übrigens mit der größten Toleranz gehandhabt wird. So wird die Köchin zulässig, d. h. ballfähig erklärt, aber ohne Küchenschürze; der Kellner desgleichen, aber im Rock, gleichviel in was für einem, nur nicht in der Jacke, auch der Arbeiter, nur nicht in der Blouse. Die Mütze ist proscribirt; aber dem hilft man leicht ab, indem man sie für einen Sou in der Garderobe zum Aufbewahren zurückläßt.

Wie interessant ist dies Alles für den denkenden Beobachter, der solchergestalt die verschiedenen Stufen der socialen Ordnung überschaut! Man höre: Zum Empfang in den Tuilerien der manteau de cour, der chapeau claque, Kniehosen und seidene Strümpfe, der Federhut und die „große Uniform"; für den Opernball der schwarze Frack, die weiße Weste und dito Halsbinde; für die Salle Barthélémy der einfach anständige, oder richtiger der nicht geradezu unanständige Anzug; und auf den Arbeiterbällen an den Barrieren, wohin wir (vielleicht!) den Leser auch noch führen werden, wenn er nicht unterdeß müde geworden ist, für den eigentlichen Janhagel, in Bezug auf sein Costüm die folgende Phrase am Eingange: »Celui qui n'est pas propre, ne sera pas admis.« Und selbst dies ist noch nicht das letzte Stadium; denn die Lumpensammler, Canalarbeiter und Straßenfeger haben auch ihre „Bälle" und ihre Einlaßbedingung, die sich aber dort nur auf die völlig Betrunkenen bezieht, die eben auf der Straße bleiben müssen, wohin sie gehören, bis eine Patrouille sie weiter schafft. Doch bis dahin werden wir den Leser nicht führen, selbst wenn er es wünschen sollte.

Wir treten ein. Der Saal ist sehr groß: eine gewaltige, hohe Rotunde, ringsum eine doppelte Galerie mit offenen und geschlossenen Logen, aber die einen wie die andern so wenig standesgemäß, daß wir uns gar nicht hinaufbemühen wollen. Die Erleuchtung ist trotz der vielen Kronleuchter und Gasguirlanden sehr mangelhaft, denn die Cigarre ist erlaubt, ach und sogar die Pfeife, die letztere freilich nur oben auf den Galerieen; aber man trifft sie überall auch unten an. Wenn einer der Ball-Directoren, die man übrigens auch hier »chapeaux d'honneur« nennt, den Contravenienten zur Rede stellt und ihn hinaufweist, so antwortet dieser einfach: »je monte précisément« und geht auf die gegenüberliegende Seite des Saales. Wenn sie dabei nur eine gute, feine Nummer rauchten, diese „Herren" und diese „Damen" — denn nicht wenige Tänzerinnen sieht man in den Pausen eine Cigarette anzünden — so ginge es noch an. Aber der »caporal«, wie man in Frankreich den ordinären Tabak nennt, hat einen so eigenthümlich strengen, unangenehmen Geruch, daß er ganz betäubend auf die Nerven wirkt; es ist eben der Wachstubenknaster, daher auch sein Name. Nun kommen noch die weitern Gerüche hinzu von Glühwein, Punsch, Bier, von Liqueuren und sonstigen dampfenden, duftenden Getränken ... wahrhaftig, man wird schon benebelt und wie angetrunken nur durch den Aufenthalt in diesen Räumen, wir wenigstens, die wir Gottlob an eine andere Atmosphäre gewöhnt sind. Bedauern Sie noch, mein Fräulein, uns nicht begleitet zu haben? Wohl kaum;

denn länger als ein paar Minuten hätten Sie es nicht ausgehalten und mithin die Lanciers=Quadrille nicht gesehen, die erst gegen elf Uhr getanzt wurde, als Glanzpunkt des Abends.

Auch wieder eine gefallene Größe, eine traurige Decadenz! Vor sechs, acht Jahren, als die Lanciers=Quadrille „aufkam", war sie einen ganzen Winter lang das ausschließliche Privilegium des Hofes und der hohen Aristokratie. Im Hotel Castellane wurde sie sogar ein Mal von sechszehn wirklichen Ulanen=Officieren getanzt, die man aus Fontainebleau, wo die Ulanen=Regimenter in Quartier lagen, eigens zu diesem Zwecke „verschrieben" hatte, wie die vornehmen Pariser zu ihren großen Diners die Pasteten aus Straßburg und die Gemüse aus Marseille kommen lassen. Wie gesagt, das war damals. Aber die Freude dauerte leider nicht lange; denn es gibt hier in der ganzen socialen Welt nichts Exclusives, und die schönste, neueste und reichste Toilette, in welcher heute eine Herzogin bei Hofe erscheint, und wäre es gar die Kaiserin selbst, können wir in getreuester Copie sehr gut nach acht Tagen in einer Loge der italienischen Oper oder im Bois de Boulogne sehen, wo irgend eine Heldin der demi-monde darin prunkt und stolzirt. Man erinnere sich nur des rothen Sammetkleides vom Opern=Balle.

So fiel denn auch die Lanciers=Quadrille sehr schnell und wurde das Gemeingut der öffentlichen Bälle. Von da wanderte die Melodie im Leierkasten auf den Straßen umher, bis sie jeder Gamin aus=

wendig wußte und sang. Dann gerieth sie ganz in Vergessenheit und wurde endlich in den untern Regionen als etwas Altes und deshalb Neugewordenes wieder hervorgesucht, wie am heutigen Abend in der Salle Barthélémy. Wer aber jetzt in einem vornehmen Salon diese Melodie auf dem Piano anschlagen oder gar, wie es früher zum guten Ton gehörte, vor sich hin summen oder singen würde, könnte das Schlimmste erleben: ein „kreuzige ihn!" der schrecklichsten Art; — voilà bien les Parisiens!

Die Quadrille wurde indeß mit gewohntem Feuer getanzt; die Arme, Beine und Röcke flogen, daß das Ganze sich von weitem ausnahm wie ein Marionettentheater im Großen: der berüchtigte Cancan steht in der Salle Barthélémy in seiner höchsten Blüthe. ... Dann und wann arbeitete sich ein Gendarm durch die Menge, um einen allzu hitzigen Tänzer oder auch eine Tänzerin (vor dem Anstandsgesetz gilt kein Unterschied des Geschlechts) „abzuführen," d. h. an die Luft zu setzen ... lautes Pfeifen und wildes Geschrei, Reclamationen und Demonstrationen zu Gunsten der Verurtheilten, und all dieser Lärm von den Trompeten und Pauken des Orchesters begleitet. ... Aber die Wächter der „Tanzordnung" lassen sich nicht irre machen, sondern greifen wohl noch hier und da auf's gerathewohl in die tobende Menge hinein und schieben den Ersten Besten ebenfalls zur Thüre hinaus. Unter entsetzlichem Staub und Dunst geht die Quadrille zu Ende. Die Paare zerstreuen sich nach allen Seiten oder, besser gesagt, werden nach allen Seiten hin zerstreut; denn in der leer gewordenen Mitte des Saales erscheinen plötzlich mehrere handfeste Burschen mit Gießkannen, die sie noch dazu ganz rücksichtslos im weitesten Bogen schwenken, und besprengen den Tanzplatz mit einer Sorgfalt und einer Ausdauer, als wenn es ein englischer bowling-green wäre. Die Weiber kreischen, denn mancher ungalante Chapeau stößt sie absichtlich in den Gießkannen-Regen hinein. Aber die Wassertropfen werden leicht abgeschüttelt, und man stellt sich wieder in die Reihe zu einem neuen Tanze; — der obligate Tusch des Orchesters hat sich bereits vernehmen lassen.

„Und die Masken?" fragen Sie mich, Verehrteste. „Ich dachte, es wäre ein Maskenball?"

Es ist auch einer und auf dem Anschlagzettel stehen sogar die pomphaften Worte: »Bal paré et travesti«; aber trotzdem sind die Masken kaum der Rede werth. Auch hier, wie auf dem Opernball und auf allen sonstigen Bällen, Pierrots, Colombinen, Türken, Kabylen ꝛc., nur die Costüme weniger frisch und neu als anderswo, — und der Leser erinnert sich, daß dieselben sogar in der großen Oper schon viel zu wünschen übrig ließen. Ich hab' es damals nur nicht erzählen wollen, daß ich in einem stolzen Schotten einen alten Bekannten fand, nämlich einen Garçon aus dem Restaurant François Premier, der mir gar manche Suppe und manche Cotelette servirt hatte und auch noch in Zukunft serviren wird. Er bot mir vertraulich die

Hand und redete mich mit Du an, und ich mußte mir die Maskenfreiheit gefallen laſſen, ohne gerade von dieſer égalité und fraternité des Faſchings mehr als von der politiſchen erbaut zu ſein. Auch ſonſt hatte ich noch auf dem Opernballe allerlei eigenthümliche ſociale Betrachtungen und Studien gemacht, die ich aber wohlweislich für mich behielt, um nicht noch weitern Grund zum Lachen zu geben. Hier nun, in der Salle Barthélémy, kamen mir all' jene Eindrücke auf's neue und in verdoppelter Kraft; denn das, was in der großen Oper doch immer nur eine Ausnahme von der Regel war, findet hier gerade in umgekehrter Weiſe Statt.

Freiligrath in ſeinem ſchönen Gedichte »requiescat« weiß allerdings einer „Hand voll Schwielen" eine poetiſche Seite abzugewinnen; aber hier auf dem Maskenballe macht eine ſolche Hand, wenn ſie aus dem verſchoſſenen Seidenärmel eines mehlgepuderten »Mousquetaire de la Reine« hervorſieht, keinen poetiſchen Eindruck, ſondern erinnert nur an den garçon-épicier, der uns noch geſtern ein Paket Stearinkerzen überreichte, oder an unſern Hausknecht, der uns vor einigen Tagen ganz höflich fragte, ob wir nicht etwa einen alten Hut, „oder ſonſt ein Kleidungsſtück" abgelegt hätten. Nicht, als ob wir den Ladendiener oder den Hausknecht geringſchätzten, gewiß nicht. „Jedem Ehre, Jedem Preis", wiederholen wir mit Freiligrath; aber nur nicht als »petit marquis à la Pompadour« im zweifelhaften Sammetcoſtüm, oder gar als »Louis Quatorze« in Allongeperücke und ſchmutzigen Spitzenmanschetten, — denn so hatte sich wahrhaftig unser Victor ausstaffirt, den wir ebenfalls antrafen. Er zeigte aber nichts von dem Stolz des großen Königs; denn er ging leise bei Seite, als er uns ansichtig wurde. Die weiblichen Masken übergehen wir vollends; nur die Leichtigkeit der Costüme verdiente etwa erwähnt zu werden. Sie waren manchmal so überaus leicht, daß sie an mythologische Hüllen mahnten. Nur war hier die Anomalie wo möglich noch größer. Man denke sich die rothen, gesunden, arbeitsgewohnten Arme und Hände einer tüchtigen Köchin oder Hausmagd in dem Gaze-gewande einer orientalischen Bayadere, das obendrein ziemlich abgetragen, aber dafür um so durchsichtiger war.

Auch der beliebte volksthümliche Postillon von Lonjumeau hatte sich eingefunden und zwar in unzähligen Auflagen. Diese Postillons tanzten und sprangen aber trotz ihrer hohen Courierstiefel vortrefflich, und mit ihren Peitschen gingen sie erstaunlich ungenirt um. Sie knallten dergestalt rechts und links, daß man ihnen überall auswich und ehrerbietig Platz machte.

Die Räume füllen sich gegen Mitternacht mehr und mehr, und man hat Mühe, nur von der Stelle zu kommen. Dabei darf man ein paar Fußtritte und Püffe nicht übel nehmen, die auch keineswegs böse gemeint, sondern nur als eine unvermeidliche Zugabe der Volksmaskerade zu betrachten sind. Aber die Hitze wird geradezu unerträglich. Jeder schwitzt und stöhnt und wischt sich die Stirn mit dem Taschentuche oder auch einfach mit dem Rockärmel. O weh! die paar Neger unter den Masken, die doch mit dem Tropenklima vertraut sein sollten, haben sich sogar die schwarze Farbe fast ganz aus dem Gesichte gewischt und bilden dadurch einen interessanten Uebergang der äthiopischen zur kaukasischen Race. Die Damen haben Fächer, wirkliche oder improvisirte; wer zufällig ein Thermometer zur Hand hätte, würde den Weingeist in der Höhe der Hundstagsgrade finden, und wenn es gar einen Staub- und Dunstmesser gäbe, so würde der jedenfalls die äußersten Grade anzeigen.

Wie Recht hatten Sie also, zu Hause zu bleiben, mein Fräulein! Wenn Sie auch bis jetzt ausgehalten hätten, so wäre doch nun Ihre Geduld völlig erschöpft; wir müßten aufbrechen und versäumten somit das Beste, wie Sie gleich hören werden. Unser einer bleibt noch und hält tapfer aus, gleich jenen africanischen Entdeckungsreisenden, die auch muthig in der brennenden Wüste fortschreiten, bis endlich die Oase den ermatteten Pilger aufnimmt und erquickt.

Sehen Sie, man wird sogar poetisch in der Salle Barthélémy! Der Vergleich mit der Oase ist noch dazu ein ganz passender; denn auch hier ist eine solche, nur eine unterirdische: wir stehen just an der Treppe und steigen hinab.

Ein geräumiger Saal empfängt uns: die genaue Wiederholung desjenigen, den wir so eben verlassen, nur weniger hoch, wenn auch keineswegs niedrig. Starke Pfeiler tragen ringsum die zitternde Decke: mir kam es wenigstens so vor, als zittere sie, und der Gedanke, daß dicht über uns gegen anderthalbtausend Menschen tanzten, erklärte diese Täuschung vollkommen. Bei näherer Prüfung erkennt man aber sofort, daß Alles so fest und solid ist wie die Katakomben, über denen ja bekanntlich das ungeheuere Pantheon erbaut ist. Die Erleuchtung ist gut, die Luft kühler, und wenn auch nicht rein, wie auf einer Alpenfirne, so doch entschieden besser als oben.

In diesem unterirdischen Saale nun befinden sich zunächst die Buffets, und das Ganze sieht auf den ersten Anblick aus, wie ein großes Kaffeehaus. Geht man aber umher, so entdeckt man noch allerlei Details, die fast an einen Jahrmarkt erinnern. So findet sich nach hinten ein geräumiger Schießstand, wo mit Salonpistolen und kleinen Carabinern nach drehenden Puppen aus Gyps oder nach der Scheibe geschossen wird. Auf der entgegengesetzten Seite stehen einige sogenannte Lotto-Billards, auf denen mit zwölf weißen Kugeln große und kleine Nippsachen aus Porcellan oder Bronce gewonnen oder auch nicht gewonnen werden können. Das Letztere ist leider am gewöhnlichsten; denn alle derartigen Spiele sind darauf berechnet, uns das Geld auf eine anständige Weise aus der Tasche zu holen. Auch ein Wahrsager erscheint, aber wie ein Hanswurst costümirt und dabei so betrunken, daß wir nur mit großer Mühe das Lachen verbeißen können. Marketenderinnen gehen vorüber, die Branntwein aus ihrem Fäßchen schenken, das Glas für einen Sou, und die sich selbst über ihren Kunden nicht vergessen. Auch

ein Taschenspieler fehlt nicht, der sich einen Hut aus=
bittet, um darin den schon so viele tausend Male ge=
machten Pfannkuchen noch ein Mal zu machen. Er
macht ihn auch wirklich und vertheilt ihn an die Um=
stehenden, die ihn begierig verspeisen und vortrefflich
finden.

Alle Tische sind besetzt, theils von Masken und
Dominos, theils von „Herren und Damen in Civil".
Selbst unter den Tischen rührt es sich manchmal, als
ruhe dort Einer aus von den übergroßen Strapazen des
Abends. Oder scheint es uns nur so? Man kann
wirklich von weitem nicht Alles deutlich erkennen. Die
Kellner eilen geschäftig auf und ab; sie können nicht
Flaschen, Schoppen und Gläser genug herbeischaffen.
Man spricht und schreibt hier in Frankreich immer so
viel von deutschen Trinkgelagen und von den unglaub=
lichen Quantitäten Flüssigkeit, die durch deutsche Keh=
len in deutsche Magen fließen; nun, die Franzosen ge=
ben wahrhaftig den Deutschen nichts nach! Man könnte
getrost dies Souterrain der Salle Barthélémy nach
München, Wien, Berlin oder sonstwohin transporti=
ren, wo „stark gekneipt" wird, und es würde mit
Ehren bestehen .... meinetwegen auch nach „Köln
am Rhein", wenn Sie nichts dagegen haben, Verehr=
teste. Wir wagen es ebenfalls mit einem Schoppen
und lassen es nicht einmal bei dem ersten bewenden;
das Bier ist nämlich vortrefflich. Um einen runden
Tisch in der Mitte haben sechs Pierrots eine gewaltige
Punschbowle zurecht gemacht und angezündet. Sie

streiten sich um den Löffel, und die Durstigsten schöpfen mit dem Glase den „flammenden Nectar". Andere Masken drängen sich mit ihren Gläsern taumelnd hinzu: die Bowle kommt dabei in Gefahr, umgeworfen zu werden. Endlich springt ein peruvianischer Inca, dessen ganzes Costüm (außer dem Tricot, s'il vous plait) in einer Leibbinde aus bunten Federn und in einer fußhohen Federkrone besteht, auf den Tisch und hält die Bowle hoch empor, schöpft Jedem nach Verdienst und Würde, setzt sie alsdann selbst an den Mund, um den Rest auszutrinken, und stülpt sie schließlich einem zubringlichen Pierrot auf den Kopf. Lärm und Geschrei, — der Tisch wackelt und kommt in's Stürzen; der Inca springt in's dichteste Gewühl hinein. Flaschen und Gläser fallen klirrend zu Boden; Stühle und Bänke werden umgeworfen — eine wahre Teufelswirthschaft, die aber keine Minute dauert. Denn schon erscheinen oben an der Treppe die Soldaten und Gendarmen, um die unterbrochene „Ruhe" wieder herzustellen, und, wenn es möglich ist, den Einen oder Andern beim Kragen zu nehmen.

Wir benutzen diesen kritischen, keineswegs ungefährlichen Moment, um das Souterrain leise zu verlassen und in den obern Saal zurückzukehren, der auffallend leer geworden zu sein scheint. Aber ein wildes, verworrenes Getöse erschallt aus den Nebensälen, und wir ahnen unwillkürlich, daß wir irgend einer neuen großen Katastrophe entgegengehen. Auch fällt uns die Lösung des Räthsels alsbald ein: es ist nämlich 1 Uhr nach

Mitternacht, also der Moment, wo die auf dem Programm angezeigte Fastnachts=Tombola gezogen wird. Die Gewinne bestehen in allem möglichen Nürnberger Spielwaarentand, wenn er nur Musik, d. h. Lärm macht. Schon öffnen sich zu beiden Seiten die Doppelthüren, und die wilde Jagd erscheint. Das Orchester spielt das non plus ultra eines Barricadengalopps, wird aber bald von den hereintanzenden Paaren übertönt; denn jeder Tänzer hält ein blasendes, pfeifendes, klingelndes, schnarrendes, kreischendes, quiekendes Ding in der Hand: eine Blechtrompete oder eine Harmonica, eine Pfeife oder eine Kindertrommel, ein Tambourin oder einen türkischen Halbmond, eine Schnarre oder einen singenden Gummiball, oder auch den beliebten „Mirliton", der ja durch das neue Stück im Théâtre des Variétés klassisch geworden ist. Und so jagen sie, wenigstens drei= bis vierhundert Paare, in den Saal hinein und dort wie rasend auf und ab, — eine Katzenmusik in höchster, ohrzerreißendster Potenz, ein Hexen=Sabbat, wie er in der Walpurgisnacht auf dem Blocksberge nicht toller und maßloser sein kann! Von den obern Galerieen stürmen plötzlich diejenigen, die noch keine Balltrophäe erhalten haben, herunter, und die Andern unten vom Souterrain herauf, und bald verstärken einige Hundert neue Musikanten den höllischen Lärm .... genug, genug — zuviel, zuviel! Wir wollen nicht unser Trommelfell einbüßen und keine Gehirnkrankheit davontragen. Lassen wir es bei den Kopfschmerzen bewenden, an denen wir morgen zu lei-

den haben werden, sonstiger Fatalitäten nicht zu geden=
ken, als da sind: ein abgerissener Rockschooß, ein platt=
gedrückter Hut und dergleichen — Alles der Salle
Barthélémy zu Ehren, oder besser gesagt, dem Leser
zu Liebe. Adieu, Adieu! et non pas au revoir!

IV.
Die Soldatenbälle.

Le salon de Mars.

Das klingt ganz martialisch und klassisch obendrein!
Aber hier hat ja Alles einen vollen, schönen Klang.
»Messieurs les militaires«, sagt man, wenn man
die Soldaten anredet und sie höflich bittet, ihre Waffen
am Eingange des Tanzsaales zu deponiren. Mancher
will sich nicht gleich dazu verstehen, vorzüglich, wenn
er schon aus andern Kneipen kommt; aber dann zeigt
man ihm das Reglement, das mit den Worten »l'au-
torité supérieure« beginnt, und diese zwei Worte
genügen, um ihn sofort ganz fromm und zahm zu
machen. Der französische Soldat, wenigstens der Pariser, hat übrigens gute Manieren und weiß sich an=
ständig zu benehmen. Der Grund hiervon liegt wohl
hauptsächlich in dem Umstande, daß eine Menge junger
Leute aus den höhern Ständen, die den schweren Prü-
fungen in Saint-Cyr nicht gewachsen sind, Dienste nehmen, um praktisch nachzuholen, was sie theoretisch ver=
säumten. Die Militär-Carrière ist in Frankreich außer-

dem noch eine große Ressource für alle diejenigen, die anderweitig „kein Glück gehabt haben": man wird Soldat, wenn man eben sonst nichts mehr werden kann. Die Uniform gleicht dann Alles aus, und auch die unreinen Elemente können, Dank der strengen Disciplin, nicht weiter zur Geltung kommen. Es ist seltsam genug, daß der sonst so leichtfertige, flatterhafte Franzose sich so vortrefflich auf Subordination versteht und so gut zu gehorchen weiß; aber auch dies erklärt sich leicht aus der Vorliebe für den Soldatenstand selbst, die eine der Hauptseiten des französischen National-Charakters bildet.

Wir wollen hier übrigens keine Notizen zu einer Militär-Statistik liefern; wir sprachen nur so nebenbei über diese und ähnliche Dinge, während wir im Omnibus den weiten Weg nach dem Marsfelde zurücklegten, in dessen Nähe der gleichnamige Soldaten-Ballsaal liegt.

Natürlich haben wir Sie auch dies Mal wieder zu Hause gelassen, werthes Fräulein, obwohl Sie uns recht gut hätten begleiten können; doch besser ist immer besser.

Das ganze Quartier, in welchem wir uns jetzt befinden, hat einen andern Anstrich als das übrige Paris. Von zehn Menschen, die uns begegnen, sind neun jedenfalls Soldaten und, was unstreitig das Interessanteste dabei ist, Alles Soldaten von verschiedenen Waffengattungen. In Paris liegen nämlich, schon des militärischen Luxus wegen, der bei den vielen Revuen und sonstigen Gelegenheiten entfaltet wird, stets Probe-Regimenter aller Art, außer der eigentlichen Garnison, der sogenannten »Armée de Paris,« die aus Linientruppen und leichter Cavallerie besteht. Was sonst, namentlich von der Garde, nicht direct in Paris liegt, ist in der nächsten Umgegend einquartirt; aber durch die vielen Local-Eisenbahnen ist diese Umgegend so gut wie Paris selbst. Man kommt schneller und bequemer von Vincennes oder Neuilly nach Paris, als von der Bastille nach der Börse. Deshalb sieht man auch auf den Soldatenbällen stets alle möglichen Uniformen der gesammten französischen Armee, was gewiß einen reichlich so hübschen Anblick gewährt, als die Masken und Verkleidungen, die wir auf den frühern Bällen gesehen.

Der Salon de Mars ist nun das Hauptlocal für die Kinder Bellona's, und wenn wir ihn besucht haben, so kennen wir alle übrigen.

Alte Invaliden stehen oder sitzen am Eingange; den stehenden fehlt in der Regel ein Arm, den sitzenden ein Bein. Sie tragen den bekannten zugeknöpften, langen, dunkelblauen Rock, der ihnen bis auf die Füße geht, in welchem sie aber recht gut aussehen; das „Ehrenkreuz am rothen Band" fehlt natürlich nicht. Aber welch ein Fortschritt, hier diese Invaliden zu sehen und keine Sergents de Ville und keine Polizei-Soldaten, die ja nirgends, nirgends in dem guten Paris fehlen, und die sich sogar bei allen Privatbällen einfinden! Schon aus diesem kleinen, aber für uns andern Erdenbürger so wichtigen Umstande sieht man sofort, daß der Soldat das wahre enfant gâté des französischen Staates ist. Ohnehin sind die Invaliden dort nur pro forma postirt; denn was könnten diese Krüppel wohl ausrichten, wenn es dort oben zu Schlägereien käme? Aber es kommt eben nicht dazu, und wenn wirklich Streitigkeiten entstehen und beleidigende Worte fallen, — was schon deshalb vorkommen kann, weil das „schöne Geschlecht" auf jenen Bällen eben so stark vertreten ist, als auf den andern, — so legen sich die „Unparteiischen" in's Mittel, und die Angelegenheit wird am folgenden Morgen in einem der Hinterhöfe der Militärschule „ausgefochten," oder auf dem Fechtboden selbst, ohne daß die Vorgesetzten etwas merken oder auch merken lassen. Man ist hier leider in diesen schlimmen Dingen sehr tolerant. Sogar Kugeln sind auf diese Art schon gewechselt worden. Aber dann wird die Sache ernst; denn der Kriegsminister spaßt nicht, und gar mancher unruhige Kopf wird ohne langen Proceß in eine Strafcompagnie nach Algerien geschickt, von wo er freilich nach zehn Jahren als Officier zurückkommen kann, was Alles schon dagewesen ist. Algerien ist das französische Sibirien, und die russischen Deportirten wären gewiß froh, wenn sie tauschen dürften.

Das Entrée im Salon de Mars kostet vier Sous für Militärs und zehn Sous für Civilisten; uns aber gibt man eine kleine Karte, die uns berechtigt, an einem der Buffets ein Glas Grog oder Glühwein, oder auch gar nichts zu nehmen. Wir ziehen das letztere vor und stecken die Karte einem der Invaliden in die Hand, der uns dafür die unserige herzlich drückt und alsdann davonhumpelt, um auf unsere Gesundheit zu trinken.

Der Ballsaal selbst ist auch hier wieder hoch und groß, aber er ist sehr casernenartig, d. h. so gut wie gar nicht decorirt. Die Wände sind kahl und ohne alle Malerei, was vom künstlerischen Standpunkte vielleicht den „Frescogemälden" anderer Localitäten vorzuziehen ist, wo die unter Blumen= und Fruchtguirlanden tanzenden gemalten Engel den im Saale tanzenden wirklichen nur allzu ähnlich sehen. Auch die blitzenden Kronleuchter fehlen hier: die Gasflammen brennen an einfachen, langen Messingröhren; aber sie erhellen den Raum vortrefflich, und das ist die Hauptsache. Die Mitte des Saales ist durch eine starke Barrière isolirt; an allen vier Seiten sind Eingänge, aber nur für die Tanzenden. Das übrige Publicum bleibt außerhalb jener Barrière, wo überall an den Wänden entlang Tische und Bänke stehen, von denen nur sehr wenige unbesetzt sind. Bier „fließt in Strömen" auch über die Tische weg und auf manches „Ballkleid"; denn die Damen thun so gut Bescheid wie die Herren, und will von diesen einer recht galant sein, so bestellt er eine Flasche »du petit bleu« zu zwölf Sous, Pariser Bordeauxwein, wie man ihn, komisch genug, nennt: ein bescheidenes, anspruchloses Gewächs der freundlichen Hügel von St. Cloud, Suresne, oder Montmorency, eine Stunde hinter dem Bois de Boulogne. Der „Petit Bleu" ist eben so gut Weißwein; er behält doch den Namen. An allen Pariser Barrièren werden jährlich unglaubliche Quantitäten davon verschenkt, was nur dadurch möglich wird, daß die Seine dicht an jenen „Rebenhügeln" vorüberfließt.

An der Hauptwand (saluons!) auf einer Console die Büste des Kaisers unter einem Kranz von Fahnen und Säbeln, ganz hübsch arrangirt. Die Büste selbst ist freilich von Gyps, schmutzig und bestaubt; aber die Gesinnung ist die Hauptsache, und hier im Salon de Mars ist Alles „gut kaiserlich." Man biete nur einem der Invaliden, vorzüglich wenn er die St. Helena-Medaille trägt, ein Glas Wein an und schlage ihm dabei auf die Schulter mit den Worten: »Eh bien, mon vieux, autrefois nous dansions aussi, pas vrai?« Unfehlbar wird er mit leuchtenden Augen — zuerst natürlich das Glas annehmen und leeren — dann aber ausrufen: .... (Die Punkte bedeuten einen der obligaten Kernflüche, wie sie in diesem Quartier zu Hause sind) »j'espère bien, bourgeois, mais c'était une autre danse, la nôtre, en »Egyppe«, sous les »perramides«, ꝛc. Wollen wir es uns dann noch ein paar Gläser kosten lassen und außerdem noch dem einen oder andern Stelzfuße zuwinken, sich zu uns zu setzen, so haben wir die ganze Kriegs- und Eroberungs-Geschichte des ersten Kaiserreichs in Person vor uns. Die Alten erzählen von Wagram, Jena und Eylau, nicht als wenn sie dabei gewesen — denn das waren sie wirklich — sondern als wenn sie ganz allein das Geschick jener Schlachten entschieden hätten; und in allen ihren Erzählungen steht immer „der kleine Corporal" neben ihnen, trinkt mit dem Einen aus der Feldflasche, ruft dem Andern zu: »Tiens-toi bien, mon brave!«, oder nimmt gar von seiner eigenen Brust das Kreuz und steckt es dem alten Grenadier an, was bekanntlich Alles hundert Mal passirt ist. Gibt man ihnen vollends Cigarren (eine Cigarre ist die höchste Aufmerksamkeit für einen Invaliden) so ist des Erzählens gar kein Ende; andere Kriegsgenossen aus der alten Zeit treten neugierig hinzu und mischen sich in's Gespräch, und der Hauptwortführer schlägt dann wohl dreist auf den Tisch und bestellt noch ein paar Flaschen, natürlich auf unsere Kosten, und lacht dabei in den grauen Bart, als hätte er eine rechte Heldenthat vollführt. Oder es stößt ihn auch Einer, der nüchterner geblieben ist, derb in die Hüfte und bedeutet ihm mit einem Seitenblick auf uns, daß wir ja Fremde, vielleicht Deutsche, wo nicht gar Oesterreicher sind. Dann lenkt er ein und ruft ganz unverlegen: »Mais tout de même, ils se sont bien battus, les Autrichiens, j'ai eu un mal du diable pour en venir à bout.« Und angestoßen, ausgetrunken, wieder gefüllt und so fort und so fort . . . . die Alten säßen bis nach Mitternacht, wenn sie nicht um elf Uhr nach Hause müßten, die große Mehrzahl wenigstens. Die übrigen, die Dienst haben, bleiben bis zum Schluß des Balles, um „Ordnung zu halten,"

schlafen aber regelmäßig nach zwölf Uhr ein und
schnarchen in allen Ecken, ungeachtet des wilden Lärms der
Tanzenden und des noch wildern der Musikanten. Aber
diese »vieux de la vieille« haben ja auch ganz ruhig
auf dem Schlachtfelde geschlafen, wenn kaum der Kano-
nendonner verhallt war.

Von dem eigentlichen Balle ist übrigens wenig
oder nichts zu berichten, wenigstens nichts Neues. Die
Pariser öffentlichen Bälle, die vornehmsten wie die
ordinärsten, sind einmal alle über einen und denselben
Leisten geschlagen: stets die Quadrillen mit dem uner-
läßlichen Cancan, dann und wann eine Polka oder ein
Galopp zur Abwechselung, aber immer wieder von
neuem eine Quadrille, eben des Cancans wegen, der
dazu gehört, wie der Löffel zur Suppe. Für den
Fremden, der „so etwas" in seinem Leben noch nicht
gesehen hat, ist es zuerst ganz interessant; er meint
seinen Augen nicht zu trauen, wenn Einer dicht vor
ihm einen Purzelbaum schlägt, oder wenn Eine mit
ihrer Fußspitze fast seine Schulter berührt, all' der
übrigen Stellungen, Wendungen und Bewegungen nicht
zu gedenken, von denen stets eine unschöner und ge-
meiner ist als die andere. Aber wenn man diesem
choreographischen Unsinn zwei, drei Mal zugeschaut
hat, so wird man seiner übersatt und findet ihn zuletzt
abgeschmackt, wo nicht ekelhaft. Ich persönlich konnte
mich sogar manchmal eines peinlich-wehmüthigen Ge-
fühles nicht erwehren, wenn ich ältere, äußerlich ganz
anständig aussehende Männer mittanzen und die Uebrigen

an Luftsprüngen und unanständigen Gesten überbieten sah. Jedes Land hat freilich seine verschiedenen und eigenthümlichen Sitten; aber die wirkliche Unsitte sollte doch nirgends Sitte sein. Doch nur keine Abschweifung, wir riskiren sonst, daß man uns einfach sagt: "Weshalb kommst du denn? Wenn's dir nicht gefällt, so bleib' doch zu Hause." Darauf wäre nun erst recht Vieles zu erwidern; aber wir sagen es lieber ein ander Mal.

Uniformen, wie gesagt, in buntester Fülle und in der mannchfachsten Abwechselung; wie ein Pfau unter niederm Geflügel hier und da ein Centgarde in himmelblauer und amaranthener Uniform, mit reicher Goldstickerei; aber wenn man ihn genau besieht, doch gar zu theatralisch aufgeputzt. Die andern Uniformen, wenn auch einfacher, sehen entschieden besser aus. Uns haben wenigstens vor allen übrigen die dunkelgrünen Chasseurs mit ihren silbernen Aufschlägen, und die schwarzen Artilleristen der Garde mit ihren rothen Litzen stets am besten gefallen. Auch die reitenden Jäger, die aber hier tanzende sind, nehmen sich gut aus, und die Husaren nicht minder; dazwischen die hochrothen Guiden mit ihren bunten Federbüschen. Sie tanzen aber nicht, sondern sehen nur zu; denn sie sind gar vornehm. Die Dragoner haben ihre schweren Helme mit den langen Roßschweifen und die Cuirassiere ihre Brustpanzer abgelegt und rechts und links an den Wänden aufgehängt, was hübsch aussieht; die langen Schleppsäbel mußten sie bereits am Eingange deponiren. Aus der schweren Cavallerie ist mithin eine leichte geworden und zugleich eine sehr beliebte; denn es ist eine bekannte Thatsache, daß gerade die Dragoner und Cuirassiere die besten Tänzer sind. Schlanke Lanciers erinnern in ihren weißen Uniformen fast an österreichische Ulanen; aber auch sie tanzen nicht, vielleicht aus Trauer, daß die schöne Quadrille, der sie den Namen gegeben, so ganz heruntergekommen ist, daß sie selbst hier im Salon de Mars nicht mehr getanzt wird. Die gewöhnlichen Infanteristen endlich dienen als eigentliche Staffage des Bildes, wie Figuranten im Theater: sie gehören dazu, aber als Nebenpersonen, auf die man nicht weiter achtet.

Und die „Damen"? — Wie unhöflich, daß wir noch gar nichts von ihnen gesagt haben, da sie doch eigentlich die Ersten sein sollten. Der Grund unseres Schweigens mag wohl einfach der sein, daß wir eben nichts von ihnen zu sagen hatten. Köchinnen und Dienstmädchen bilden das Hauptpersonal der dortigen Damenwelt; manche haben ihre weiße Schürze nicht einmal abgelegt, sondern nur halb zurückgeschlagen; ach! und wieder bei manchen ist die Schürze nicht einmal weiß. Aber der Soldat nimmt es nicht so genau, und wenn sie nur zu tanzen verstehen, so ist er schon zufrieden; und tanzen können sie sämmtlich, denn jeder Pariserin ist die Tanzlust und Tanzfertigkeit angeboren. Hier und da erscheint auch eine kleine Grisette, aber selten allein, sondern fast immer von ihrer Mutter oder „Tante" begleitet. Sie tanzt wohl und nimmt auch ein Stück Kuchen und ein Glas Wein; aber sie ist trotzdem sehr zurückhaltend: »il faut se méfier des militaires« ist ein altes Sprüchwort im Pariser Handwerkerstande. Auch ist die eigentliche Grisette in diesem Quartier nicht zu Hause; sie gehört dem Quartier Latin an, wo sie die Huldigungen der Musensöhne empfängt. Man sieht übrigens auch die verheiratheten Frauen der Wachtmeister und Unterofficiere, wie sie ganz ehrbar zuschauen, aber sich auch nicht zieren, wenn man sie zum Tanze auffordert. Die Marketenderinnen in ihrem schmucken Costüme gehen ab und zu; in den Nebenzimmern haben sie ihre kleinen Schnapsläden etablirt und erhalten fleißigen Zuspruch. Auch die alte Mère Rose, die älteste und berühmteste Vivandière der französischen Armee, zeigte man uns. Sie war als Kind in Egypten und bei Marengo und trägt die St. Helena-Medaille, nicht minder das Kreuz der Ehrenlegion und noch sonst einige Orden. Sie hat später, noch im fünf. und sechszigsten Jahre, den Krim-Feldzug mitgemacht und wohnt seit ihrer Rückkehr im Invalidenhôtel. Wenn sie im Salon de Mars erscheint, so setzt man ihr neben dem Orchester einen Stuhl hin, und wer vorübergeht, vergißt sicher nicht den militärischen Gruß. Sie trank übrigens an jenem Abende, wo wir sie sahen, ein paar Gläser Glühwein, so gut wie der erste, beste Soldat.

Officiere sieht man natürlich nicht im Salon de Mars, mit Ausnahme des jedesmaligen Capitäns, der unten an der Militärschule den Wachtposten befehligt und der nach dem Reglement einige Mal durch den Saal gehen muß. Der Maréchal des Logis und der Sergeant-Major sind mithin die vornehmsten Personen auf dem Balle, in der Regel alte bärtige Haudegen, die nicht viel Spaß verstehen, aber dafür beständig Durst haben und für das schöne Geschlecht ein sehr empfängliches Herz. Zu ihnen gesellt sich der Tambour-Major, ebenfalls eine Respectsperson und das eine große; denn unter sechs Fuß ist keiner lang. Rechnet man zu all' diesen verschiedenen Figuren und Uniformen noch die Zuaven und Turcos in ihrem orientalischen Costüme, auch wohl ein Dutzend Kabylen mit kaffeebraunem Gesicht und schneeweißem Burnus, so ist das Bild vollständig und bietet die reichhaltigste, bunteste Maskerade, die sich denken läßt. Eigentliche Masken sieht man zur Carnevalszeit nur sehr selten auf den Militärbällen, weder im Salon de Mars noch in den übrigen ähnlichen Localitäten, deren es eine große Menge gibt. Junge Recruten verkleiden sich manchmal als Bauernmädchen, machen aber kein Glück; sie werden vielmehr von den alten Soldaten ausgelacht und verspottet. In den ersten Jahren nach dem Staatsstreiche sah man wohl manchmal die alten Uniformen aus der großen Kaiserzeit, vorzüglich die Husaren in hohen Stiefeln, Lederhosen, grünem Dolman und dem unförmlichen Czako mit dem zwei Fuß langen, rothen oder gelben Federbusche. Aber das ärgerte wieder die alten Invaliden, von denen nicht wenige jenen Regimentern angehört hatten, und es kam zu Reibungen, die ein Verbot derartiger Verkleidungen nach sich zogen. Jetzt, wo diese Ueberbleibsel der „großen Armee" mehr und mehr verschwinden (die letzten fünf Jahre haben gewaltig unter ihnen aufgeräumt) scheint dies Verbot bereits nicht mehr so streng befolgt zu werden. Wir sahen wenigstens den bekannten Ruslan, der sicherlich nicht der Napoleonische war, auch sonst Mameluken von der Pyramidenschlacht und verschiedene Uniformen aus der Zeit des Consulats. —

Jetzt aber, wo wir Abschied nehmen wollen, bedauere ich wirklich, daß Sie nicht gegenwärtig sind, mein Fräulein; ich würde Ihnen sonst ein wunderschönes, großartiges Schauspiel gezeigt haben, das gewiß auch Ihren vollen Beifall erlangt hätte. Denken Sie sich (ich verschwieg es absichtlich, um Sie am Schlusse damit zu überraschen): die ganze westliche Seite des Saales ist offen und geht auf einen großen Balcon hinaus, von welchem man das Marsfeld, die elysäischen Felder bis zum Triumphbogen, die Quais mit ihren Brücken, den Concordeplatz bis zu den Tuilerien übersieht, also den schönsten Theil von ganz Paris. Wenn der Kaiser während eines Hofballes auf den Balcon des Pavillon de l'Horloge hinaustritt, hat er bei weitem kein so schönes Panorama. Alles blitzt und flimmert von großen und kleinen Lichtern, die sich hier als lange Feuerlinien in der Seine widerspiegeln, dort zu Tausenden auf und ab tanzen: die Lampen der unzähligen Equipagen und Fuhrwerke, die in den elysäischen Feldern hin- und herfahren; dazwischen die farbigen Lichter der verschiedenen Omnibus, rothe, grüne, blaue; rechts am Horizont ein heller Feuerschein: die Boulevards, das Börsenviertel und die Rue de Rivoli mit dem Palais-Royal, die ja allabendlich taghell erleuchtet sind, und ganz in der Ferne, wenn auch in unbestimmten Umrissen verschwimmend, immer neue Funken und kleine Blitze dazwischen, bis zu den Thürmen von Notre-Dame, die wie ein schwarzer Berg am Nachthimmel stehen. Hätten wir nicht schon zwei Mal den Trommelwirbel gehört, der uns das Ende des Soldaten-Balles anzeigt, so möchten wir noch eine Stunde hier auf diesem Balcon bleiben; man kann sich wirklich nicht satt sehen an diesem herrlichen Schauspiele.

Aux Barrières!

Also doch!

Das heißt, wir hatten eigentlich schon auf eine weitere Fortsetzung unserer Ball- und Maskeradenreise verzichtet. Man kann nämlich des Guten auch zu viel thun, und selbst zur Faschingszeit, wo ein „bischen Rummelei" und sonstige Narren- und Teufels-Wirthschaft gewiß erlaubt ist (wir berufen uns vorzüglich auf unsere Kölnischen Leser), soll man doch auch Maß zu halten wissen und nicht allzusehr „über den Strang schlagen." Nach der Salle-Barthélémy noch der Salon be Mars, und dann sapienti sat für dies Mal, so meinten wir; aber l'homme propose, Dieu dispose.

Wir hatten allerdings noch am vorletzten Samstage den deutschen Ball im Hôtel du Louvre besucht, aber mehr aus Höflichkeit, um das uns zugesandte Billet nicht unbenutzt zu lassen, als aus sonstigen Ursachen; denn man amüsirt sich eigentlich nicht auf einem derartigen Balle. Der hiesige deutsche Hülfsverein gibt nämlich alljährlich ein solches Tanzfest zum Besten der deutschen Armen in Paris, — gewiß ein lobenswerther Zweck; aber ich weiß nicht, mir hat das „Tanzen zum Besten der Armen" niemals gefallen wollen. Wenn nur ein beträchtlicher materieller Profit dabei abfiele, so ließe man es sich noch gefallen; aber die Kosten des Balles sind so bedeutend, daß fast nichts für die „Armen" übrig bleibt. Die Administration des Hôtel du Louvre soll sich allein für die Miethe der Säle achthundert Franken bezahlen lassen, für einen Abend! Das Orchester, die Erleuchtung, die Buffets, die Bedienung und was sonst noch zu dem unvermeidlichen Material eines Balles gehört, die Polizeimannschaft, die respectable! nicht zu vergessen, das alles verschlingt wieder ein paar Tausend Franken, so daß, wie gesagt, à la fin des fins blitzwenig übrig bleibt zur Linderung der Noth, die leider so groß ist. Doch wenig ist immer besser als nichts, und manche Dame, die bereitwillig zwei, drei Billete unterzeichnet und noch bereitwilliger zwei bis dreihundert Franken für ihre Balltoilette ausgibt, würde sich sehr besinnen, wenn sie nur den zehnten Theil der Summe direct einer armen, brodlosen Familie zuschicken sollte. Die Welt ist einmal so gemacht, und wir müssen sie nehmen, wie sie ist; aber daß sie so ist, das ist eben das Schlimme. Auch Frau von Rothschild war erschienen, eine der dames-patronesses ... sapristi! für anderthalb Millionen Diamanten! ... Die liebenswürdige Fürstin Metternich fehlte leider dieses Mal, da sie in Trauer ist; aber die Krone des Abends trugen, trotz der vielen Pariserinnen, die gegenwärtig waren, zwei deutsche Damen davon, zwei Gräfinnen Henkel-Donnersmarck, eine reizende Doppel-Erscheinung in höchster Eleganz, die noch gewiß im Gedächtnisse Aller ist und auch wohl noch lange bleiben wird.

War denn kein Poet unter all' den Herren (in Deutschland ist ja nach Heine jeder dritte Mensch ein Dichter), um dem schönen Schwesterpaare eine würdige Huldigung darzubringen?

„Sie waren ja auch da," entgegnete ganz ironisch der Dr. B., der gekommen war, mich zum Diner abzuholen, „weshalb haben denn Sie den Pegasus nicht gesattelt?"

Ich wollte gerade etwas antworten, vermuthlich etwas Geistreiches, ich entsinne mich nur nicht mehr, was, als es an die Thüre klopfte. — Entrez! —

Ein junger Mann trat herein, in blauer, wollener Blouse, schwarzer Mütze, Beinkleidern von blauer Leinwand, die er über seine Tuchhosen gezogen, weißen, baumwollenen Handschuhen und weißem Hemdkragen mit rothseidenem Halstuche: ein Pariser Ouvrier in Sonntagstracht, aber ein schmucker. Sogar die Cigarre an einer langen, silbernen Spitze fehlte nicht. Er trug ein ziemlich starkes Bündel unter dem Arme. Wahrscheinlich ein Ouvrier, dem mein Schneider eine Commission gegeben, oder der sich in der Treppe und in der Thüre geirrt hatte.

Beim Lampenlichte konnten wir den eigenthümlichen Besuch nicht sofort erkennen .... ich nehme den Schirm von der Lampe herunter .... der Tausend! Niemand anders als unser Freund Max steht vor uns im Arbeitercostüme. Und nun wird mir auf ein Mal Alles klar. — Also doch!

Max hatte nämlich schon mehrfach im Laufe der letzten Wochen den Besuch eines Barrièren-Balles in Vorschlag gebracht, aber nicht eben großen Anklang mit seinem lustigen Projecte bei mir gefunden. Ehrlich gestanden, hatte ich nach unserm Besuch im Salon de Mars an den öffentlichen Bällen genug, wenigstens für dieses Jahr, und ich dachte nicht ohne innere Befriedigung an den nahen Aschermittwoch, der dem ganzen tollen Faschings-Spectakel ein Ende bereitet.

„Und dann sind die Barrièren-Bälle," setzte ich hinzu, um einen praktischen Vorwand für meine Weigerung zu haben, die mein Freund sonst nicht hätte gelten lassen, „so eigenthümlicher Art; der feinere Mann, der »Herr«, wird dort nur ungern gesehen, so daß ...."

„Der Hut und der Rock, wollen Sie sagen," unterbrach mich Max; „da haben Sie Recht; aber dem ist leicht abzuhelfen. Wir haben ja nur eine Blouse anzuziehen und eine Mütze aufzusetzen, um »barrièrenfähig« zu werden."

Bei diesem Argument war es damals geblieben, und ich hatte bereits das ganze Project wieder vergessen, als auf einmal Max an jenem Abend als Ouvrier in mein Zimmer trat. Deshalb mein Ausruf, halb ärgerlich, halb erstaunt: Also doch!

"Lust werden Sie schon bekommen," sagte Max, indem er sein Bündel auspackte und die Effecten auf dem Sopha zurecht legte. "Schauen Sie her: können Sie eine schönere Blouse verlangen und schönere Beinkleider? Jetzt, wo ich Ihnen all' die hübschen Sachen mitgebracht habe, müssen Sie schon Ja sagen. Und die blaue Cravatte und die weiß carrirte Mütze! Sie werden noch Eroberungen machen!"

"O," rief auf einmal Dr. B., "wenn ihn Niemand will, so nehm' ich den Anzug. Die ehrbarsten Leute verkleiden sich ja zur Faschingszeit, und gerade vor den Barrièren soll es so lustig hergehen."

"Sie sind mir der Rechte," entgegnete ihm Max triumphirend. "Ein Mann, ein Wort. Rue Lamartine, zwanzig Schritte von hier, Nro. 7, finden Sie Alles, was Sie nöthig haben. Beeilen Sie sich, holen Sie sich einen Anzug; wir werden unterdessen hier Toilette machen."

Schon war der Doctor zur Thür hinaus, und ich mußte mich nolens volens ergeben.

"Glanzlederne Schuhe können Sie immerhin anbehalten," sagte Max, während ich mich umkleidete; „denn alle feinen Ouvriers tragen solche, »c'est le chic«. Aber nur keinen aufrechten Fauxcol, denn der ist vor den Barrièren proscribirt."

„Ich habe aber keinen andern," entgegnete ich verlegen.

„Lassen Sie mich nur machen," sagte Max, ging an den Schreibtisch und schnitt mit geübter Hand aus starkem Papier einen Fauxcol zurecht, bog ihn zusammen, legte das hübsche blauseidene Halstuch hinein und heftete ihn mir dann mit einigen Nadeln an meinen Hemdkragen. Er saß vortrefflich und konnte das geübteste Auge täuschen. Die Blouse paßte mir nicht minder gut; das blauleinene Beinkleid war etwas kurz, aber die Tuchhose schaute nur um so besser unten hervor. »C'est encore le chic,« sagte Max. Nun noch die Handschuhe, die Mütze und den blanken ledernen Leibgurt mit dem breiten Stahlschloß, und die Metamorphose war geschehen.

„Schauen Sie in den Spiegel," rief Max; „sehen wir so nicht besser aus als in dem dummen Frack und der weißen Halsbinde? Stecken Sie auch Cigarren ein und ein paar Thaler, obwohl wir dort mit einem Franken so weit reichen werden als auf der großen Oper mit einem Louisd'or."

Es klingelte, und der Doctor erschien. Er begrüßte uns ganz gravitätisch und stellte sich mitten in's Zimmer, um sich bewundern zu lassen. Er hatte sich sofort im Laden angezogen und die passendsten Sachen gewählt: eine weiße Blouse und ein blaues Barett mit einer schottischen Borde und langen schwarzen Bändern; sehr distinguirt, aber durchaus passend.

So machten wir uns denn auf den Weg.

„Kaufen wir immerhin ein paar Nasen," sagte Max, „zur Vorsicht, wenn wir uns noch unkenntlicher machen wollen. Man kann nicht wissen."

Die Nasen wurden gekauft, und alsdann sprangen wir schnell auf den Impérial des ersten besten Omnibus, der in der Richtung nach Montmartre vorüberfuhr; denn dort sind die „berühmtesten" Barrièren, und das Elysée-Montmartre ist die Grand-Opéra der Pariser Arbeiterwelt.

Wir gelangten auch bald an die Barrière des Martyrs, wo wir abstiegen, um zu Fuße weiter zu gehen und zwar nach dem Petit Ramponneau, der nach dem Programme des Abends unser erstes Ziel sein sollte.

„Versuchen wir doch einmal, wie uns die Verkleidung steht, und ob wir uns gut zu benehmen wissen," sagte Dr. B., indem er auf den gegenüberliegenden Marchand de Vins deutete, wo gerade eine Menge Arbeiter versammelt waren, von denen mehrere wie wir Toilette gemacht hatten.

Wir traten ein und verlangten einen Curaçao, der uns auch sofort servirt wurde, ohne daß man sich weiter um uns bekümmerte. Nur die Wirthin warf uns einen Seitenblick zu, der mir nicht entging. Dann fragte sie neugierig: »Ces Messieurs iront à l'Elysée ce soir? On dit qu'il y aura beaucoup de masques.« Dabei lächelte sie auf ganz eigene Art, und ich merkte wohl, daß sie das Wort »masques« auf uns beziehen wollte.

»A l'Elysée!« wie das vornehm klingt und an das Consulat mahnt, wo Napoleon im Elysée seine großen Bälle gab.

Doch wir durften uns nicht lange aufhalten; denn es war fast acht Uhr, also selbst für uns Pariser hohe Zeit zum Diniren, und das sollte eben im Petit Ramponneau geschehen, dem Véry der Barrièren, oder dem Véfour der Blousen, wie man ihn auch nennt. „Grand Ramponneau" sollte man eigentlich richtiger sagen, denn es ist eines der größten Speisehäuser von ganz Paris. In den untern Räumen nur Arbeiter und viel Leute vom Lande, namentlich von der Plaine Saint Denis, die täglich zu Tausenden mit ihren Gemüsewagen nach Paris kommen; im obern Stockwerk ein großer Saal für „feinere Leute", aber immer nur für Ouvriers; der eigentliche Bourgeois kommt selten hierher, und einen Hut sahen wir nirgends. Dort hinauf führte man uns und fragte uns sogar, ob wir ein »cabinet particulier« haben wollten, also ganz wie in Paris. Aber das schlugen wir natürlich aus und blieben im großen Saale, wo bereits sehr viel Gäste waren, und wo es nach französischer Sitte so laut herging, daß man kaum sein eigenes Wort hören konnte.

Die Speisekarte war schnell überschaut. In jenen Restaurants findet man stets, außer der Suppe und dem Rindfleisch, nur drei, vier Gerichte, »les plats du jour«. Man bereitet freilich auch sonst alles andere, was man bestellt; aber man thut viel besser, sich an jene Gerichte zu halten, die immer vortrefflich sind. Ragout de mouton, saucisse fumée à l'Allemande, d. h. mit Sauerkraut, omelette aux confitures — „ich möchte wissen," rief Max, „ob ein Reichsgraf besser biniren kann." Ich für meine Person freute mich besonders, das deutsche Vaterland so würdig auf der Speisekarte vertreten zu sehen.

Der Wein war ebenfalls gut, sechszehn Sous; aber nachher nahmen wir eine Flasche »cachet jaune« zu anderthalb Franken, den man wirklich in der Passage de l'Opéra für vier Franken nicht besser trinkt. An einem Tische in unserer Nähe saßen ebenfalls Ouvriers, aber mit ihren Grisetten; dort wurde gar Champagner getrunken, wenn auch weder Cliquot noch Moët; aber die Pfropfen knallten doch, und das war die Hauptsache.

Den Kaffee wollten wir lieber unten im großen Saale trinken, wo es voller und „gemischter" war als oben und wo es noch lauter herging. In allen jenen Localen vor den Barrièren herrscht für die wandernden Sänger und Musikanten Freizügigkeit, so daß ihnen der Eintritt nicht verwehrt werden kann, und wären die „Künstler" auch noch so mittelmäßig und die Instrumente auch noch so erbärmlich. In großen Häusern, wie im Petit Ramponneau ꝛc. gibt man ihnen sogar zu essen, und mancher Gast wirft ihnen ein

Geldstück zu. Wenn sich zur Zeit nur ein Sänger hören ließe, so ginge es noch an; aber drei, vier auf ein Mal ist wirklich des Guten zu viel. Ein Harfenmädchen klimperte am Eingange und sang mit heiserer Stimme eine „Romanze"; in der Mitte geigten zwei Knaben, Kinder von etwa sechs bis acht Jahren; weiter nach hinten stand auf einem Stuhle ein Bänkelsänger, aber ein ächter, der mit Stentorstimme in den Lärm hineinschrie und mit seinen Liedern bis an die entferntesten Ohren und Herzen gelangte. »La manière de traiter les femmes comme elles le méritent« hatte vorzüglich großen Erfolg und wurde so lebhaft applaudirt, daß plötzlich mehrere Stadtsergenten sichtbar wurden (Gendarmen überall in dem schönen, glücklichen Paris!); sie verschwanden aber alsbald wieder, als sie sahen, daß kein staatsgefährliches Element der Grund jener ungeheuern Heiterkeit war. Der Sänger verkaufte unterdessen sein Lied wohl fünfzig Mal, aber auch dagegen war nichts zu bemerken; denn das „Gedicht" trug auf seinem Umschlage den vorgeschriebenen Polizeistempel; es hatte mithin die Censur passirt. Weiter singen konnte aber unser Künstler trotzdem nicht; denn ein Grimassier hatte bereits seinen Platz eingenommen und schnitt so abscheuliche Gesichter, daß sämmtliche „Damen" laut aufschrieen, und mehrere „Herren", aus Rücksicht für das anwesende schöne Geschlecht, dem Kerl ein paar Sous zuwarfen, damit er aufhöre. Er ließ sich aber nicht irre machen.

Wie oben das Diner, so war auch hier unten der Kaffee vortrefflich; aber wir mußten trotzdem an den Aufbruch denken. Denn der Petit Ramponneau war ja nur eine Station im Programme des Abends, obwohl wir uns sehr gut amüsirten.

Nur der Dr. B. war etwas ungehalten und brummte ärgerlich vor sich hin. Es verdroß ihn nämlich, daß wir so gut wie gar kein Aufsehen erregten, weder er noch Max und auch meine Wenigkeit nicht. Hie und da hatte man uns wohl flüchtig angeschaut; aber da wir eben aussahen wie die Uebrigen, d. h. wie die "feinen Leute" in dieser bunten Gesellschaft, so nahm man nicht weiter Notiz von uns. Der gute Doctor wünschte "irgend ein kleines Abenteuer", wie er sagte, damit man doch wisse, weshalb man sich maskirt habe. "Gedulden Sie sich nur," sagte Max; "wer weiß, was uns noch bevorsteht."

Ein Handschlag, fast ein Umarmen. ... Der alte Krautheimer stand vor mir, schüttelte sich vor Lachen, als er mich und die beiden Andern in der Blouse sah. Er hatte uns sofort erkannt; aber auf einen leisen Wink that er, als hätte er nichts gemerkt.

Der alte Krautheimer ist so bekannt, daß ihn sogar der Leser kennen muß. Eine alberne Zumuthung, würde Dr. B. bemerken, als wenn der Ruhm eines Pariser "Gargotier", und wäre er auch noch so berühmt, jemals über die Barrièren hinaus gelangt wäre.

Krautheimer ist allerdings der Vatel der äußern Boulevards. ... "Erzählen Sie nur," sagte Max,

„ich gebe Ihnen noch fünf Minuten; aber dann müssen wir fort." ... Bald nach der Juli=Revolution war Krautheimer nach Paris gekommen, wie er ging und stand; zwei Gulden hatte er von Hause mitgebracht; aber er konnte sie nicht einmal ausgeben, denn Niemand wollte die fremde Münzsorte annehmen. Er wurde Küchen= junge (marmiton), Ausläufer (omnibus), darauf Kell= ner (garçon), und etablirte sich endlich auf eigene Hand, d. h. er miethete an irgend einer Straßenecke eine Boutique, kaum so groß, daß er mit seinem Ofen und seinen zwei Bratpfannen darin Platz hatte, und verkaufte »pommes de terre frites.« Immer vor den Barrièren in der Gegend des Montmartre, dem Boulevard des Italiens der Ouvriers. Hunderte von Arbeitern zogen täglich an seiner Ecke vorüber, und die Krautheimer'schen Kartoffeln wurden bald berühmt. Ein Jahr später fing er auch an, kleine Fische zu braten und mußte der Vergrößerung seiner Kundschaft wegen auch seine Boutique vergrößern. Wieder ein Jahr und er kaufte einen wirklichen Restaurant (»ici on donne à boire et à manger«) und war somit Gargotier geworden. Wenn ich hinzufüge, daß es dieselbe Speise= wirthschaft war, wo er als Küchenjunge seine Laufbahn angefangen, so schmeckt das wieder nach poetischer Ueber= treibung; aber da es wahr ist, muß ich es doch sagen.

Nun war er im eigentlichen Sinne des Wortes „etablirt", und das Erste, was er that, als er „Herr" geworden, war, daß er heimreiste nach Berg= zabern und seine Braut holte. Sechs Jahre war er ihr treu geblieben und sie ihm. Alljährlich hatte er ihr ein Mal geschrieben, zur Weihnachtszeit. Endlich konnte er Hochzeit machen. — Hochromantisch ist freilich die Geschichte nicht; es ist nur ein Stück ehrliche, deutsche Treue in dem flatterhaften, windigen Paris.

Zehn Jahre weiter, und „Herr Krautheimer" ist ein bemittelter, angesehener Mann, und wenn er sich nur hätte naturalisiren lassen wollen, so wär' er gar in den Gemeinderath der Commune gewählt worden. Aber „Franzose" wollte er nicht werden. Sein Etablissement hatte sich unterdessen bedeutend vergrößert; rechts und links hatte er die Nebenhäuser angekauft und einen großen Garten dazu, wo während des Sommers servirt wurde. Nur Ouvriers und Fabrikarbeiter, und Sauerkraut und Wurst, ferner das „ewige" ragout de mouton für die Franzosen unter seinen Kunden, und noch drei, vier derartige Gerichte: das war der unveränderliche Speisezettel, tagaus tagein, jahraus jahrein. Bier und jener problematische Rothwein, der unter dem Namen »le petit bleu« auch dem Leser bereits bekannt ist, bildeten die ganze Weinkarte. Vor Jahren haben wir selbst manchmal im Sommer dort gegessen und zwar sehr gut, oft mit circa sechshundert Arbeitern zusammen; dann kam der alte Krautheimer (alt war er nach und nach geworden) in Person, ließ eine Serviette auf unsern Tisch legen, setzte sich einen Augenblick zu uns und ließ sich von Deutschland erzählen. Er winkte dann auch wohl eines seiner Kinder herbei: „Da, gib den Herren die Hand; es ist eine große Ehre für uns, daß sie uns besuchen." Zuletzt hatte er fünfundzwanzig Aufwärter für die Gäste, und zwölf Frauen in der Küche, fast sämmtlich Deutsche; denn seine Vorliebe für Alles, was deutsch war, behielt er stets und sein Vaterland verleugnete er nie. Im Hungerjahre 56, traurigen Andenkens, vertheilte er während der drei Wintermonate täglich fünfzig Portionen an die Armen seines Quartiers. Der Maire von Montmartre meldete dies „nach Paris" und wirkte ihm die große goldene Medaille aus. Wäre Krautheimer ein vornehmer Mann gewesen, so hätte er leicht das Kreuz der Ehrenlegion erhalten; aber einen „Gargotier" konnte man Anstands halber doch nicht „decoriren."

Im vorigen Jahre zog sich der „Gargotier" von den Geschäften zurück; man sagt mit zwanzigtausend Franken Renten. . . . Kein Mensch, obwohl man ihn reich wußte, konnte dies begreifen; denn seine Portionen waren stets die größten, seine Speisen die besten und seine Preise die niedrigsten. . . . Das war aber gerade das ganze große Geheimniß! Einen Sohn hätte er gern gehabt, um das Geschäft fortzusetzen, das er jetzt an vier Speisewirthe verkauft hat, die sich in die Gebäude und in die Kundschaft getheilt haben — „aber der liebe Gott kann Einem ja nicht Alles geben, was man wünscht, vorzüglich, wenn er sonst schon so viel gegeben." Seine zwei Töchter sind begreiflich „gute Partieen", die bereits mehr als einem Heiraths-Candidaten den Mund wässern gemacht. Der Vater sucht sich aber deutsche Schwiegersöhne und will von den „Pariser Windbeuteln" nichts wissen.

„Es ist schon halb zehn," sagte Max, und wir brachen auf, nicht ohne dem alten Krautheimer die Hand geschüttelt und ein Wiedersehen mit ihm im Elysée noch auf denselben Abend verabredet zu haben, was er auch zusagte.

„Der Alte sollte nur seine Töchter mit auf den Ball bringen," sagte Dr. B., indem er seine weißen baumwollenen Handschuhe wieder anzog und in den Spiegel schaute, ob seine Blouse noch regelrecht saß. Und so machten wir uns auf den Weg nach dem Elysée Montmartre.

Der Aufenthalt im Petit Ramponneau, als bloße Einleitung, ist ziemlich lang geworden, und doch hätten wir gut daran gethan, dort noch länger zu bleiben; denn was jetzt kommt, ist nichts weniger als lustig. Ja, fast besinne ich mich, ob ich fortfahren und nicht lieber hier schließen soll, unter dem Vorwande, den festlichen Zug des Fastnachtsochsen zu sehen, der gerade heute ganz Paris auf die Boulevards lockt. Aber Jeder weiß, daß es nicht der Mühe werth ist, dem boeuf gras nachzulaufen, so daß diese Entschuldigung nicht stichhaltig sein würde.

Es sei also: beißen wir herzhaft in den sauern Apfel und beichten wir unsere Sünden und schlechten Streiche. Wer hätte auch wohl nicht ein Mal zur Faschingszeit „den Weg der Tugend und des Rechts" verlassen, vollends in den letzten Tagen, wo Alles kopfunter, kopfüber geht? So laſſen wir denn (der Contraſt iſt allzu groß) den Vorhang für einen Augenblick fallen, um ihn anderswo wieder aufgehen zu laſſen. Ja, du lieber Himmel, ganz anderswo. Wer hätte das gedacht!

* * *

„Und muß ich ſo dich wiederfinden!" ...
Gedanke von Schiller.

Auf der Wache! »au violon«, wie der Franzoſe ſagt; oder „eingeſteckt", wie ſich der gebildete Deutſche ausdrücken würde, um das fatale Fremdwort „arretirt" zu vermeiden.

Max war der Einzige, der ſeine gute Laune behalten. Er trug nach wie vor die falſche Naſe, um ſein Incognito zu bewahren, und hoffte auf baldige Erlöſung. Dr. B. war ganz kleinmüthig geworden und antwortete nichts, als Max ihm zurief: „Jetzt haben Sie ja das gewünſchte Abenteuer und können ſich nicht mehr beklagen, daß man keine Notiz von Ihnen nimmt. Sie ſind bel et bien arretirt, wie wir Beide auch."

„Laſſen Sie doch die ſchlechten Witze," entgegnete der Doctor. „Wir müſſen Jemanden auf die preußiſche Geſandtſchaft ſchicken, um uns reclamiren zu laſſen."

Dr. B. iſt nämlich Preuße, noch dazu ein Berliner, auch Landwehr-Officier und war noch in der vorigen Woche auf dem Geſandtſchaftsballe in der Rue de Lille gewesen. Das Alles hatte ihn nicht vor dem Eingestecktwerden retten können. Es war zum Todtlachen auf der einen Seite, aber höchst langweilig auf der andern; wir saßen einmal „im Schatten" und konnten über des „Lebens Unverstand" nach der bekannten Göthe'schen Redensart die nöthigen Betrachtungen anstellen.

Ich selbst war nicht besser daran; aber ich dachte auf praktische Abhülfe der Noth, denn guter Rath war wirklich theuer.

Wie aber waren wir eigentlich in die Wachtstube gelangt, nach unserm guten Diner im Petit Ramponneau und nach dem herzlichen Abschied von dem ehrlichen Krautheimer?

„Genau genommen war es Ihre Schuld," sagte ich, indem ich mich an den Dr. B. wandte; „hätten Sie nicht die unglückliche Idee gehabt, in die Poule Noire zu gehen, um an der Roulette Ihr Glück zu versuchen, so wäre uns all' das nicht passirt...."

„Machen Sie mir später Vorwürfe, so viel Sie wollen," unterbrach mich der Doctor ärgerlich; „aber sinnen Sie jetzt auf ein Mittel, aus diesem Teufelsloch so bald wie möglich heraus zu kommen."

„Die bedeutendsten Männer haben übrigens im Gefängniß gesessen," begann Max pathetisch und hatte dabei stets die falsche Nase auf. „Ich spreche nicht von Columbus und Galilei, auch nicht von Ludwig dem Sechszehnten; aber denken Sie nur an Thiers und Cavaignac zur Zeit des Staatsstreiches, und die saßen obenein in Mazas. Wir sind hier doch nur im Violon von Saint=Lazare, also viel besser daran."

"Saint = Lazare," rief ich plötzlich, und mir ging ein Hoffnungsstrahl auf, "Saint=Lazare gehört ja zum Faubourg St. Denis, und ich kenne den Polizei=Commissar des Quartiers sehr gut. Ich habe ihm sogar einmal einen Dienst geleistet (die Uebersetzung eines deutschen Aktenstückes); er ist mir verpflichtet. Geschwind Feder und Papier: wir sind gerettet!"

Aber wo Feder und Papier auftreiben? Die Schildwache (Max nannte sie den "Gefängnißwärter"), die draußen auf und ab ging, und die wir durch das kleine Gitter in der Thüre darum baten, erwiderte auf alle unsere Anreden die stereotype Phrase: »Attendez jusqu'a demain matin.«

"Einen Bleistift habe ich," sagte Max.

"Gut," erwiderte ich, "so ist uns geholfen." Ich löste meinen Fauxcol ab, der ja, wie sich der Leser erinnern wird, aus Papier bestand, glättete ihn und faltete ihn so gut es gehen wollte zu einem Billet. Dann schrieb ich: »Monsieur Chevalier, on m'a arrêté avec deux amis. C'est une erreur. Venez nous délivrer, je vous prie, et venez vite!« und meinen Namen. Wir hörten gerade den Lieutenant draußen einige Befehle geben. Ich benutzte diese Gelegenheit und überreichte ihm mein Papier mit den Worten: »Pour M. le commissaire.« Das Wort commissaire ist in der gesammten Pariser Polizeiwelt

ein magisches Wort, ein wahres „Sesam, öffne dich."
Der Lieutenant schickte sofort eine Ordonnanz mit meinem Billet ab. Er selbst schien wohl zu merken, daß er an die Unrechten gekommen war, und behandelte uns mit einer gewissen Rücksicht, was wenigstens daraus hervorzugehen schien, daß er die übrigen Arrestanten, die nach uns kamen, in einem Nebenlocal unterbringen ließ. So hatten wir nur zwei Pierrots bei uns, die schon vor uns da waren, zwei junge Burschen, deren ganzes Verbrechen in nichts Anderm bestand, als des Guten gar zu viel gethan zu haben, aber gar zu viel; denn man hatte sie auf der Straße „aufgesammelt", ramassé, sagt der Franzose. Sie lagen auf der Pritsche und schnarchten, und wenn sie sich nur am nächsten Morgen legitimiren können, so werden sie mit einer „Vermahnung" entlassen, nachdem man ihnen vorher zwei Franken fünfzig Centimes abgenommen. Die Pariser Polizei ist so nachsichtig und human! Nebenan jedoch tobten und schrieen die Delinquenten gewaltig. Nach dem Lärm zu urtheilen, mußten sie sehr zahlreich sein; aber man bedenke auch, es war ja Fastnachtssonntag, also nur noch zwei Tage bis zum Aschermittwoch. Man schlägt die Zahl der in ganz Paris in diesen Tagen Arretirten auf dreizehnhundert täglich an, wie uns Monsieur Chevalier später versicherte. Was hatten wir also groß zu klagen!

Benutzen wir die Zeit, die nothwendig verstreichen muß, bis die Antwort vom Commissar eintrifft, um dem Leser, der uns mit Kopfschütteln bis vor die

Wache gefolgt ist (denn mit uns hineinzugehen hat er entschieden keine Lust gehabt), die nöthige Aufklärung zu geben. Es ist überdies mit zwei Worten gethan, und man wird sofort daraus ersehen, daß wir „vollkommen unschuldig" waren, wie stets diejenigen sagen, die man arretirt hat.

Im Elysée-Montmartre war bunte, lustige Gesellschaft, viele Masken, nicht besser und nicht schlechter als anderswo, und auch hier hatte der Dr. B. wieder das „Pech", gar nicht bemerkt zu werden. Max, mit seiner falschen Nase (wir hatten übrigens die unserigen ebenfalls angesteckt), hatte bald eine kleine Grisette engagirt und sich zur Quadrille in die Reihe der Tanzenden gestellt.

Eine kleine Notiz ist hier nöthig, damit man meinen Freund nicht als »mauvais sujet« beurtheile. Die Grisetten der Barrièren sind anständiger (dieser Comparativ ist allerdings etwas verdächtig) als die Grisetten des Quartier Latin; denn diese Letztern sind leichtfertige, liederliche Frauenzimmer, die zumeist aus der Provinz in die Hauptstadt kommen, um dort „Glück zu machen" und nach wenigen Jahren im Hospital oder sonst im Elend zu sterben. »Plaignons et passons«, sagt Méry. Die Grisetten der Barrièren hingegen sind Bürgertöchter des Quartiers, die freilich auf die Bälle gehen, denn amüsiren müssen sich die Pariserinnen so gut wie die Pariser, aber niemals ohne ihre Eltern. Diese Grisetten haben in der Regel ihren »prétendu«, oder gar, wenn die Einwilligung von

Vater und Mutter erfolgt ist, und eine wirkliche Verlobung stattgefunden hat, ihren »futur«, der allerdings nach französischer Sitte sich viel erlauben darf; aber eine spätere Heirath macht Alles wieder gut »et il n'y a plus rien à dire«. Max hatte auch, um seine Tänzerin zu bekommen, erst die Erlaubniß ihres Bräutigams nachgesucht.

Ueberhaupt ging es ganz honnet her auf dem Barrièren-Balle. Die wilden Pierrots, Chicards und Pocharbs, die männlichen wie die weiblichen, trieben ihr Wesen mehr oben auf den Galerieen und in den Nebensälen, wodurch der große Hauptsaal, das eigentliche Elysium, zugänglicher wurde. Ein Hofball war es freilich nicht, und in's Hôtel Castellane konnte man sich, selbst bei der lebhaftesten Phantasie, ebenfalls nicht versetzt glauben; aber ganz und gar allerletzte Sorte war es doch auch nicht. Ja, die Salle Barthélémy steht in mancher Beziehung unter dem Elysée.

Da mußte plötzlich der Doctor den unglücklichen Einfall haben, auf weitere „Abenteuer" auszugehen. Hätte er nur an das Wortspiel gedacht, daß er sich dadurch einen „theuern Abend" bereiten würde, wer weiß, er wäre vielleicht andern Sinnes geworden. Aber nein. Unaufhaltsam drängte uns das Verhängniß auf dunkele Pfade, mit Gas beleuchtet allerdings, aber sonst gefährlich und verderbendrohend.

Dem Elysée gegenüber liegt die Poule Noire, ein bekanntes, aber übelberüchtigtes Wirthshaus. Marchand be Vins, Restaurant, Kaffeehaus, Alles zusammen. Aber im Grunde ein Winkeltripot; man könnte auch Spielhölle sagen, wenn das Wort nicht allzu schrecklich klänge.

„Wir brauchen ja nicht zu spielen," sagte Dr. B.; „wir wollen nur zusehen. Und wer kennt uns denn? Wir haben ja unsere Nasen."

Wir also hinüber.

Vorn nach der Straße hinaus unterscheidet sich das Local in nichts von allen andern Kaffeehäusern: man läßt sich hier auch erst etwas serviren und geht dann hinten wieder hinaus. Ein dunkler Gang führt in einen Hofraum, und von da gelangt man in den Spielsaal. Es wurde Roulette gespielt, und zwar um Geld, wie an einer wirklichen Bank; aber der Banquier war von Nippsachen, Cigarrentaschen, Porte-monnaies ꝛc. umgeben, des Scheines wegen, als spielte man eben um diese Kleinigkeiten, was erlaubt ist. Man setzte aber einfach sein Geld ein und gewann oder verlor und bekam seinen Gewinn in Geld ausbezahlt, je nachdem; — rouge et noir, passe, impasse, pair, impair ꝛc. ganz wie in Baden-Baden oder in Homburg. Fünfundzwanzig bis dreißig Personen umstanden den Roulette-Tisch, einige Dominos und ein paar Masken darunter, die Andern waren Ouvriers, „wie wir". Alle pointirten, meistens mit Zwei- und Fünffrankenstücken, hier und da kam auch ein Goldstück zum Vorschein. Nach den weißen, saubern Händen einiger Spieler zu urtheilen, gehörten dieselben nicht dem Arbeiterstande an; aber waren denn unsere Hände, ohne die weißen, baumwollenen Handschuhe, weniger verdächtig?

Da kam es plötzlich zu einem Streit zwischen zwei Spielern und dem Banquier, der in den letzten Malen außerordentlich gewonnen hatte. Ob er betrogen hatte, war schwer zu entscheiden. Die Spieler behaupteten, die Roulettescheibe hänge schief, und die großen Nummern gewännen dadurch mehr als die kleinen, auch hätten sie mehrfach falsches Geld von der Bank erhalten. Es wurde hin und her gestritten, nicht wenig geschrieen, die Köpfe erhitzten sich, ein paar Faustschläge fielen, freilich anfangs nur auf den Tisch; aber sie verirrten sich auch anderswohin. Der Banquier raffte sein Geld zusammen, sprang auf und wollte davon laufen. Jetzt mischten sich von den übrigen Spielern mehrere hinein; man hielt den Banquier fest, einige Stühle kamen dabei in kreisförmige Bewegung, die Klügern schlichen davon, — ein gellender Ruf: »la police!« und Alles stäubte auseinander. Auch wir eilten der Thüre zu und gerade den Stadtsergenten entgegen. »Au nom de la loi« hieß es, und man packte uns beim Kragen, d. h. bei der Blouse. Max stieß den Angreifenden zurück und machte dadurch die Sache noch schlimmer. Dr. B. sträubte sich nicht minder und demonstrirte, daß wir „aus Zufall" hier hineingerathen, daß wir gar nicht gespielt sondern nur zugesehen hätten 2c. Man hörte gar nicht auf ihn, sondern antwortete einfach: »Suivez-nous, Messieurs, vous raconterez tout cela au commissaire«. Was war zu machen?

„Laſſen wir das Schreckliche über uns ergehen," ſagte ich auf Deutſch zu meinen beiden Leidensgefährten; „den Hals wird es uns nicht koſten".

Widerſtand wäre auch geradezu lächerlich geweſen. Wir ergaben uns alſo und folgten wie arme Sünder den Sergenten. Draußen nahm uns eine Patrouille in Empfang. Es war glücklicher Weiſe dunkel, ſo daß uns Niemand ſah; ohnehin hätte man uns in unſerer Verkleidung ja nicht erkennen können.

»C'est égal,« ſagte Max, „aber den Boulevard des Italiens möchte ich auf dieſe Weiſe nicht paſſiren. Und Sie, Doctor," rief er unſerm dritten Genoſſen zu, „was ſagen Sie? Sind Sie jetzt endlich zufrieden mit Ihrem Abenteuer?"

So gelangten wir denn in's Violon be Saint-Lazare; der „Banquier" und drei, vier andere Spieler, die Anfangs mit uns gegangen waren, ſchlugen ſpäter mit ihrer „Bedeckung" einen andern Weg ein, wahrſcheinlich nach Saint-Laurent, dem Hauptdepot des dortigen Quartiers. Der Corporal ſchien mit uns eine Ausnahme zu machen; aber eingeſperrt wurden wir ſo gut wie die Uebrigen, und hätte ich nicht die glückliche Entdeckung des befreundeten Commiſſars gemacht, ſo wären wir bis zum nächſten Mittage auf der Wache geblieben, hätten alsdann ein „Verhör" beſtanden, ein Protokoll unterzeichnet, unſere Namen und Adreſſen abgegeben, fünf bis ſechs Franken bezahlt (nur die Betrunkenen kommen mit »deux francs cinquante« davon) und wären dann endlich, endlich der Freiheit, der civilisirten Welt, dem Staate zurückgegeben worden. Schrecklich! Schrecklich!

Da wurde es draußen lebendig, die Thür unseres Gefängnisses ging auf, und der Commissar trat ein. Er hatte alle Mühe, sich das Lachen zu verbeißen. Die Erlösungsstunde hatte geschlagen. »Monsieur le commissaire« ist, wie gesagt, auf allen Wachtstuben und „Violons" die große Respectsperson, fast so viel wie ein General oder Minister; er ist allmächtig, d. h. er kann thun, was er will.

Der gute Herr Chevalier war spät (Dank der Königin von Saba!) aus der großen Oper nach Hause gekommen und wollte gerade zu Bette gehen, als ihn mein Fauxcol=Billet erreichte. Er warf seinen Paletot wieder über, umgürtete sich mit der dreifarbigen Schärpe — denn er mußte ja als Magistrats=Person erscheinen, — und kam in Person, um uns zu befreien.

»C'est un malentendu,« sagte er zu dem Officier, der mit gezogenem Degen ehrerbietig vor ihm stand, »je connais ces messieurs; vous les laisserez partir tout de suite«. Der Officier verneigte sich, und wir waren frei.

„Eine Bedingung," sagte M. Chevalier, indem er sich an mich wandte, „knüpfe ich aber doch an Ihre Befreiung, diejenige nämlich, daß Sie morgen, c'est-à-dire aujourd'hui, denn es ist ein Uhr Nachts, bei mir frühstücken, und zwar ganz in dem

Costüme in dem Sie jetzt sind; ich möchte meiner Frau gern einen kleinen Spaß machen. Auf Einwendungen und Ausflüchte lasse ich mich nicht ein," setzte er schnell hinzu, als er sah, daß ich etwas bemerken wollte; "Sie haben die Wahl: Sie bleiben entweder im Gefängniß, oder Sie frühstücken morgen bei mir als Ouvriers".

"Zehn Mal will ich bei Ihnen frühstücken, bester Herr Commissar," rief Dr. B. hastig, "und in welchem Costüme Sie wollen, wenn Sie mich nur erst hier hinausschaffen."

"Ueberdies haben wir ja noch zwei Tage Carneval," entgegnete der Commissar scherzend; "Sie riskiren also nichts."

"Wir wollen doch lieber einen Wagen nehmen," sagte Max, als wir draußen auf der Straße waren. "Gebrannte Kinder scheuen das Feuer."

* * *

Am Aschermittwoch saß Dr. B. bei mir auf dem Sopha. "Sie werden doch unser vorgestriges Abenteuer hoffentlich nicht schildern und drucken lassen?" fragte er, als er mich emsig schreiben sah. "Ich bitte Sie, was wird man in Köln und im übrigen Deutschland von uns denken?"

"Was man von uns denken wird," entgegnete ich lachend, "vorzüglich die Kölner, bei denen es gewiß noch viel bunter hergegangen? . . . . wir haben eben Fasching gefeiert und Narrenstreiche gemacht, das werden sie von uns denken, wie wir von ihnen: voilà tout."

Longchamps.

Ein Pariser sein und nicht die Longchamps-Promenade *) mitgemacht zu haben, ist geradezu unmöglich. Es heißt allerdings in jedem Jahr, daß Longchamps dieses Mal nicht bedeutend sein werde, daß die Mode stets mehr und mehr abkomme, daß nur noch die demimonde daran Vergnügen finde ꝛc. Wenn aber der Tag da ist, so ist wieder „ganz Paris" draußen in den elysäischen Feldern und im Bois de Boulogne.

---

*) Ueber den Ursprung der sogenannten »Promenade de Longchamps« Folgendes. Ludwig des Heiligen Schwester, Isabella, gründete gegen Ende des 13. Jahrhunderts in dem damaligen Walde von Boulogne ein Nonnenkloster. Man hat nach der großen Veränderung des Boulogner Parks 1856 ein paar Thürmchen zum Andenken stehen lassen; sie geben keine Idee mehr von der großen, königlichen Abtei, die gastfrei wie keine war. Im Laufe der Jahrhunderte, namentlich seit Heinrich IV., büßte Longchamps den Ruf seiner ausgezeichneten Frömmigkeit ein. Noch später wurden die geistlichen Damen

Keiner bleibt zurück oder gar zu Hause, sei er Herzog oder Marquis aus dem Faubourg St. Germain, oder Banquier aus dem Quartier Lafitte, Negociant aus der Rue St. Denis, oder Rentier aus irgend einer andern Straße, — die Rentiers haben auch in Paris das Glück, zu wohnen, wo es ihnen gefällt. Die kleine Bourgeoisie, die man füglich die große nennen könnte, denn sie macht in Bezug auf Industrie, Handel und Gewerbe den eigentlichen Kern der pariser Bevölkerung aus, diese ist an den Longchamps-Tagen erst recht vertreten, und die hunderttausend Flaneurs (auch ein Wort, das sich nur schwer verdeutschen läßt), die sich überall einfinden, wo es

---

so übermüthig und stolz, daß sie vielfach in Conflicte mit verschiedenen Autoritäten geriethen, und daß der heilige Vincenz von Paul ihnen vergeblich Demuth und Buße predigte. Im Jahre 1727 nahm die Opernsängerin Le Maure den Schleier in der Abtei von Longchamps, und ihre wunderschöne Stimme zog, namentlich am Mittwoch, Donnerstag und Freitag der heiligen Woche, wo in der Abtei-Kirche Oratorien stattfanden, die Pariser nach Longchamps. Die Abtissin sorgte seitdem für schöne Stimmen, und das Publicum nahm die Gewohnheit an, an den drei genannten Tagen der Osterwoche nach Longchamps zu fahren, um die Nonnen singen zu hören. Diese Gewohnheit blieb auch, als der strenge Erzbischof von Paris, Christoph v. Beaumont, die Kirche geschlossen hatte. Seitdem fuhr die schöne Welt an den drei Tagen durch die Champs-Elysées und das Bois de Boulogne nach der Abtei und wieder zurück, um ihre Frühlings-Toiletten und namentlich ihre neuen Equipagen zu zeigen. Damals

etwas zu sehen gibt, dürfen eben so wenig vergessen werden. So kommt denn die Million wohl zu Stande, die am Donnerstag und vorzüglich am Freitag der stillen Woche in Paris spazieren fährt, oder reitet oder geht, und das Schauspiel gewährt stets denselben großartigen Anblick wie früher.

Von der eigentlichen Bedeutung dieser Promenade ist freilich jetzt nichts mehr geblieben als eben die Promenade als solche: eine glänzende Schale ohne Kern. Aber in Paris ist ja fast Alles glänzende Schale, und der Philosoph, der auf den „Grund der Dinge" geht, findet in der Hauptstadt der Welt verhältnißmäßig nur geringe Ausbeute für seine Forschung; um so mehr

---

war der Longchamps weltberühmt und aus allen Ländern kamen reiche Fremde, lediglich um dem Longchamps beizuwohnen. Die Revolution machte diesen Longchamps-Promenaden ein Ende. Zwar wurden dieselben 1797 wieder aufgenommen — am 26. Germinal des Jahres 5 der Republik fand die erste wieder Statt; aber es war nicht die alte Longchamps-Promenade mehr. Vergeblich gab man sich auch unter der Restauration Mühe, den alten Brauch wieder aufzufrischen; unter Louis Philippe fiel der Longchamps in die Hände der Wagenfabrikanten, Modewaarenhändler und Pferdeverkäufer, welche die Promenade als bequeme Gelegenheit zur Ausstellung ihrer Handelsartikel benutzten.

Dies ist auch heutzutage noch der Fall; aber die vornehme Welt wird dadurch nicht verhindert, sich ebenfalls zu zeigen, und vollends die demi-monde, und in ihrem Gefolge das unendliche Heer der Stutzer, gandins und viveurs, an denen das große Paris so überreich ist.

aber derjenige, der wie wir, Sittenstudien macht und die bunten, flüchtigen Bilder schnell und im Vorübergehen, wie in einer Camera-obscura festzuhalten sucht.

Wer keine Equipage oder kein Reitpferd hat (und man kann ein guter Christ, ein rechtschaffener Mann und darum glücklich sein, ohne eines von diesen beiden Dingen zu besitzen), wie auch derjenige, welcher weder Wagen noch Pferd für theueres Geld miethen und trotz allen diesen negativen Gründen auch wieder nicht zu Fuß gehen will, braucht dennoch nicht zu verzweifeln; er kann der ganzen Longchamps-Promenade bequem beiwohnen, ohne müde zu werden und ohne sich Abends beim Zubettgehen Vorwürfe über leichtsinnige Verschwendung zu machen.

Er setzt sich einfach auf einen der zehntausend Stühle, die in den elysäischen Feldern zu beiden Seiten des Fahrweges aufgestellt sind und bezahlt dafür, gleichviel ob er fünf Minuten oder fünf Stunden sitzen bleibt, vier Sous. Will er gar vornehm sein und „sich nichts abgehen lassen", so nimmt er, wie wir gethan, einen Sessel in der ersten Reihe, der freilich acht Sous kostet; aber dann bleibt ihm auch nichts mehr zu wünschen übrig, außer .... der Million, die sich, wie schon Demokrit behauptet, jeder Erdenbürger wünscht, selbst derjenige nicht ausgenommen, der schon eine hat.

Relativ genommen (abstraction faite, wie der Franzose sagt) ist ein solcher Sessel leicht seine hundert Thaler und mehr unter Brüdern werth. Wie das? fragt ungläubig der Leser. Die Sache ist einfach und zwar so. Es gehört allerdings eine Kleinigkeit dazu: der Ring des Gyges, oder der Faustmantel, oder das Wünschelhütlein oder -Rüthlein, aber durch Kleinigkeiten läßt sich ja der Chronikschreiber niemals aufhalten und dies einmal zugegeben, wäre alsdann unsere Behauptung so gar verkehrt keineswegs.

Man denke sich einen mecklenburgischen oder pommer'schen Landjunker an einem Sonntag-Nachmittag, langweilig und gelangweilt auf seinem Rittergute allein, oder doch so gut wie allein, denn die Pferde und Hunde, Stallknechte und Bedienten, sind auf die Dauer doch auch nicht gerade die angenehmste Gesellschaft. Unser Baron steht auf der „Freitreppe" seines „Schlosses", raucht, gähnt und schaut gen Himmel, und vom Himmel auf die Erde, über die Wiesen und Felder, die er dem mecklenburgischen oder pommer'schen Sande abgewonnen ... er raucht nicht einmal mehr, denn seine Cigarre ist ausgegangen, aber er gähnt nur desto anhaltender ..... Wenn da auf ein Mal, wie ein deus ex machina, der flinke Fortunatus vor ihn hinträte, ihm den Zauberspiegel vorhielte und ihn hineinschauen ließe: der Tausend, welch' eine Welt! Eine unendliche Perspective von schimmernden Palästen, Monumenten, Springbrunnen, Säulenreihen, vergoldeten Thürmen und ragenden Kuppeln; rechts und links in unabsehbarer Länge breite Alleen mit schwellenden Rasen und reizenden Garten-Anlagen, ein Menschen-Ocean dazwischen von festlich geputzten Herren, Damen und Kindern, und in der Mitte ein Gewühl von Carossen und Equipagen mit Haiducken, Vorreitern und gepuderten Lakaien; dort ein offener Galawagen, über und über vergoldet und mit purpurnem Sammet ausgeschlagen, weiterhin ein vierspänniger, leichter Phaëton, himmelblau mit Silber, die vier schneeweißen Pferde mit wallenden Federblischen und hochrothem Geschirr; prächtige Uniformen überall. Die berittene Garde mit ihren hohen Bärenmützen galoppirt auf und ab, um Ordnung zu halten, oder auch um Platz zu machen, wenn die kaiserlichen Equipagen vorüberfliegen, von Husaren und Dragonern escortirt. Chinesische Tempel mit Flaggen und Fahnen und schallenden Musikchören, russische Schaukeln und Carroussels, Puppentheater und hundert andere „Sehenswürdigkeiten", und Alles, Alles in unaufhörlicher, wogender, wallender Bewegung, mit jeder Minute ein neues, schöneres Bild, und hoch am wolkenlosen Himmel die heitere Frühlingssonne, die den fernen Triumphbogen magisch erleuchtet und den ganzen Hintergrund des Zaubergemäldes vergoldet. — Der Tausend, welch' eine Welt! ruft unser Baron von neuem; er gähnt nicht mehr, aber er steht dennoch mit offenem Munde vor Bewunderung und Staunen. Wenn ihm nun der kleine Fortunatus einen Wink gäbe und ihn hinzuführen verspräche: würde er sich wohl lange bitten lassen, der Herr Junker und sich lange besinnen, und nicht willig und gern einen Sessel (es ist just noch einer neben uns frei) mit einer Handvoll Goldstücke bezahlen? Gewiß, gewiß, wenn der Baron nicht gar noch obenein ..... doch der Fortunatus lebt ja nur in den

Kindermärchen und der Chronikschreiber schwatzt albernes Zeug! Es ist ein Glück für ihn, daß Mecklenburg und Pommern weit von Paris liegen, sonst müßte er am Ende noch einem dortigen „Baron" Rede und Antwort stehen für seine schlechten Späße.

Kurzum, und das ist die Hauptsache, die Longchamps-Promenade war auch in diesem Jahre wunderschön, vom herrlichsten Wetter begünstigt, und die neuen Frühlings-Toiletten entfalteten sich in ihrer vollen Pracht. Longchamps ist nämlich seit Menschengedenken der Ausgangs- und Centralpunkt für die pariser Moden; hier in den elysäischen Feldern müssen sie das Läuterungsfeuer passiren, bevor sie als ebenbürtig und propagationsfähig anerkannt werden. Alles was in Paris der Schneiderwelt, sowohl für die Herren- wie für die Damen-Toiletten angehört, richtet die verlangenden Blicke und Wünsche hinaus nach Longchamps: was dort getragen, d. h. zur Schau getragen wird, ist maßgebend nach Farbe, Stoff und Façon. Schuster, Hut- und Handschuhmacher nicht zu vergessen; hat doch der Handschuhfabrikant Alexandre vor zwei Jahren sein Glück und ein großes Vermögen gemacht durch seine Handschuhe »peau de chien« von rother Farbe, wie Ziegelstein, die der Graf Morny am Longchamps-Tage zuerst getragen.

Die beiden Hauptfarben für die vornehme Damentoilette bleiben auch in dieser Saison violett (mauve) und seegrün (verre d'eau), und je nach dem Alter — denn auch in Paris werden die Damen alt, nur später als anderswo — in helleren oder dunkleren Schattirungen. Daß alsdann nicht das Kleid allein, sondern die ganze Toilette, Hut, Schleier, Handschuhe, Sonnenschirm und Fächer, wenn auch modificirt, doch immer eine dieser Farben (oft sieht man auch beide zusammen) als Hauptnüance enthalten müssen, ist eine conditio sine qua non der Eleganz. Die Promenadentoilette der Kaiserin war vor ihrer Trauer fast stets in diesem Geschmack und erregte, allgemeine Bewunderung; jetzt sieht man sie nur in schwarzen Krepp gehüllt, leidend und bleich, eine schmerzliche Mahnung an das orientalische Sprüchwort: „Die Krone drückt schwer, und unter dem Diadem fließen oft in einer Nacht mehr Thränen, als dasselbe Perlen zählt".

Die Blumen am Hut sind fast immer weiß, der volle, halbrunde Kranz für die Jugend, das Bouquet für die älteren Frauen, die Straußfeder für die Matronen. Sogar der Paradiesvogel (eine Erinnerung aus unserer frühesten Jugendzeit) kommt für die großen Soiréen wieder in Aufnahme; nur ist es eine seltene Art Paradiesvogel aus Neu-Holland, der Lophophorus fulgens; ein schönes Exemplar kostet noch 2000 Franken.

Die leidige Crinoline fällt mehr und mehr in Ungnade; aber da sie nach der herrschenden Mode nur durch sehr weite Kleider ersetzt werden darf, so wird sie, schon aus ökonomischen Rücksichten, aus der Mittelklasse noch lange nicht schwinden; denn welche ehrbare, wenn auch bemittelte Bürgersfrau will zwanzig bis dreißig Metres Zeug auf ein einziges Kleid verwenden? Bei Hofe wird allerdings schon seit länger als einem Jahre keine Crinoline mehr getragen.

Sonst ist dieses Mal auf Longchamps etwas auffallend Neues nicht hervorgetreten, die **rothe Feder** natürlich ausgenommen, die Furore gemacht hat, wie kaum zur Zeit des Directoriums der berühmte Turban von Mademoiselle Mars, oder unter der Restauration die fußhohen Schildpattkämme in den nicht minder hohen Frisuren.

Glücklicherweise hört uns der Dr. B. nicht (es ist sechs Uhr Morgens und der gute Doctor liegt noch in den Federn, um seinen gestrigen Longchampsritt auszuschlafen); glücklicherweise hört er uns nicht, sonst würde er wieder ärgerlich ausrufen: „Albernes Zeug! Glauben Sie denn, daß die Deutschen so närrisch sind wie die Pariser, und daß sie viel danach fragen, ob und was für Federn auf Longchamps zu sehen gewesen sind?" — Nun, nun, das weiß ich doch nicht. Der Dr. B. gehe nur ein Mal hin zu Madame Laure, der berühmten Modehändlerin an der Börse: da wird er schon erfahren, was für eine Menge Briefe, Cartons, Probenpäckchen und Zeichnungen allwöchentlich von dort nach Deutschland expedirt werden.

Ich wollte nur, die Leserin hätte gestern Abend das Menschengedränge auf dem Börsenplatze gesehen vor dem erwähnten Laden; sie würde uns dann schon Recht geben, daß die „rothe Feder" ein „Ereigniß" genannt zu werden verdient. Kaum daß man vor die hohen Spiegelscheiben gelangen konnte, um hinein zu schauen. Die vornehmen Pariser Mobeläden sehen immer wie Salons aus; nur hier und da auf den Spiegeltischen ein Putzstück, aber ein schönes, sonst nichts. Die eigentlichen Waaren sind in den hintern Räumen. Elegante Fauteuils stehen umher, ein kostbarer Teppich liegt auf dem Boden, ein blitzender Kronleuchter hängt an der reichvergoldeten Gypsdecke und hohe Spiegel werfen alle die Pracht in's Unendliche zurück. Gestern Abend nun hatte Madame Laure brillant erleuchtet; der ganze schimmernde Saal war leer, nicht einmal eine von den vielen Comptoirdamen und Ladenfräulein (gnädigen Ladenfräulein — möchte man fast sagen, so vornehm sehen sie aus) war zu bemerken. Nur in der Mitte, gerade unter dem Lüster, auf einem sammetbedeckten erhöhten Tabouret lag ein runder, dunkelfarbiger Strohhut mit einer gewaltigen, breiten, hochrothen Feder, reichlich zwei Fuß lang, zierlich um den besagten Hut herumgewunden, und darunter stand mit goldenen Buchstaben „Longchamps 1862". Das war die rothe Feder, die bei ihrem ersten Erscheinen so viel Aufsehen gemacht und den Sieg über alle andern Hüte davongetragen hatte. Wer die Dame gewesen, welche die rothe Feder erfunden und stolz dem Pariser Publicum zuerst vorgeführt, ob eine „fremde Fürstin", oder eine inländische Gräfin, ob eine Lorette aus dem Quartier Bréda, oder gar eine „Ladenmamsell" von Madame Laure — die Geschichte meldet es nicht; sie constatirt nur das Factum als solches, d. h. die rothe Feder, die sich in einem eleganten Phaëton einige Male

in den elysäischen Feldern auf und ab bewegte und dann
verschwand. Ein veni, vidi, vici in der großartigsten
Weise, nur mit dem Unterschiede, daß das zweite der
drei klassischen Worte in die Passivform verwandelt
werden muß: ich kam, ich wurde gesehen und siegte.

Wird der Dr. B. jetzt noch von „Albernheiten"
sprechen, nachdem ganz Paris die rothe Feder gesehen
und bewundert, und Madame Laure bereits über hundert
Bestellungen erhalten hat? Das kann er freilich stets
und jetzt wieder mit neuem Rechte sagen, daß die
Pariser große Kinder sind, die den bunten Seifenblasen
nachlaufen und desto froher sind, je bunter sie ausfallen
und je höher sie steigen. Das kann er sagen, der werthe
Doctor; aber wir wissen es selbst eben so gut wie er
und haben es ja oft genug gesagt.

Doch genug des Modeberichtes, obwohl derselbe in
einer Longchamps-Chronik ganz am Platze ist, wie denn
auch die größten pariser Zeitungen, der ‚Moniteur'
nicht ausgenommen, es nicht verschmähen, einen solchen
in ihre Spalten aufzunehmen. Lächerlich ist es daher,
um dies noch ein Mal zu sagen, daß einzelne Blätter,
als ob sie einander darauf das Wort gegeben, auch
dieses Mal wieder die Longchamps-Promenade als unbedeutend und nicht der Rede werth hinstellen; es soll
dies von legitimistischen Kreisen ausgehen, die bekanntlich Longchamps, d. h. die aristokratische Seite desselben, unter Ludwig XVIII. und Karl X. wieder in
die Höhe zu bringen suchten, obwohl vergebens. Es
mag auch immerhin möglich sein, daß die berühmte

Spazierfahrt damals noch prächtiger und großartiger war als jetzt, wie ja auch ein zwanzigfacher Millionär unstreitbar reicher ist, als Einer, der nur zehn oder gar nur vier Millionen besitzt; aber wer deshalb den Letztern einen armen Mann nennen wollte, würde doch gewiß ausgelacht werden.

Auch an excentrischen Persönlichkeiten, wie immer so auch dieses Mal, fehlte es nicht auf Longchamps. Lord John, der „reiche Engländer", auf prächtigem Vollbluthengst, wie in den kaiserlichen Marställen sicher kein schönerer zu finden ist, und dabei in blauer Blouse mit türkischem Shawl und Wachstuchmütze, flatternden Nankinhosen und goldgestickten Pantoffeln und statt des Augenglases einen vier Fuß langen Tubus in der Hand. Lord John ist Seymour's würdiger Nachfolger. Hier und da eine „Rigolboche" neuester Auflage, selbst kutschirend und peitschenknallend, die Pferde in lange, weiße Schleier gehüllt, die Weiber selbst unschön und frech.

Diese Sorte ist leider in Paris die unabwendbare Zugabe aller öffentlichen Vergnügungen und Lustbarkeiten. Selbst die Kaiserin riskirt, auf ihrer Promenade neben oder gar hinter einem solchen Wagen und einer solchen „Schönen" fahren zu müssen. Alle Welt gesteht dies ein und findet es scandalös, und es heißt immer, der Polizeipräfect, der allmächtige, allgewaltige, würde der Sache Einhalt thun, oder gar ganz ein Ende machen. Er könnte es, wenn er nur ernstlich wollte, denn der pariser Policeipräfect kann Alles. Aber es bleibt bei dem frommen Wunsche, und die sonst und mit Recht so berühmte salubrité publique der Hauptstadt hat ihren großen Reinigungsbesen noch immer nicht in diese Region getragen.

* * *

Unmöglich können wir aber mit dieser Notiz Abschied von dem Leser und gar von der Leserin nehmen, schon Anstandshalber; wir führen ihn daher lieber noch zum Schluß in das neu eröffnete Café de Madrid auf dem Boulevard Montmartre, das seit einigen Tagen die ganze vornehme pariser Welt anzieht. Acht Tage lang wird es nun zum guten Ton gehören, Nachmittags im Café de Madrid seinen Kaffee getrunken zu haben, obwohl er um nichts besser ist, als in allen übrigen großen Kaffeehäusern der innern Boulevards, — aber was thut man nicht des guten Tons wegen? Später verzieht sich dann die Menge und es bleiben ein paar tausend Stammgäste zurück, was dem Besitzer genügt, sich in zehn Jahren ein anständiges Vermögen zu erwerben und sein Etablissement einem Andern zu verkaufen, wo möglich noch theuerer, als er selbst es gekauft; und er soll fünfmalhunderttausend Franken dafür bezahlt haben: eine halbe Million für ein Kaffeehaus!

Die Räume dieses neuen Kaffeehauses sind wunderschön, und der Fremde, der zwischen dem Besuch der Galerie de Diane in den Tuilerien und dem Café de Madrid zu wählen hat, thut besser daran, sich für das letztere zu entscheiden. Die Säle sind freilich weder hoch noch groß, aber um so zahlreicher, und jeder ist in einem andern Stil decorirt: man kann wirklich architektonische, mythologische und sonstige Kunststudien in jenem Kaffeehause machen. Die Deckengemälde sind vorzüglich sehenswerth, von der vergoldeten Stuccatur und den Spiegeln, die ganze Wände bedecken, gar nicht zu reden. Das Neueste ist hier immer das Schönste, und jedes Mal scheint es bei einem neuen Luxus=Unternehmen zu heißen: bis hierher und nicht weiter. Ueber Nacht aber taucht ein noch neueres auf, das wieder jenes in Schatten stellt, und so weiter bis ... doch dies „bis" gehört eben der verhüllten Zukunft.

Charfreitag.

Wie ich schon früher einmal sagte: man kann Herz und Sinn nicht ganz gegen die Einwirkungen von Außen verschließen; man sehnt einen Alexander herbei, der den von der Politik unserer Tage geschürzten gordischen Knoten zerhaue; die trüben Bilder und Gedanken kommen Einem unwillkürlich, selbst wenn man, wie wir am letzten Sonntag, auf dem Wege ist nach dem Pfefferkuchenmarkt, der mit dem Schinkenmarkt hier in Paris während der Charwoche das einzige Volksvergnügen ist, was sich erhalten hat.

Nicht als ob wir darüber klagen wollten, daß von Oben her, nach altem, löblichem Gebrauch, die übrigen lauten Festlichkeiten während der drei Tage, die dem Ostersonntage vorangehen, beschränkt oder untersagt sind, gewiß nicht! Im Gegentheil, wir constatiren dies nicht ohne innere Befriedigung als einen letzten Rest der „guten, alten Zeit", die uns, obwohl unsere Väter sie noch mitgemacht, doch schon fern, so fern liegt, wie ein mittelalterliches Jahrhundert. Das macht der Dampf, mit dem wir vorwärts gehen und durch den uns jedes Jahr zu einem Decennium wird. Wie mag es erst werden, wenn die Electricität den Dampf verdrängt hat?

Am Charfreitage zumal bietet Paris einen ganz eigenthümlichen Anblick. Es ist dies der einzige Tag im Jahre, wo die gesammte Bevölkerung der Weltstadt fastet, oder doch wenigstens kein Fleisch ißt, wo alle Theater und Schauspiele, Concerte und Bälle, und wie die hundert Lustbarkeiten alle heißen, geschlossen und verboten sind, und wo wirklich der Pariser (einen Tag lang!) praktisch beweist, wenn auch immerhin nur äußerlich, daß er ein Christ, ein Katholik ist. Sogar die Redacteure des „Siècle‘ und der „Opinion nationale‘ essen am Charfreitage Fische und Eier, nicht aus Ueberzeugung und aus Achtung vor dem kirchlichen Gesetz, sondern aus dem einfachen Grunde, weil nirgends ein Beefsteak oder sonst ein Stück Fleisch zu haben ist. Die große Fleischhalle bei St. Eustache, die ganz Paris verproviantirt, ist geschlossen mit ihren zweitausend Buden, und alle Schlächter der Hauptstadt haben ebenfalls ihre Gitter vorgezogen und die Gardinen herabgelassen: Alles feierlich und still, wie ausgestorben! Und die Kirchen sind an den drei letzten Passionstagen von Morgens bis Abends überfüllt, ein Wogen und Drängen zu Tausenden vor jedem Gotteshause, und Anstand und Sitte (»la convenance«) überall. Die Pessimisten, oder auch, wenn man will, nur die ernsten Richter, sagen uns allerdings sofort, daß dies Alles nicht viel zu bedeuten habe; daß Paris jetzt fast zwei Millionen Einwohner und im Ganzen noch kaum hundert Kirchen und Kapellen groß und klein besitze, daß mithin höchstens der zwanzigste Theil der Bevölkerung unser Compliment verdiene; daß ferner von diesem zwanzigsten Theil neun Zehntheile sich nur aus Neugier einfinden, entweder um den Gesang oder einen berühmten Kanzelredner zu hören, hauptsächlich aber, um das Grab zu sehen, das in jeder Kirche mit mehr oder weniger Kunst und Geschmack und Pracht hergerichtet ist. — Das Alles sagen uns die Pessimisten und ernsten Richter, und sie haben im Grunde Recht, aber wir thun lieber, als wenn wir es nicht hörten, um uns die Illusion nicht zu trüben, und um in der Misère, in welcher wir hier nach so vielen Richtungen hin moralisch, politisch und social seit langen Jahren leben, nicht auch noch diesen letzten tröstenden Lichtblick einzubüßen.

Der Gegensatz zu diesem Bilde ist allerdings leicht gefunden; der Leser braucht nur mit uns nach Passy, nach Auteuil, nach Neuilly oder nach Grenelle zu fahren, um sich sofort zu überzeugen, daß die Pessimisten und Consorten noch sehr gelinde urtheilen.

In den genannten Vorstädten, die sämmtlich dem Seine-Ufer entlang liegen und jetzt auch zu Paris gehören, haben sich nämlich die zehn- oder zwölftausend pariser Schlächter, Meister und Gesellen, mit ihren Frauen und Kindern Rendezvous gegeben, „um sich einen vergnügten Tag zu machen." Es ist dies ein altes Herkommen, das sich, wie so manche derartige Mißbräuche, bis auf unsere Zeit erhalten hat und das, Dank dem „Culturfortschritt!" nur noch raffinirter und anstößiger geworden ist. Die Seine-Vorstädte sind zumeist der Ort jener Zusammenkünfte, weil in den dortigen Wirthshäusern und Kneipen, die sich freilich alle Hôtels nennen, die Fischgerichte (les fritures) am leichtesten und billigsten zu haben sind. Um den äußern Anstand wenigstens einigermaßen zu wahren, werden nämlich nur Fasten-Gerichte gegessen, und damit sind die etwaigen Gewissensskrupel beschwichtigt. »Monsieur le curé n'a plus rien à dire,« sagt man mit ehrbarer Miene, wenn man sich zu Tische setzt, und dann läßt man fünf grade und sich selbst sehr wohl sein. Denn mit Verlaub: „der Fisch will schwimmen," das ist ein altes, bekanntes Wort, und noch dazu bei solchen Gelegenheiten nicht im Wasser schwimmen, sondern im Wein oder im Punsch oder in sonst einem derartigen Element. Alles in Ehren übrigens, wenigstens äußerlich. Musik wird nicht gemacht und auch nicht getanzt; der Herr Pfarrer hat also wieder nichts einzuwenden und den lieben Gott läßt man ja ohnehin einen guten Mann sein.

Der große Duval, der König aller pariser Schlächter, gab diesmal an jenem Tage seinen »employés«, Gesellen und Arbeitern, gegen dreihundert an der Zahl, ein glänzendes Diner in Neuilly, und zwar in dem sogenannten kleinen Pavillon, einem Gartensaal, der zu dem ehemaligen königlichen Schloß von Neuilly — bekanntlich ein Landsitz Louis Philippe's, — gehörte und der jetzt längst, da Schloß und Park verkauft, rasirt und verschwunden sind, in einen Restaurant umgewandelt ist, wo man »à la carte« dinirt und soupirt. Seltsames Spiel des Schicksals, aber hier in Paris so ganz gewöhnlich und so alltäglich, daß man kaum Notiz davon nimmt. In der mittlern Rotunde, dem Hauptsaal, ist noch ein Deckengemälde von Horace Vernet, farbenfrisch und wohlerhalten. Die Medaillons an den Wänden sind ebenfalls nach Angabe des Meisters von kunstgeübter Hand ausgeführt. Die königliche Familie hat hier in den dreißiger Jahren einige Sommer lang fast täglich gefrühstückt; der König selbst saß gern auf der vordern Terrasse, die einen herrlichen Blick gewährt über die Seine nach Paris hinüber: ein wundervolles Panorama, ein königliches! Die Prinzen und Prinzessinnen spielten im Garten, jagten nach Schmetterlingen und pflückten Blumen; die größern Söhne gingen in eine Seitenallee, um zu rauchen, was der Vater nicht gern sah, und der Herzog von Orleans sagte vielleicht zu einem seiner Brüder mit stolzem Lächeln und in jugendlichem Uebermuth: quand je serai roi un jour, tu verras .... — Armer Königssohn! Er schläft längst den Todesschlaf in der Kapelle, die ihm die trauernden Eltern auf eben jener Stelle errichteten, wo er den schrecklichen Sturz gethan; man sieht vom Saal des Pavillons aus das goldene Kreuz des Thürmchens .... Die königliche Familie ist selbst, wie ihr Erstgeborner und Liebling: vergessen, verweht! Die Linden und Birken grünen aber nach wie vor, denn dieser Theil des Gartens ist verschont und in seiner frühern Schönheit geblieben; die Fruchtbäume stehen in weißem Blüthenschmuck, und auf den sauber eingefaßten Beeten prangt bereits ein reicher Blumenflor. Der Lenz wirkt versöhnend und erscheint wie ein Friedensbote, der den streitenden Parteien den Oelzweig bietet, vollends zur Osterzeit, wo uns ja Gott selbst das Verzeihen gelehrt.

Madame Duval, — um nicht ganz von unserm eigentlichen Thema abzukommen, — machte an dem erwähnten Tage die liebenswürdige Wirthin »avec une grâce parfaite« und mit einer Liberalität »tout-à-fait digne de son rang«. Wie das Alles klingt, so vornehm und wohlanständig, wie wenn von einer Herzogin die Rede wäre! Doch wie manche Herzogin hat auch nicht so schöne Brillanten wie Madame Duval, und wie mancher Herzog in seinem Palais nicht so viel Vergoldung und Marmor als Herr Duval in seinem Schlächterladen in der Rue Tronchet. Dieser Laden ist in allem Ernst das non plus ultra aller Schlächterläden der Welt, groß wie eine kleine Kirche und reicher und prächtiger decorirt als ein königlicher Ballsaal im Schloß zu Versailles.

Um jedoch nicht ungerecht zu sein, wollen wir nicht unerwähnt lassen, daß Herr Duval an allen hohen Festen, also drei, vier Mal im Jahre, bedeutende Fleisch- und Suppenvertheilungen an die Armen macht, ... von seinem Ueberfluß, heißt es wieder; aber wenn nur Jeder von seinem Ueberfluß gäbe, so existirten ja längst keine Armen mehr auf der Welt.

Zum Schluß noch ein Wort über die große, glänzende Apotheose der Trauer um das verpönte Fleischgericht und um die harten Fastentage. Diese Apotheose beginnt bereits am Sonnabend-Nachmittag, wo sich die Schlächterläden wieder öffnen. Jedes Kalbsviertel und jede Hammelskeule ist mit Blumen und Blättern geziert; die Ochsen und Schweine, die halben und die ganzen, vollends mit Kränzen und Lorbeerzweigen. In manchen Läden sind vollständige kleine Blumengärten angelegt mit Mooshütten und Springbrunnen. Alles schimmert und blitzt von blendenden Tüchern und blankem Metall, und der letzte Schlächterbursche trägt eine schneeweiße Schürze und einen Blumenstrauß im Knopfloch. Der nationale Gigot, das Lieblingsgericht der Pariser, fehlt am Oster-Sonntag auf keinem Mittagstisch, und auf allen Barrièren-Boulevards dampfen die Fleischtöpfe vierundzwanzig Stunden lang und länger, denn auch der Montag ist noch ein „Festtag", d. h. ein Tag, wo nicht gearbeitet, sondern gezecht und geschmaust wird.

So leben wir hier in dem modernen Babylon nach wie vor in gewohnter Weise fort; es ist heute, Gott Lob! wieder eben so schönes Wetter wie gestern, und der kommende Tag hat den Parisern ja niemals viel Noth und Sorgen gemacht. »Ainsi va le monde,« sagt man hier, und geht ruhig aber lustig seiner Wege.

Fontainebleau.

I.

Unter allen Kupferstichen, Lithographieen und sonstigen Bildern, die Fontainebleau darstellen, gibt es **ein** Bild, das mir stets am meisten gefallen hat und wohl deshalb, weil es dem Gegenstande am richtigsten und besten entspricht: eine hohe, ernste Façade, die Südseite des Schlosses, von einem weiten, tiefen, dunkeln See bespült; zur Rechten Thürme, Kuppeln, Erker und Zinnen, die den übrigen Theil des unermeßlichen Gebäudes ahnen lassen, und links hohe Platanen und Wald. Ganz im Vordergrunde ein kleiner Nachen, von Schwänen umgeben, und Trauerweiden, die in die Fluth hinabhängen und sich darin spiegeln. Dies Bild ist bezeichnender als alle übrigen. Es gibt freilich noch ein anderes, das viel stolzer und großartiger, wenn auch trauriger ist, das auch zugleich, wenigstens für die jetzige Zeit, zu einer glänzenden Apotheose geworden: wir meinen das herrliche Gemälde von Horace Vernet, den Abschied Napoleon's von seinen Garden im großen Schloß=

hof vor seiner Abreise nach Elba. Aber dies Bild zeigt uns, ungeachtet seines welthistorischen Gegenstandes, nichts als ein Militärschauspiel, das eben so gut in St. Cloud, in den Tuilerien oder sonst wo hätte stattfinden können; halten wir uns also lieber an das zuerst geschilderte. Lassen wir einmal Soldaten und Kriegslärm bei Seite und erfreuen wir uns an der wunderschönen Natur, die sich hier in der ganzen verschwenderischen Fülle ihrer Reize entfaltet.

Und doch können wir uns in Fontainebleau auch wieder dem Naturgenuß nicht ganz und ungetheilt hingeben, wenigstens nicht Angesichts dieses Schlosses, des bedeutendsten geschichtlichen Denkmals von Frankreich; aber diese Eindrücke kommen uns aus einer näheren oder ferneren Vergangenheit, und selbst die dunkeln und trüben Bilder erscheinen uns dadurch in einem milden, versöhnlichen Lichte.

Zuvor noch diese Bemerkung dem freundlichen Leser: wir wollen keine vollständige, logisch geordnete Beschreibung von Fontainebleau liefern. Wir wollen es einfach machen, wie die vielen Fremden oder auch die Pariser selbst, die zu einem flüchtigen Besuche hinüberfahren, das Interessanteste und Wichtigste beschauen oder sich erzählen lassen, und die sich auf der Rückreise vornehmen, recht bald wieder zu kommen, und zwar alsdann zu längerm Bleiben.

Der Schloßgarten von Fontainebleau theilt sich in zwei Haupttheile, die durch den großen See getrennt, aber wiederum durch fliegende Brücken verbunden sind:

diesseits das Parterre d. h. der eigentliche Blumengarten und der Park, und jenseits der sogenannte jardin anglais, der beides zugleich ist und den für den Kaiser reservirten Theil umfaßt. Sind aber die Majestäten mit dem ganzen Hofhalt in Fontainebleau, so wird Alles geschlossen und abgesperrt, sogar der außerhalb liegende Blumengarten; nur eine einzige Allee des Parks bleibt dann für die Bewohner der Stadt zu einem Spaziergange frei. Ueberall hinter den vergoldeten Gittern Schildwachen mit hohen Bärenmützen und eine nichtsthuende, schläfrige Dienerschaft, goldbetreßt und ungezogen: ein wahrer Mißton in dieser harmonisch schönen Welt. Früher (sagen die Legitimisten, denn Fontainebleau ist eine durchaus legitimistische Stadt), früher war dies ganz anders. Wenn Karl X. mit seinem Hofe im Schlosse wohnte, so waren alle Thore und Zugänge offen, und das Publicum wurde sogar auf die Galerie des Speisesaals zugelassen, um die Majestäten diniren zu sehen. Auch im ganzen Schloß, mit Ausnahme der Privatgemächer für die königliche Familie, hatte man an bestimmten Stunden des Tages Zutritt. Dies ist allerdings wahr und auch recht schön, aber unsere Zeit ist eine andere geworden. Zudem hat alle diese Popularität und Güte den König nicht vor einem kläglichen Exil retten können. Napoleon aber gibt nicht viel auf diese allzu intime entente cordiale zwischen Fürst und Volk: er will weniger geliebt als respectirt und gefürchtet sein. Dennoch ist der Kaiser selbst, wie dies ja so häufig bei Monarchen der Fall ist, vielleicht der einfachste Mann am ganzen Hofe. Man sieht ihn täglich in leichter Sommerkleidung und im Strohhut unter den hohen Platanen lustwandeln, und gar häufig läßt er für sich, die Kaiserin und wenige Vertraute das Frühstück im Garten serviren, um en famille zu bleiben, vorzüglich jetzt, wo sein kleiner Sohn heranwächst, der den Vater überall begleitet.

Der Hof und die geladenen Gäste, in der Regel gegen dreihundert Personen, lassen es sich unterdessen an der kaiserlichen Tafel wohl sein. Die Hofdamen, Kammerherren, Ordonnanzofficiere und höheren Schloßbeamten essen in einem besondern Saale und bilden eine Welt für sich und zwar eine ziemlich untergeordnete, wie stets auf den kaiserlichen Lustschlössern. Die eigentliche hohe Gesellschaft sind die aus Paris ankommenden Gäste, zunächst die auswärtigen Gesandten, ferner die Minister und Senatoren, die Staatsräthe und sonstigen höchsten Beamten, die Marschälle, Generäle ꝛc. nicht zu vergessen. Alle diese Herrschaften treffen mit Gemahlin und Dienerschaft auf dem Schloß ein, in der Regel für acht Tage, wo sie alsdann einer neuen Serie Platz machen, welcher Wechsel sich je nach dem kürzern oder längern Aufenthalt der Majestäten allwöchentlich wiederholt. Dies bringt begreiflich ein großartiges Leben und Treiben mit sich, und wenn das kaiserliche Hoflager in Fontainebleau in seinem vollen Glanze ist, so dürfte es wohl keinen Vergleich zu scheuen haben mit dem königlichen unter Franz dem Ersten, der ja bekanntlich, wie sein großer Nachfolger Heinrich IV., hier fast jeden Sommer zubrachte.

Noch sieht man in Fontainebleau, und zwar auf das Schönste erhalten, das sogenannte goldene Thor, la porte dorée, wo König Franz im Jahre 1539 den großen Kaiser Karl V., seinen gewaltigen Nebenbuhler empfing, und im Louvre befindet sich ein kostbares Gemälde von Leonardo da Vinci, das diesen Empfang darstellt. Kaiser Karl, von gedrungener Statur, mit röthlichem Haupthaar und spitzem Knebelbarte, in schwarzer spanischer Sammet-Tracht, und König Franz, schlank und groß, im reichen, vielfarbigen Hofcostüme mit Spitzen und Federbarett, ganz wie man ihn nannte: le premier chevalier de son royaume. Der ritterliche, galante König wollte seinen hohen Gast, der noch vor wenig Wochen sein erbitterter Feind gewesen, auf besondere Weise ehren: er ließ schnell, in einigen Tagen, das prächtige Portal an der Südseite des Schlosses bauen, alle Sculpturen nach damaligem Geschmack reich vergolden, die weite Auffahrt mit den kostbarsten Teppichen belegen, und erwartete so, von seinem schimmernden Hofstaat umgeben, den Sieger von Pavia. Kaiser Karl war also der Erste, der durch das goldene Thor schritt. Einzelne Höflinge suchten im Lauf des Tages den König zu bewegen, seinen Gast gefangen zu halten, oder ihm gar Gewalt anzuthun, um dadurch die schweren Bedingungen des Friedens von Nizza zu mildern. Allein Franz I. wies dies Ansinnen mit Entrüstung zurück, — nicht umsonst hatte er nach der verlorenen Schlacht von Pavia nach Paris geschrieben: tout est perdu, hormis l'honneur. Er brachte dem Kaiser am nächsten Morgen in Person die Chokolade, eine unerhörte Höflichkeit, die nur in dem galanten Charakter Franz des Ersten ihre Erklärung findet, der ja auch im Atelier Leonardo da Vinci's, als dem auf der Leiter stehenden Meister zufällig ein Pinsel entfiel, schnell hinzusprang, den Pinsel aufhob und ihn dem Maler mit den Worten reichte: ein solcher Künstler ist wohl werth, von einem Könige bedient zu werden.

Noch heute zeigt man das wohlerhaltene Schlafgemach des Kaisers und auch das Silbergeschirr, aus welchem er jene historische Chokolade getrunken. Dieser Theil des Schlosses ist jetzt unbewohnt. Aber in dem dicht daran stoßenden östlichen Flügel herrscht lautes Leben: hier befinden sich nämlich die Speisesäle. Es sind deren zwei übereinander, der eine im Erdgeschoß für das Frühstück und der andere im obern Stockwerk für das Mittagessen. Diese Speisesäle sind beide von ungeheuern Dimensionen und ganz im modernen Geschmacke hergerichtet. An jeder Haupttafel können gegen 500 Personen Platz nehmen, und die sechs Fensternischen eines jeden Saales sind so tief und weit, daß man ganz bequem Tische mit 20 Couverts hineinstellen kann. Die Decoration der Säle datirt von Louis Philippe. Die Wände sind von getäfeltem Eichenholz mit herrlicher Schnitzarbeit und reicher, fast überreicher Vergoldung; auch die Decken sind in gleichem Stile, und an der felderartigen Eintheilung mit Rosetten und Arabesken, die sich in dem ausgelegten Fußboden genau wiederholen, erkennt man den Geschmack jenes Monarchen, der in seinen Bauten das Holz und vorzüglich das Eichenholz fast allem andern Material vorzog. Der Frühstückssaal ist, obwohl reich und prächtig, doch einfacher als der eigentliche Speisesaal, dessen Silberzeug auf mehr als zwei Millionen geschätzt wird.

Von diesem Flügel gelangt man in den ältesten Theil des Schlosses, wo noch die wohlerhaltene Kapelle gezeigt wird, in welcher Ludwig IX., der heilige Ludwig, getauft wurde. Diese Kapelle wird indeß längst nicht mehr zum Gottesdienst benutzt, der in der großen Schloßkirche mit ungewöhnlichem Pomp abgehalten wird, natürlich nur so lange der Hof in Fontainebleau verweilt. In der genannten Kapelle finden wir aber eine ehrwürdige Reliquie, die uns mit wehmüthigen Gedanken erfüllt, doppelt wehmüthig in unsern Tagen, wo auf's neue das Haupt der katholischen Christenheit bedrängt und gefährdet ist. Diese Reliquie ist ein einfacher kleiner Altar, an welchem der Papst Pius VII. während seiner Gefangenschaft in Fontainebleau unter Napoleon I. täglich die heilige Messe gelesen. Auf einer am Fuße des Altars eingelegten Metallplatte steht dies mit wenig Worten geschrieben. Es ist sehr bezeichnend, daß man in Fontainebleau bis auf den heutigen Tag dem Papst Pius VII. ein eben so lebhaftes wie theilnehmendes Andenken bewahrt hat; man betritt mit ehrfurchtsvoller Scheu die Gemächer, die der erhabene Gefangene bewohnt hat, und der Führer nimmt, wenn man in das Arbeitszimmer des Papstes gelangt, wo uns ein herrliches Porträt des großen Dulders (ein Meisterwerk David's) entgegentritt, jedes Mal still den Hut ab und sagt andächtig: »Sa Sainteté, le souverain Pontife«. Er weiß wohl nicht, welche bittere Jronie in diesen Worten liegt.

Die Gemächer des Papstes, auf der westlichen Seite des Schlosses, sind äußerst sehenswerth, mit Gemälden und Kunstwerken aller Art angefüllt, die prächtig vergoldeten Möbel gut erhalten, die Wände mit Gobelinstapeten bedeckt, wie man sie im Louvre und in Versailles nicht schöner sieht. Auch das Brevier des heiligen Vaters (ein einfaches, abgenutztes Buch) wird in einem reichgeschmückten Kristallkasten aufbewahrt.

Aus dem Empfangsaal, der zu den päpstlichen Gemächern gehört, sieht man hinaus auf den großen Schloßhof, denselben, wo Napoleon von seinen Garden Abschied genommen. Der verfolgte, geknechtete, gedemüthigte Papst zog triumphirend wieder in Rom ein, und Pius VII., dessen edeles Herz weder Haß noch Nachsucht kannte, schickte später einen Priester nach Sanct Helena, um dem Sterbenden die letzten Tröstungen der Religion zu bringen. —

Doch kehren wir noch einmal nach dem obern Speisesaal zurück. Derselbe hängt mit einer offenen Galerie zusammen, die auf einen der innern Schloßhöfe hinausgeht. Vor einigen Jahren, ebenfalls im

Junimonat, herrschte lautes, prächtiges Leben in Fotainebleau. Die Königin von Holland war zum Besuche eingetroffen, die Großherzogin Stephanie desgleichen, und der Kaiser von Rußland wurde erwartet. Auch der Prinz Napoleon und die Prinzeß Mathilde hatten sich mit großem Gefolge eingefunden, und da außerdem noch gegen vierhundert Herren und Damen aus Paris eingeladen waren, so hielt es fast schwer, alle diese Herrschaften angemessen und bequem unterzubringen. Allabendlich war Militär=Concert im Schloß=garten und nach dem Concert Feuerwerk und Illumination. Einen wundervollen Anblick gewährte an solchen Abenden der große See und der daran liegende englische Garten. Hunderte von Gondeln mit schimmernden Laternen durchkreuzten die dunkele Fläche, die Platanen am Ufer waren durch feurige Guirlanden verbunden, in der Ferne leuchteten rothe und blaue bengalische Flammen auf, und der kleine Pavillon in der Mitte des See's strahlte und blitzte wie im Brillantfeuer: die hohen Herrschaften tranken dort Thee. Musik und Gesang tönte sanft herüber, — und hoch am Nachthimmel glänzten still die ewigen Sterne und schauten herab auf das bunte bewegliche Treiben, wie sie schon vor Jahrtausenden hinabgeschaut und wie sie nach weitern tausend Jahren hinabschauen werden, wenn von diesem ungeheuern Schloß und all' dieser unermeßlichen Pracht längst das letzte Stäubchen verweht ist.

Durch die Güte des Schloß=Commandanten war

auch uns an jenen Abenden der Eintritt in den Garten und in das Schloß gestattet, freilich unter der ausdrücklichen, mehrfach wiederholten Bedingung einer weißen Cravatte und eines schwarzen Fracks. Wir mischten uns auch ganz dreist und (daß wir nur unsere Schwäche beichten) nicht ohne ein gewisses Selbstgefühl unter die auf- und abspazirenden Herren und Damen. Ueberall goldgestickte Uniformen und prächtige Ball-Toiletten, dort der englische Gesandte mit dem Hosenbandorden, hier der türkische Botschafter im reichen National-Costüme, weiterhin der Staats-Minister Fould und der Marschall Magnan, und Gott weiß was Alles für Notabilitäten, Sommitäten und Raritäten. „Goldene Lakaien" präsentirten rechts und links Erfrischungen jeglicher Art, Eis-Limonade und allerlei Gefrorenes, Zuckerzierlichkeiten und Kuchenkunstwerke, und fast jeder Gast hatte ein feines Kristallglas, ein buntgemaltes Tellerchen, oder auch ein Silbergeräth in der Hand. Auch ich, der wenigstens um sechs Zoll gewachsen zu sein schien, faßte ein Herz und langte kühn nach einem Glas Sorbet. Der Zufall wollte, daß der Lakai gerade ein Deutscher war und mich als Landsmann erkannte. Er redete mich sofort deutsch an und sagte ganz treuherzig: Wenn Sie sonst essen und trinken wollen, so gehen Sie nur da unten in den Saal hinein, wo es so hell ist, da stört Sie Niemand. — O deutsche Gemüthlichkeit, dachte ich, die sich selbst hier in der Nähe der Majestäten nicht verleugnet, während vielleicht zehn Schritte von uns eine neue politische Combination besprochen wird, die in acht Tagen ganz Europa in Athem hält!

Ich hatte zufälliger und glücklicher Weise einen bekannten Officier getroffen, und wir bogen in eine Seitenallee, die schwächer erleuchtet und auch weniger belebt war. Hundert Schritte weiter brannten nur noch hier und da ein paar Laternen, und die Spaziergänger waren ebenfalls verschwunden. Mein Begleiter zog ein Cigarren=Etui aus der Tasche, allerdings zu jener Stunde und an jenem Orte eine verpönte Frucht, und bot mir eine Cigarre an. Aus dem dunkeln Hintergrunde der Allee kam plötzlich ein Herr zum Vorschein, der ebenfalls rauchte. Er ging langsam vorwärts, die Hände auf dem Rücken, und gerade auf uns zu. Blitzschnell und wie unbewußt durchflog mich eine seltsame Ahnung, als wenn dieser Mann … und schon stieß mich mein Begleiter ziemlich unsanft in die Seite und rief halblaut: l'Empereur. Es war wirklich der Kaiser, und ich erkannte ihn auch sofort. Hier in meiner Erzählung mag dies Zusammentreffen unwahrscheinlich, wo nicht gar als eine poetische Licenz „zur Verschönerung der Situation", erscheinen; dort an Ort und Stelle war es ganz natürlich, und konnte Jedem täglich passiren. Als aber der Kaiser den Ordonnanzofficier erblickte, hielt er an, trat auf uns zu und fragte: »Vous me cherchez?« »Sire,« antwortete der Officier ganz ungenirt, »nous nous promenons.« »Vous faites bien,« entgegnete der Kaiser; mir schien fast, als ob er lächele, dann grüßte er leicht und ging weiter. „Ich hätte ihn fast um Feuer gebeten," sagte mein Begleiter scherzend. „Der Kaiser ist der einfachste Mann von der Welt; mein Oberst macht mehr Prätensionen als er."

Ich war noch ganz voll von der unerwarteten, wenn auch nur flüchtigen Erscheinung des großen Mannes, groß wenigstens durch seine Stellung in der Welt und in der Weltgeschichte und durch seine Erfolge, wie durch seinen Einfluß auf die Geschicke der Völker Europa's.

Aeußerlich ist der Kaiser, wie mein Begleiter sagte, sehr einfach. Er war schwarz gekleidet, mit weißer Weste, ohne allen Luxus; nur das helle Atlasfutter in seinem Frack, das in dem Lampenschimmer der Allee wie Silber glänzte, war mir auffallend. Der starke Bart in dem dunkeln Gesicht, die stechenden Augen, die große Nase, endlich die kurze, untersetzte, fast corpulente Figur, dies Alles sind freilich keine Schönheiten, und dennoch ist der Kaiser gewiß kein häßlicher Mann. Nur was ich oben von dem Lächeln gesagt, will mir doch, bei genauer Erinnerung jenes Moments, fast als eine literarische Verschönerung meines Berichtes erscheinen. Daß ich selbst aber an jenem Abende mir höchst wichtig vorkam, und daß ich mit ganz besondern Empfindungen zu Bette ging, wird man mir leicht glauben und hoffentlich eben so leicht verzeihen; verrathe ich doch selbst noch jetzt die Bedeutung, die ich dem kleinen Ereigniß beilege, dadurch, daß ich dasselbe lang und breit dem Leser erzähle.

Auf nächstens also die Fortsetzung unserer Schil=

berung von Fontainebleau, denn es ist noch gar manches Interessante darüber zu berichten.

II.

O Waldeseinsamkeit mit deinem Frieden so still und rein, den ich wohl einen Gottesfrieden nennen möchte, weil die Welt keinen solchen Frieden bietet! Wie haben wir dich stets begrüßt und gepriesen und wie hast du uns stets erquickt und erfreut, wenn es uns vergönnt war, zu dir zu flüchten!

    „Aus der staubigen Residenz
    „In dem laubigen frischen Lenz
    „Wer sich rettete, dank's dem Glück..."

sang schon vor langen Jahren der alte Rückert, und die, wenn auch nicht gerade schönen Verse bleiben ewig neu und wahr.

Und Gottlob! an den Hochwald mit seinen Bergschluchten und Felsenthälern, mit seinen Wiesengründen und Wasserfällen können sie uns doch nicht kommen, weder das Oberkammerherrenamt, noch der Palastmarschall mit der ganzen besternten, bebänderten, gestickten und betreßten Hierarchie, die sich wie ein Heuschreckenschwarm auf Fontainebleau niederläßt, wenn die Majestäten dort auf ein paar Wochen oder Monate ihren Sommeraufenthalt nehmen; den Wald mit seinen großartigen Schönheiten müssen sie uns unangetastet lassen. Uebrigens sind sie ja auch so vornehm und fein, daß sie sich gern mit dem englischen Garten, dem Park und den Blumenterrassen begnügen. Nur die zwei oder drei Treibjagden, die jedes Mal abgehalten werden, wenn sich der Hof in Fontainebleau befindet, machen eine flüchtige Ausnahme; dann ändert sich die Scene: Hundegebell, Jagdhörner, stampfende wiehernde Pferde, Flintenschüsse und Böllersignale, das Geschrei und der Zuruf der Treiber und Piqueurs, aufsteigender Rauch der verschiedenen Jägerküchen im Freien, Gelächter und versteckte Trinkgelage, blinde Flöten- und Geigenspieler und schreiende Kinderhaufen .... aber der Abend, der allversöhnende, erlösende, sinkt herab und Alles, Alles verschwindet und verstummt, und am nächsten Morgen ist der Wald wieder still und allein. Die Vögel singen ihr tausendstimmiges Concert, der Specht klopft an die Bäume, und man hört ihn deutlich, die Holztauben gurren, die Häher und Staare krächzen ihren heisern Schrei in die ruhige Luft, der Vogel Bülow dazwischen, Eichhörnchen und Kaninchen wagen sich schüchtern hervor, weil sie dem Frieden nach dem gestrigen Lärm noch nicht recht trauen; die Sonne scheint heiß herab, an den lichten Waldstellen gaukeln farbige Falter und an den sumpfigen Plätzen schillernde Libellen — dann ist der Hochwald wieder er selbst und scheint nur Eines zu wünschen und wir mit ihm, daß man ihn auf lange in Ruhe lasse.

Seine eigentlichen und wahren Feinde, die Förster mit ihren Aufsehern und Holzwärtern, ziehen freilich beständig unter den hohen Bäumen auf und ab, und gar mancher schöne Stamm wird mit dem unvermeidlichen rothen Kreuz gezeichnet. Dann schallt die tödtliche Axt der Arbeiter weithin durch die Stille und ruft das Echo der umgebenden Felsen wach.

Die Fremden, die nach Paris kommen, gehen eigentlich nur selten nach Fontainebleau, die Engländer ausgenommen, die bei ihrem instinctmäßigen Sinne für Naturschönheiten schon daheim, oder auch unterwegs, irgendwo gelesen oder gehört haben, daß eine Reise nach Fontainebleau äußerst lohnend ist; denn eine Reise ist es allerdings. Man muß auf zwei oder drei Tage rechnen, will man, wenn auch nur flüchtig, alles Sehenswerthe besuchen.

Von dem Schloß reden wir heute nicht, obwohl das kaiserliche Hoflager wieder nach Fontainebleau hinausgezogen ist. Ueberall stehen die hohen Bärenmützen hinter den Gitterthoren, und mit ängstlicher Strenge werden die Eintretenden gemustert und müssen eine zwei- und dreifache Controle passiren, bevor man sie in das Allerheiligste hineinläßt. Der Kaiser, so populär man ihn auch nennt, was er vielleicht selbst glaubt, ist doch dahin noch nicht gekommen, was alle französischen Könige vor ihm gethan, nämlich Thor und Thür seiner Lustschlösser offen zu lassen zum freien Aus- und Eingehen für Jedermann. Er folgt auch hierin dem Beispiel seines Oheims, der sich ebenfalls abschloß und stets Eisengitter und Soldatenreihen zwischen sich und sein „treues Volk" zog. Alle Wachen im Schloß haben scharfe Patronen, und wenn man seine Verwunderung darüber ausspricht, so erhält man einfach zur Antwort, das sei einmal so hergebrachte Sitte und habe im Grunde weiter nichts zu bedeuten. Diese Erklärung verhindert allerdings Keinen, das Seinige darüber zu denken.

Fontainebleau selbst, ganz wie Versailles, eine langweilige, todte Stadt, wird natürlich nach Ankunft des Hofes sofort und wie auf einen Zauberschlag verwandelt; aber diese Wandlung hat so viel Gemachtes und Gezwungenes, daß sie keineswegs einen wohlthätigen Eindruck hervorbringt. Es sieht allerdings aus, als hätte man ein Stück der elysäischen Felder oder des Bois de Boulogne in die lange und breite Hauptstraße der Stadt hineingeworfen, so viel Equipagen, Garde=Officiere zu Pferde und sonstige feingekleidete Herren und Damen sieht man hin= und hereilen. Aber Alles zieht dem Schlosse zu, ohne auch nur rechts oder links umzuschauen und ohne von den Bewohnern, die, wie alle Kleinstädter, bei jedem rollenden Wagen, bei jedem galopirenden Pferde mit neugieriger Hast an die Fenster und Hausthüren laufen, die geringste Notiz zu nehmen. Die schönen und zahlreichen Gasthöfe stehen sogar zumeist leer, denn die Fremden, und vorzüglich die Gäste aus den umliegenden Departements, verschieben immer ihren Besuch bis zur Abreise der Majestäten, da Schloß und Park erst dann wieder dem Publicum geöffnet sind.

Wir verlieren und versäumen mithin nichts, wenn wir der Stadt, dem Schloß und allem Uebrigen (sogar den Majestäten!) den Rücken kehren und sofort in den Wald hineinfahren, etwa nach Franchard oder nach Barbizon, um ein reizendes Miniaturbild der sächsischen Schweiz oder des Harzgebirges zu sehen.

Mit diesem doppelten Vergleich scheint uns das Eigenthümliche und Interessante des großen Waldes von Fontainebleau recht gut bezeichnet, der wirklich dadurch zu einer geologischen Merkwürdigkeit wird. Das Seine- und Marne-Departement, in welchem Fontainebleau liegt, ist nämlich flach und eben, wie ein Teller, nur hie und da begrenzen sanfte Höhen das Flußbett der Seine, die in den manchfaltigsten Krümmungen durch Wiesen und Kornfelder und immer wieder durch Wiesen und Kornfelder hindurchfließt; ein anmuthiges, aber einfaches und bescheidenes Bild. Kleine Städte und Dörfer überall in der Landschaft zerstreut, manchmal auch schon der hohe Schornstein einer Fabrik, wenigstens nach Paris hin, auch größere und kleinere Landhäuser und überhaupt regeres Leben, was Alles die Nähe der gewaltigen Metropole verkündet. Die Dampfwagen der Lyoner und Marseiller Bahn, der bedeutendsten Eisenbahn Frankreichs, brausen unaufhörlich hin und her und geben dem Bilde das nöthige moderne Leben.

Aber Fontainebleau mit seinem Walde ist eine ganz andere Welt. Wenn es nicht profan klänge, so möchte man sagen, daß der Schöpfer, als er die Vogesen, den Jura und die Pyrenäen geformt, hier am Seine-Ufer den Rest seiner Felsen und Berge niedergelegt und dort für die Dauer des Erdballs gelassen, so seltsam und gewissermaßen unerklärlich ist dieses Phänomen. Die ganze weite Provinz tiefliegendes Flachland, das sogar deshalb oft im Herbst den Ueberschwemmungen ausgesetzt ist, — hier auf ein Mal Berg und Thal, Felsschluchten und Granitmassen, sogar Tropfsteingrotten und Schiefer- und Marmorbrüche. Alles ist auf einen kleinen Raum von kaum vier deutschen Quadratmeilen zusammengedrängt und auch, im Vergleich wenigstens zu wirklichen Gebirgsländern, klein und unbedeutend, hier aber, eben seiner Eigenthümlichkeit wegen, pittoresk und imposant.

Franchard liegt mitten im Walde, im Schatten von fünfhundertjährigen Eichen und Buchen; die sogenannte Clovis-Eiche, die seitwärts von der großen Fahrstraße in einem kleinen Wiesengrunde steht und der man einen besondern Besuch macht, soll sogar über tausend Jahre alt sein. Franchard selbst war zur Zeit des Mittelalters ein Mönchskloster; einzelne Mauerreste sind noch übrig geblieben, die man neuerdings zu einer sehr romantischen Försterwohnung benutzt hat. Gegenüber natürlich der unvermeidliche Restaurant mit seinem pariser Büffet, weißgeschürzten Kellnern und dem ganzen obligaten Lärm eines Boulevard-Kaffeehauses, dabei theuer und schlecht. Aber — so wie wir aus der Eichenwaldung hinaustreten, welch ein Panorama im Osten! Felsen auf Felsen gethürmt, oft in den abenteuerlichsten Stellungen und Formen, tiefe Schluchten dazwischen, manchmal neigen sich die Granitwände so dicht gegeneinander, daß sie nur einen ganz schmalen Durchgang gestatten, und die Crinolinen müssen zurückbleiben und gelangen auf Umwegen nach dem obern Plateau, wo eine gewaltige Felsplatte weit über den Abgrund hinausragt und einen Rundblick bietet, der wirklich einzig in seiner Art ist.

Links, wie mit der Meßkette abgezeichnet, gehen die Steinmassen senkrecht nieder und die einfachen, stillen Wiesen und Kornfelder beginnen von neuem; aber vor und hinter uns ein wildes, chaotisches Felsenmeer, durcheinander geworfene hausgroße Granitblöcke; dort glatte, kahle Flächen, welche die Sonnenstrahlen blendend zurückwerfen, hier dichtes Gestrüppe und düstere Tannen und Fichten; sogar das Berggewässer fehlt nicht, das als plätschernde Cascade in die Tiefe fällt und einen kleinen dunkeln See bildet; zur Rechten endlich in seiner ganzen majestätischen Pracht der Eichenwald als Krone des Ganzen.

Auf dem Plateau sind Sitze und Bänke angebracht; der Platz rings umher ist geebnet und mit Birken bepflanzt, die hier in der reinen, frischen Luft recht gut gedeihen. Vor drei Jahren gab hier nämlich die Kaiserin dem gesammten Hofe ein ländliches Fest, dem auch der Verfasser beizuwohnen die Ehre hatte, in bescheidener Entfernung freilich, aber doch nahe genug, um die Musik und die Gesänge der verschiedenen Liedertafeln zu hören und sich (was nicht zu verachten war!) an der großen Collation, die für mehr als fünfhundert Personen servirt war, angemessen zu betheiligen.

Jener Tag bildet wohl in den Annalen Franchard's seit Menschengedenken das glänzendste Blatt.

Auf dem Plateau in der Höhe, wie sich das von selbst verstand, die höchsten Herrschaften; im niedern Thalgrund, ebenfalls selbstverständlich, die niedern Erdenkinder. Auch die Königin von Holland war gegenwärtig und sonst viele Prinzen und Prinzessinnen. Der Kaiser trat dicht an den Rand des Plateau's und trank bei Posaunen und Trompetentusch die Gesundheit seiner unten versammelten Gäste, warf auch nachher nach alter Rittersitte das geleerte Kelchglas hinab, das glücklich aufgefangen und für theueres Geld an einen Liebhaber verkauft wurde. So wenigstens erzählte man sich damals.

Ein Feuerwerk beschloß das Fest, dem auch der Cardinal=Erzbischof beiwohnte, und bei welchem man vier Marschälle und über dreißig Generale zählte, — der Damen und ihrer schönen Toiletten nicht zu gedenken. Ueber hundert, meist vierspännige Equipagen hatten die Gäste hinausgebracht, und die Heimfahrt am Abend geschah unter Fackelschein und Gesang. Eine Marmortafel (auf der rechten Felswand am Eingang des Thals) verkündet den kommenden Geschlechtern in goldenen Lettern und mit pomphaften Worten den kaiserlichen Besuch und das kaiserliche Fest; wir aber, um uns die heitere Stimmung nicht zu verderben, pflücken uns einen Strauß Feldblumen und schlagen quer durch den Wald den Weg nach Barbizon ein.

Schon eine halbe Stunde hinter Franchard ändert

sich auf ein Mal das Landschaftsbild. Die hohen gewaltigen Eichen verschwinden, der majestätische Wald wird zu einem lichten Gehölz, und an den sorgfältig gepflanzten Bäumen, die nach allen Richtungen lange, wohlgepflegte Alleen mit höchst malerischen Perspectiven bilden, merkt man gar bald, daß man in eine andere und vornehmere Region gekommen ist. Die meisten jener Alleen sind durch grün angestrichene Barriéren gesperrt, die sämmtlich die eigenthümliche Inschrift tragen: »Promenade du Prince Impérial.« — „So hat man also doch Hand an den Wald gelegt, und sie haben ihre alberne Hofetiquette bis hierher getragen!" rief Doctor B., der in unserer Gesellschaft war, entrüstet aus. „Etwas Lächerlicheres und zugleich Despotischeres läßt sich wohl kaum denken; einen meilengroßen Theil des Waldes für alle Welt abzusperren, bloß einem kleinen sechsjährigen Bürschchen zu Ehren, der vielleicht ein einziges Mal im Jahr hier durchfährt!" — „Um Gottes willen," rief ich dazwischen, „wahren Sie Ihre Zunge! Hinter dem kleinen Bürschchen, wie Sie respectlos genug Se. Kaiserliche Hoheit nennen, steht Jemand, der nicht fackelt, und seit gestern ist noch dazu der Polizeipräfect auf dem Schloß zum Besuch, und der versteht auch keinen Spaß." — „Meinetwegen," entgegnete der Doctor ärgerlich, „aber Sie werden mir doch einräumen, daß ...."

Ein paar Schüsse, die dicht in unserer Nähe fielen, unterbrachen glücklicherweise den redseligen, gefährlichen Mann, der sich in seinen Ausdrücken so wenig genirte, als tränke er mit Studenten Bier auf dem Heidelberger Schloß, oder als führe er auf einem kölner Dampfschiff in lustiger Gesellschaft den Rhein hinunter.

„Da haben wir's," rief ich, „quand on parle du loup, on en voit la queue. Wenn jetzt Jemand hier schießt, so ist es sicher Niemand anders als der Kaiser; denn alles Jagen und Schießen ist im Walde verboten, so bald die Majestäten in Fontainebleau einziehen, damit das ohnehin sehr decimirte Wild nicht eingeschüchtert wird."

Wir näherten uns dem Parquet und sahen auch im Hintergrunde allerlei Leute, konnten aber, durch die Zweige gehindert, nichts deutlich erkennen. Unter Parquet versteht man eine große, dicht und hoch eingehegte Waldstrecke, in welcher das eingefangene Wild ernährt und gepflegt wird und wo alsdann nur die höchsten Herrschaften in Begleitung einiger Auserwählten jagen. Es war von jeher eine große, vielbeneidete Ehre, zu den Parquetjagden in Fontainebleau eingeladen zu werden. Das Parquet selbst ist eine gute Stunde lang und etwa eine halbe breit und voll von Fasanen, Hasen, Kaninchen, Rehen und Dammhirschen, die dort den größten Theil des Jahres ganz ruhig leben, sehr gut gefüttert werden und auch gar nicht Miene machen durchzubrechen. Nur einige Male im Jahre werden diese Bewohner von ihren Feinden, den Menschen, heimgesucht; aber die angerichtete Verheerung, das Blutbad möchte man sagen, ist alsdann um so schrecklicher.

Es sind nicht einmal Treiber oder sonstige Vorkehrungen nöthig; das Wild ist so zahlreich vorhanden und auf einen verhältnißmäßig so kleinen Raum zusammengedrängt, daß man bei jedem Schritt einen Schuß thun kann und sicher ist, nicht vergebens zu schießen; die begleitenden Jägerburschen und Diener können trotz aller Hast und Geschicklichkeit nicht schnell genug laden, um die hohen Schützen nicht warten zu lassen.

„Ein eigenthümliches Vergnügen," bemerkte der Doctor, der entschieden heute die Rolle eines sarkastischen Kritikers übernommen hatte, „rechts und links in die Bäume, oder vor sich hin zu schießen und auf acht bis zehn Schritte ein armes Thier in's Gras beißen zu lassen; ein eigenthümliches Vergnügen und eine große Kunst obenein!" — Dies Mal mußte ich ihm Recht geben; auch mir haben diese Parquetjagden nie gefallen wollen, und ich habe die Vorliebe passionirter Jäger dafür nie begreifen können.

Die Herren waren mittlerweile unter beständigem Schießen näher gekommen, zuletzt ganz nahe, so daß wir sie nicht allein deutlich erkennen, sondern auch sprechen hören konnten; nur das Stacket und der rings gezogene Graben trennten uns von ihnen. Doctor B. drängte sich neugierig hinzu, um sich den Kaiser genau zu betrachten, zumal dieser unsern Gruß, wie die übrigen Herren, die mit ihm waren, sehr höflich erwidert hatte. Ich erkannte sofort Fould, Canrobert und Fleury; nachher kam noch der englische Gesandte und erschöpfte sich in unaufhörlichen Verbeugungen und Entschuldigungen über seine Verspätung, was beinahe komisch aussah. Die übrigen Herren kannte ich nicht. Außerdem waren noch etwa zwölf bis sechszehn Piqueurs und Jagdbedienten gegenwärtig, die fortwährend die Flinten und Büchsen luden und hinüberreichten, ohne alles Ceremoniell, das bekanntlich aus der intimen Umgebung des Kaisers verbannt ist. Napoleon selbst, der nie gut in Civilkleidung aussieht, wollte mir dies Mal noch kürzer und dicker vorkommen, als sonst; auch sah er leidender und angegriffener aus als gewöhnlich. — —

„Klein ist er, der große Mann," rief Doctor B., — aber wohl verstanden, als wir schon seit einer Viertelstunde das Parquet hinter uns hatten und den Thalgrund von Barbizon vor uns liegen sahen — „klein ist er und schön ist er auch nicht."

„Sein Oheim war auch nicht groß," entgegnete ich ärgerlich, „und . . . ."

„. . . an dem Wink seines Fingers hingen die Geschicke der Welt," setzte der Doctor mit ironischem Pathos hinzu, und schickte sich an, das sah man deutlich, noch allerlei sonstige Witzraketen steigen zu lassen. Da erinnerte ein dritter Freund unserer Gesellschaft uns an das Gelöbniß, das wir uns gegenseitig bei der Abfahrt gemacht, nicht von Politik zu sprechen und uns überhaupt in keine derartigen Discussionen einzulassen. Wir fügten uns dieser Ermahnung gehorsam und ich obenein ganz beschämt, daß wir Angesichts der wundervollen Landschaft, die im Sonnenglanz sich vor uns aufthat, noch an die Misère der Tagespolitik gedacht.

Wir hatten nämlich längst das kleine Gehölz verlassen und waren durch einen herrlichen Buchenwald, der uns fast noch schöner erschien als der Eichenwald von Franchard, auf eine Erhöhung gelangt, die einen meilenweiten Rundblick gewährte, nach allen Seiten hin, über Thäler und Hügel. Alles war dicht bewaldet, nur selten eine kahle Felsenmasse und noch seltener ein lichtes Rasenplätzchen; zu unsern Füßen ein weites, tiefes, kesselförmiges Thal mit schwarzen Tannen bewachsen, nirgends ein Haus oder gar ein Dorf; überall kreisende Habichte, manchmal ein aufsteigender Reiher, dessen geller Schrei die feierliche Stille unterbrach, und am dunkelblauen, wolkenlosen Himmel die blendende Sonne, welche die ganze Landschaft in Gluth und Licht tauchte — gewiß, der Anblick war wunderschön und ergriff uns Alle. Wir mußten noch durch die „Wolfsschlucht", eine versteckte Felspartie, wildromantisch und schauerlich wie irgend eine düstere Harzgegend, auch an der „Diebeshöhle" vorüber, tiefe, unterirdische Grotten, die mit einander durch hallenartige Gänge verbunden sind und welche nach dem Volksglauben vor vielen hundert Jahren einer schrecklichen Räuberbande zum Aufenthalt dienten. Jetzt wohnt dort ein alter Invalide, der Kristalle, Marienglas und kleine Stalaktiten verkauft und zugleich als Führer in die Umgegend dient. Wir bedurften aber seiner nicht, denn der schmale abschüssige Waldweg führte uns direct auf Barbizon zu, dessen Häuser wir auch bald durch das Laub schimmern sahen.

Barbizon ist unansehnlich und klein, aber im ganzen Departement, ja bis nach Paris hin berühmt, und zwar eines einzigen Hauses wegen, das noch dazu ein gewöhnliches Bauernhaus ist und sich äußerlich durch gar nichts von den übrigen Wohnungen unterscheidet. Es ist das Wirthshaus des Dorfes und der alte père Martin hatte auch einen kleinen Kramladen mit seiner Wein- und Bierschenke verbunden. Jetzt ist er lange todt und seine Wittwe ist nachgerade auch alt geworden; aber ihre einzige Tochter ist noch immer nicht verheirathet, obwohl sie unstreitig die beste Partie im Dorfe ist.

„Bis jetzt sind diese Notizen ziemlich gewöhnlicher Art," sagte der Doctor B., als ich ihm dies erzählte. „Ich begreife die hohe Wichtigkeit Barbizon's nicht und weshalb man uns schon in Paris gerathen, doch ja auf unserer Tour Barbizon nicht zu vergessen."

Ich antwortete nichts und ließ die Gesellschaft eintreten. Aber kaum befanden sich die Herren im großen Gastzimmer, als von allen Seiten Ausrufe des Erstaunens und der Bewunderung laut wurden. Der Doctor kam zu mir in die Küche gelaufen, wo ich gerade bei der Wirthin unser Frühstück bestellte, und rief mir zu: „Aber da drinnen ist ja ein ganzes Museum, eine vollständige Bildergalerie! in meinem Leben hab' ich so was nicht gesehen. So kommen Sie doch!"

„Sie sagen mir da nichts Neues," entgegnete ich lachend, „ich habe vor zwei Jahren hier einmal acht

Tage gewohnt, noch dazu in hochansehnlicher Gesellschaft, oben in Nr. 7, und mein Name steht auch unter den »berühmten Namen« des Hausbuchs. Ich sagte Ihnen ja, Barbizon sei einzig in seiner Art."

Es ist aber an der Zeit, daß wir den Leser über den wahren Sachverhalt aufklären.

Der Hochwald von Fontainebleau ist seit undenklichen Zeiten von Malern, vornehmlich von Landschaftsmalern besucht worden. Seine eigenthümlichen Reize erklären dies leicht; Paris ist ohnehin der große Centralpunkt aller französischen und vieler ausländischen Künstler, und Fontainebleau ist wiederum der einzige Ort in der Nähe der Hauptstadt, der Wald-, Berg- und Felspartien, wenn auch nur im Kleinen, so doch in der reichsten und schönsten Manchfaltigkeit bietet; man müßte denn geradezu in die Vogesen und Ardennen, oder in die Auvergne und in die Pyrenäen reisen. Barbizon ist ferner der Mittelpunkt des Hochwaldes, und schon vor fünfzig Jahren war der Vater des père Martin der einzige Gastwirth im Dorf. Natürlich kehrten bei ihm die Maler vorzugsweise ein, hielten sich kürzere oder längere Zeit auf, indem sie sich so gut sie konnten logirten, und Barbizon bekam bald in der Künstlerwelt einen gewissen Ruf, den es auch vollkommen verdiente.

Als mit der Restauration der Friede dem zerrütteten Lande wiedergegeben wurde, und als mit dem Frieden eine seiner schönsten Segnungen, die Pflege der Künste sich überall verbreitete, da bekam auch der Hochwald von Fontainebleau neue und zahlreiche Besucher, und Barbizon wurde während des Sommers nie von Gästen leer. Der père Martin, der Sohn des Alten, hatte bei Uebernahme der kleinen Wirthschaft gar bald gemerkt, woran es fehlte: er setzte eine Etage auf sein Haus, mit zehn bis zwölf kleinen Zimmern, die er einfach aber sauber möblirte, Bett, Tisch und Stuhl, mehr braucht ja ein Künstler nicht. So war sein „Hôtel" fertig und die Gäste ließen nicht auf sich warten. Im Gegentheil, sie kamen in solcher Menge, daß man kaum den dritten Theil logiren konnte und auf Monate lang voraus Anmeldungen erhielt. Ein paar Jahre später baute der kluge Wirth noch einen „Flügel" an sein „Hôtel", das heißt, er richtete einen Theil der nach dem Hof hinaus liegenden Scheune wohnlich her, wodurch er noch ein Dutzend kleiner Zimmer bekam, so daß er zwanzig bis vier und zwanzig „Herren aus der Stadt" logiren konnte. Er fand auch Nachahmer im Dorf und in mehrern Häusern machte man Wohnungen zurecht, die auch vermiethet wurden, aber immer erst dann, wenn beim père Martin kein Winkel mehr frei war; und diejenigen, die nicht bei ihm wohnten, gaben sich doch bei ihm in Kost, denn die Küche der mère Martin war sehr geschätzt. Auch die reizende Jeannette, die einzige Tochter des Hauses, that dem Ganzen keinen Schaden, und von gar manchem Maler behauptete man, daß er das Landschaftsstudium bei Seite gelegt und sich nur mit Portraitiren befaßt habe. Aber Alles in Ehren; man konnte der Familie nichts

Schlimmes nachsagen, und respectirte sie allgemein. Vater, Mutter und Tochter waren überall im Dorfe gern gesehen, was viel sagen will, denn der père Martin wurde im Lauf der Jahre ein vermögender, ja nach den dortigen Verhältnissen ein reicher Mann.

Er hatte auch bald die Ehre, sein Portrait und das seiner Frau im großen Gastzimmer aufzuhängen und zwar von Meisterhand gemalt. Der berühmte und unvergeßliche Delacroix, der sich einige Monate im Wirthshause zu Barbizon aufhielt, um Naturstudien für seine großen Gemälde in Versailles zu machen, überraschte eines Morgens das Ehepaar mit diesem Geschenk, für das jetzt eine Galerie viele Tausende bieten würde. Damit war die Losung gegeben. Jeder Maler wollte ein Andenken hinterlassen und, durch Eigenliebe und Rivalität gereizt, etwas Gutes und Schönes liefern. In wenigen Jahren füllte sich das Gastzimmer mit Gemälden der ersten französischen Meister. Bald wurde der durch die Wände gebotene Raum zu klein und die Künstler benutzten nun die hohen Eichenschränke, aus denen das Mobilar bestand, nicht minder die Thüren und Fensterbrüstungen, auch die Gypsdecke und endlich Tische und Stühle, kurz jede große und kleine Fläche, die sich ihnen darbot. Auf diese Weise entstand nach und nach eine Bildergalerie, so interessant und originell, wie wohl kaum eine zweite irgendwo auf der Welt existiren mag. Die Schlacht auf der einen Schrankthür ist von Horace Vernet, die tanzenden Odalisken auf der gegenüberliegenden Wand von Diaz, die

prächtige Eiche am Fenster von Decamps, dem jüngst
verstorbenen und so tief betrauerten; der Hundekopf auf
der untern Füllung der Stubenthür (so „bellend ähnlich", wie der Doctor B. sehr richtig bemerkte) von
Rosa Bonheur, die unter Wolken und Engeln schwe-
bende Madonna an der Gypsdecke von Ingres, das
Erntebild auf der rechten Seite des Büffets von Robert, die Mondscheinlandschaft zur Linken von Maisson-
nier, 2c. 2c.; man könnte einen ganzen Catalog von all
den Bildern liefern und zwar stets mit den ersten
Namen Frankreichs darunter. Manchmal sind es nur
Skizzen oder flüchtige Pinselscherze, oft auch ein guter
oder schlechter Künstlerwitz, von der Laune des Augen-
blicks dictirt und beim Nachtisch nach einer lustigen
Mahlzeit, oder Abends bei einer noch lustigern Punschbowle hingeworfen, aber Alles originell und sehenswerth, vorzüglich wenn ein Freund des Hauses oder die
Wirthin selbst die verschiedenen Umstände und Zufälle
erzählt, unter denen dieses oder jenes Bild entstanden
ist. Zuletzt, denn der Raum wurde immer beschränk-
ter, nahm man zu den innern Fensterladen, zu den
Stuhllehnen, ja zu einigen Fensterscheiben selbst Zuflucht; auch das Kamin, nach der dortigen Landessitte
glücklicherweise von Holz, wurde nicht vergessen, und
rings auf dem Spiegelrahmen malte ein geschickter Blumenmaler die reizendsten Guirlanden. In neuester Zeit
ist das kleinere Zimmer zur Linken in Angriff genommen und wird in wenig Jahren gewiß eben so reichhaltig und anziehend werden.

Der Leser begreift jetzt die wohlverdiente Berühmtheit Barbizon's, das gewiß längst zu einem Ausflugsort für alle Pariser geworden wäre, wenn es nicht eben so weit von der Hauptstadt entfernt und noch dazu so versteckt im großen Walde läge. Aber beklagen wir das nicht. Im Gegentheil, das Häuschen der mère Martin würde an Reiz und ländlicher Unmittelbarkeit sofort verlieren, wenn es im Bois de Boulogne oder in St. Cloud stände. Wir sagen dies beshalb, weil in der letzten Zeit der Besitzerin die großartigsten Anerbietungen gemacht wurden, ihr „Hôtel" mit seinem ganzen Inhalt zu verkaufen. Pariser Speculanten wollten es abbrechen und irgendwo in Paris selbst oder in dessen nächster Umgebung wieder aufbauen lassen, natürlich ganz getreu und in allen Details eben so, wie es augenblicklich im Walde steht. Die würdige Frau, schon aus Pietät gegen ihre Familie und auch wohl aus Vorliebe für ihr einfaches Stillleben, hat bis jetzt alle derartige Vorschläge zurückgewiesen; was freilich nach ihrem Tode die Tochter thun wird, ist ein Anderes.*) Jeannette, deren Portrait nur gar zu häufig auf den Bildern im Gastzimmer anzutreffen ist, hat sich bis

*) Auch der stereotype Engländer hat nicht gefehlt, und zwar in mehrern Auflagen, der das Haus ebenfalls kaufen wollte und, was das Beste war, Mutter und Tochter dazu, um Alles über den Canal zu transportiren und in seinem Park als Rarität wieder aufzustellen. Man behauptet sogar ganz ernsthaft, daß eine ähnliche Offerte von der Direction des Sydenham=Palace ausgegangen sei, was immerhin möglich sein mag.

jetzt, wie gesagt, nicht verheirathet; ob es wahr ist, was man sich leise erzählt, daß eine unglückliche Liebe das arme Kind zu diesem harten Entschluß bestimmt hat, können wir nicht verbürgen. Der Doctor B. setzte sofort einen kleinen Roman zusammen: ein junger Maler aus vornehmer Familie (mit dem bekannten jüdischen Motto: „ein Künstler, hat's aber nicht nöthig"), der hier in Barbizon Landschaftsstudien machen wollte, aber zu tief in die dunkeln Augen der Wirthstochter schaute und endlich nach dem Willen seiner Familie sich anderweitig vermählen mußte 2c. —

Der Doctor schrieb übrigens auch sonst allerlei Notizen in sein Taschenbuch für ein deutsches Feuilleton, wie er sagte; ich schaute ihm lächelnd über die Schulter und flüsterte ihm leise zu: „Nehmen Sie sich nur in Acht, daß Sie nicht zu spät kommen, denn auch ich bin meinen Lesern eine Schilderung Barbizon's und des Hochwaldes schuldig."

„In diesem Falle," erwiderte der Doctor ganz melancholisch und machte sein Taschenbuch zu, „überlasse ich Ihnen die Sache; aber erwähnen Sie meiner wenigstens in Ihrem Bericht, damit ich nicht ganz leer ausgehe."

III.

Der Tod des Prinzen Jerome unterbrach auf einmal das laute glänzende Hofleben; das angesagte Feuerwerk mußte unterbleiben, obwohl Alles zum Abbrennen bereit war, der bal champêtre besgleichen, zu welchem man eigens einen großen Saal auf dem weiten Rasen am Ufer des See's erbaut hatte. Die geladenen Gäste beurlaubten sich sofort und kehrten ganz still nach Paris zurück. Hätte nicht die Tricolore auf dem Hauptthurme des Schlosses geflattert, man würde selbst die Anwesenheit der Majestäten in Fontainebleau nicht bemerkt haben. Unter den Hofdamen blieb freilich Alles in geschäftiger, wenn auch geräuschloser Bewegung, und die pariser Modehändler und Putzmacherinnen bekamen vollauf zu thun. In den großen Trauer-Magazinen der Hauptstadt erschienen schwarze Sammet- und Seidenstoffe mit Weiß und Silber gestickt und durchwebt, kostbare Spitzen, halb schwarz, halb weiß, und Federn, Schmelz und Posamentirarbeit, ebenfalls schwarz und silbern, Alles für die angesetzte Hoftrauer zu Ehren des Verstorbenen.

Ach, über die kleine große Welt! Hatte nicht beim Tode Ludwig's XVIII. ein pariser Conditor ein schwarz und weiß gesprenkeltes Eis und einen eben so gefärbten Kuchen erfunden, den er zu vielen tausend Portionen täglich an die „tiefgebeugten" Pariser verkaufte? Bei keinem legitimistischen Diner durfte jenes „Trauereis" und jener „Trauerkuchen" fehlen, und der Conditor wurde, was die Hauptsache war, reich dabei.

Der Kaiser selbst benutzte die eingetretene Ruhe zu ernsten Geschäften; fast täglich war Ministerrath in Fontainebleau unter seinem Vorsitz, und auch einige Staatsrathssitzungen fanden im Schlosse Statt. Der Sitzungs-

faal (la salle de conseil) ift überaus groß und präch=
tig, — derfelbe, in welchem ſchon Ludwig XIV. ſeine
Räthe verſammelte. Hinter dem Saal befinden ſich ſofort die Privatgemächer des Monarchen, die aber damals der große König ſeiner Freundin, der Madame
de Maintenon, abgetreten hatte. Der Salon iſt noch
heute mit denſelben Gobelinstapeten ausgeſchlagen und
der Plafond beſteht ganz aus zuſammengeſetzten Spiegeln, was übrigens von keiner ſchönen Wirkung iſt.
In jenem Salon unterzeichnete Ludwig XIV. die Wi=
berrufung des Edicts von Nantes, wodurch den Pro-
teſtanten die unter Heinrich IV. bewilligte Religions-
freiheit, wenn auch nicht ganz genommen, ſo doch ſtark
geſchmälert wurde; ein Schritt, der noch heute von
der antikatholiſchen Partei vielfach benutzt wird, auch
in dieſer Beziehung das Andenken des Königs zu ver-
dunkeln. Unbefangene Geſchichtsſchreiber, proteſtantiſche
ſogar, haben indeß längſt nachgewieſen, daß Ludwig
XIV. nur einer traurigen Nothwendigkeit folgte und
daß die Gewaltmaßregel, denn eine ſolche war ſie
immerhin, nur durch die Uebergriffe der Calviniſten
herbeigeführt wurde. Frau von Maintenon war übrigens dabei ſo wenig als die Jeſuiten im Spiel; Le-
tellier, der Nachfolger Colbert's, und noch mehr Louvois, waren die Haupttriebfedern des Ganzen. Noch
ſieht man die Mobilien und Geräthe, die der großen
Favoritin, die ſpäter bekanntlich die rechtmäßige Gattin
Ludwig's XIV. wurde, gehört haben, auch die vergoldeten mit hochrothem Sammet gefütterten Sänften, in

denen sie sich auf die Terrassen des nahen Gartens tragen ließ. Das buntgemalte königliche Wappen ist auf all diesen Gegenständen wiederholt angebracht; die Frau von Maintenon hatte eine große Schwäche dafür, die man der Wittwe Scarron zu Gute hielt.

Von dem Sitzungssaale links gelangt man in die Galerie de Diane, entschieden der sehenswertheste Theil des ganzen westlichen Flügels. Es ist dies ein ungeheuerer, über 500 Fuß langer Saal bei entsprechender Breite und Höhe; die Wände und Spiegel mit reicher Vergoldung, der Fußboden in kunstvoller Holzmosaik (man wagt kaum aufzutreten), und an der halbgewölbten Decke Gemälde der ersten Maler aus der Zeit Ludwig's XIV. Die Verhältnisse des Saales sind einfach und großartig, die Perspective so überraschend, daß der Raum geradezu ein unendlicher scheint. Zur Zeit des großen Königs und bevor derselbe Versailles zu seinem ausschließlichen Aufenthalte machte, wurden in der Galerie de Diane die berühmten und so oft geschilderten Hoffeste gegeben; auch unter Franz I. und Heinrich IV. diente bereits der Saal zu einem ähnlichen Zwecke. Spätere Monarchen zogen die kleinern aber bequemern Galerieen des Mittelbaues vor. Um sich einen Begriff von der Größe der Galerie de Diane und von den Umständen zu machen, die ein solches Hoffest mit sich bringt, genügt schon die Notiz, daß gegen fünfzigtausend Kerzen zur vollständigen Erleuchtung des Hauptsaales und der Nebengalerieen nothwendig sind. Uebrigens werden, selbst bei großer Gala, nur selten alle angezündet, um die kostbaren Deckengemälde keiner allzu starken Hitze auszusetzen.

Zur Zeit der letzten Republik, am 16. Mai 1848, war die stolze, blendende Galerie de Diane mit vielen tausend Menschen angefüllt. Ein Hoffest war es freilich nicht, das man in jenen goldenen Sälen beging, sondern eine Art von demokratischem Verbrüderungsfest, ein Freiheitsschmaus, ein republicanisches Bankett, oder wie man das Ding sonst nennen will. Ledru-Rollin, Louis Blanc, Victor Hugo waren die Festgeber, zu denen alle Welt geladen war, natürlich nicht allein ohne Unterschied des Standes, sondern im Gegentheil mit besonderer Rücksichtnahme auf Handwerker und Arbeiter. Dem Handwerksstande alle Ehre und Achtung, aber in die Galerie de Diane paßt er nun doch nicht. Auf dem spiegelblanken Fußboden soll gar Mancher ausgerutscht sein. Ne sutor ultra crepidam; es ist einmal so in der Welt. Vornehm und Gering, Reich und Arm, Gott hat es einmal so gemacht, und weder Louis Blanc noch Ledru-Rollin konnten und können die ewige Weltordnung umstoßen. Der vornehme Lamartine, dieser Adler unter den Krähen der sogenannten provisorischen Regierung, hatte bringende Geschäfte vorgeschützt und war in Paris geblieben; aber die Rachel war mit hinausgezogen und sprach, als Freiheitsgöttin verkleidet, zum Nachtisch eine Reihe tönender Verse, die Victor Hugo eigens zu diesem Zwecke gedichtet. Man hatte zu dem Festessen alles Silbergeräth des Schlosses und die

reichen Tafelservice von Sèvres, die noch von Ludwig
XIV. und XV. datiren, hervorgeholt, niegesehene Kost=
barkeiten für die meisten Gäste! Doch selbst den klugen
Herren, die als Präsidenten obenan saßen, fiel es nicht
ein, welch eine beißende Ironie eben in diesem lächer=
lichen Aufwande lag und welch ein schreiender Wider=
spruch mit ihrer neuen Doctrin von Gleichheit und
Brüderlichkeit. Die hohen Königsbilder der frühern
Jahrhunderte, die noch heute lebensgroß in reichem
Krönungsschmucke rechts und links in den breiten Fen=
sternischen hängen, schauten ernst auf dies unwürdige
Treiben; aber schon rüstete sich, fast vergessen und
geringgeschätzt, der Mann, der ihnen gar bald die
eisernen Zügel von neuem anlegte und dem die meisten
jener guten Leute, die sich an dem genannten Abend
in der Galerie de Diane einen Rausch getrunken, nach
anderthalb Jahren ein lautes vive l'Empereur! zu=
riefen. Man mag sonst über den Kaiser und über die
Napoleonische Politik denken, wie man will: so viel
ist gewiß, daß er um Frankreich das nicht geringe
Verdienst hat, dieser Wirthschaft ein Ende gemacht
zu haben.

Die Galerie de Diane bildet den Schluß des west=
lichen Flügels; durch kleine, vielfach verschlungene Cor=
ridors und Gänge gelangt man in einen Seitenbau,
dessen Zimmer und Säle zumeist auf den innern
Schloßgarten hinaus liegen. Die hohen Ulmen strecken
ihre dunkeln Aeste beinahe in die Fenster hinein, an
den jenseitigen Mauern wuchert Epheu und wilder

Wein; hie und da im Gebüsch eine Statue aus Sand=
stein, werthlos und verwittert; aber auf dem sorgfältig
gepflegten Rasen stehen mehrere Orangenbäume in voller
Blüthe und zwar in jenen gigantischen Exemplaren,
wie nur die Orangerien von Versailles und Paris sie
darbieten. Man sieht also, daß die Hofgärtner auch bis
in diese entlegenen Regionen gelangt sind, und den
„Garten der Königin Christine" nicht vergessen
haben.

Der Königin Christine! Eine dunkele, trübe Erinne=
rung! In dem Hauptsaal ihrer Gemächer hängt noch das
lebensgroße, wohlgetroffene Portrait der Königin; ein
Weib von schönen Formen, aber ohne allen edelern
Ausdruck, in schwarzen Sammet phantastisch und über=
aus frei gekleidet, in ruhender Stellung auf einem
dunkelrothen Sopha. Das Bild ist mithin sehr charak=
teristisch. Schwarz und roth: Haß und Blut. Hinter
dem erwähnten Saale befindet sich eine lange, dunkele
Galerie, die berüchtigte galerie des cerfs. Hier ließ
die Königin Christine ihren unglücklichen Stallmeister
Monaldeschi erstechen, aus Eifersucht, weil sie ihn in
einem heimlichen Verhältniß mit einer ihrer Hofdamen
glaubte. Nach andern Geschichtschreibern (denn diese
Schandthat ist leider historisch geworden) soll sich der
Stallmeister mit einigen guten Freunden über die
allzu große Anhänglichkeit der Königin an seine Person
lustig gemacht haben. Zwei maskirte Männer in schwar=
zen Mänteln vollführten den Mord, und noch in der=
selben Nacht trug man die kaum erkaltete Leiche durch

den Park nach Avon, einem naheliegenden Dorfe, und begrub sie in der dortigen Kirche, rechts am Eingange, wo wir oft den kleinen abgetretenen Stein mit der verwischten Inschrift gesehen haben. Die Königin wollte ihren frühern Geliebten wenigstens an geweihter Stätte begraben wissen; auch ließ sie später in derselben Kirche eine große Anzahl Seelenmessen für den Todten lesen und gab reichliche Almosen. Klägliche Verirrung des menschlichen Herzens! Und was für eine unwürdige Deutung des heiligen katholischen Glaubens, zu welchem Christine von Schweden wohl nur aus persönlichen und weltlichen Beweggründen zurückgetreten war!

Als man Ludwig XIV. in Versailles die Nachricht des Mordes überbrachte, soll Colbert sofort Willens gewesen sein, die Königin zu verhaften. Ludwig XIV. ließ ihr wenigstens die Weisung zugehen, Fontainebleau baldmöglichst zu verlassen.

Doch wenden wir uns fort aus jenen unheimlichen Räumen, deren dunkele Geschichte selbst die Alles versöhnende Zeit noch nicht gemildert und gesühnt hat.

Wenn wir auf die Freitreppe hinaustreten, kommen wir in den innern Schloßgarten, wo uns eine blühende, buntfarbige Welt entgegen duftet: Rosen und Oleander, Orangen= und Granatbäume, Alles über und über in Blüthe, ein prächtiger, wahrhaft kaiserlicher Blumenflor!

Und mit welcher Sorgfalt und Sauberkeit ist das Ganze unterhalten. Eine Dame kann wirklich ihre

Etagère und ihre Nippsachen nicht behutsamer und emsiger abstäuben und aufputzen, als jene Gärtnergehülfen die Pflanzen und Pflänzchen, die Bäume und Bäumchen hegen und pflegen, hier ein welkes Blatt, eine verblühte Blume mit zierlicher Scheere entfernen, dort mit geübter Hand einzelne Blumen zum Strauß pflücken, der am Abend neben dem goldenen Couvert einer Fürstin oder Herzogin liegt, den sie dann wieder ihrerseits einem ihrer Verehrer zum kostbaren Geschenke macht.

Ach, und die Geschichte vom armen Jules! Alle Welt sprach in Fontainebleau davon und sogar in Paris, und der Kaiser wußte sie und erzählte sie lächelnd. Aber doch wagte es Keiner, sich über den armen Jules lustig zu machen; denn die Franzosen sind ein Mal, bei all ihren sonstigen Fehlern und Verkehrtheiten, das galanteste Volk der Welt.

Der arme Jules war ein Gärtnerbursche aus der Provinz, jung und unerfahren, dabei bildschön und unverdorben. Er war vor drei Jahren bei der kaiserlichen Hofgärtnerei in Fontainebleau in Dienst getreten, gerade um dieselbe Zeit, als auch die Majestäten mit dem gesammten Hoflager zu jenem langen und denkwürdigen Aufenthalt eintrafen. Jules theilte mit einigen andern Gehülfen die Pflege des erwähnten Gartens und wartete treulich seines Amtes. In früher Morgenstunde kam fast täglich eine schöne, hohe Dame die Schloßtreppe herab, ging zwischen den Blumenbeeten umher, grüßte freundlich die Arbeiter und verschwand wie sie gekommen. Jules wagte es einst, ihr ein Bouquet anzubieten, das sie mit dankbarem Lächeln annahm, auch nach seinem Namen, nach seinen Eltern und nach seiner Heimath fragte und mit sichtbarer Theilnahme die Geschichte des Knaben anhörte: wie er sich stets nach Paris gesehnt, wie er eigentlich hätte Soldat werden wollen, um mit dem Kaiser in den Krieg zu ziehen, wie er seine kleinen Ersparnisse nach Hause schicke 2c.

Die schöne, hohe Dame kam mit jedem Morgen wieder, und der Blumenstrauß, den der junge Held ihr überreichte, wurde mit jedem Morgen prächtiger und reicher und seine Wangen röther und seine Augen feueriger. Armer Jules! Einst kam die Dame sogar in Begleitung eines Herrn, wie sie, in einfacher Morgenkleidung, allein der Herr sah streng aus mit seinem dunkeln Gesicht und seinem schwarzen Bart; aber er lächelte doch, als der Gärtner sein Bouquet brachte und zu erzählen anfing, wie immer. Bald darauf war zur Begrüßung der Königin von Holland großes Feuerwerk auf dem See, und die Intendanz hatte Alles, was nur irgend zur Schloßdienerschaft gehörte, für den Abend zum Helfen in Beschlag genommen. Auch unser Jules war dabei; da er aber eben nichts zu helfen fand, so schlich er sich bei Seite und in die Nähe der Tribünen, wo die Zuschauer saßen und unter ihnen die Majestäten und Prinzen und Prinzessinnen. Da sah er die schöne, hohe Dame wieder, aber dieses Mal in einem reichen, blitzenden Gewande und auf dem Haupte ein Diadem oder eine Krone, die wie ein Re-

genbogen strahlte, und auch den Herrn erkannte er
wieder, trotz seiner goldgestickten Uniform und dem
breiten, rothgeflammten Band, das ihm die ganze Brust
bedeckte. Und als man ein lautes vive l'Empereur,
vive l'Impératrice rief, da grüßte der Herr und auch
die Dame nach allen Seiten...

Am nächsten Morgen wartete Jules im Schloßgar=
ten; doch die Dame kam nicht, wohl aber ein Officier,
so schön angezogen, daß der arme Junge zuerst glaubte,
es sei der Kaiser selbst. Aber es war nur ein Adju=
tant, der ihn herbeiwinkte und ihm freundlich sagte, er
solle kein Gärtnergehülfe mehr sein, sondern er könne
Soldat werden, wenn er anders noch Lust habe. Dann
gab er ihm einen Brief an einen vornehmen Herrn in
Paris und außerdem noch ein kleines aber schweres
Paket für seine Mutter, mit dem Bemerken, es käme
von der Dame, der er jeden Morgen seine Blumen
gebracht. Jetzt ist unser Jules längst auf der Schule
in Saumur, und wenn einst ein General oder gar
ein Marschall aus ihm wird, so gehört das fast dazu
und versteht sich beinahe von selbst, um der Geschichte
einen hübschen Schluß zu geben. Weshalb ihn auch
den „armen" Jules nennen, dieses Naturkind, das der
unschuldigen Stimme seines Herzens folgte, und sich
selbst arglos und unbefangen hingab, wie seine schönen
Blumen? —

Fast noch schöner nimmt sich der Garten aus von dem
breiten Balcon im ersten Stockwerke des Mittelbaues.
Dieser Balcon gehört zu einem prächtigen Saale, dessen

hintere Thüren man nur zu öffnen braucht, um in die kaiserliche Loge zu treten; denn das Theater liegt in diesem Flügel, d. h. das neue, nachdem das alte auf der Ostseite im Jahre 1855 ein Raub der Flammen geworden.

Jener Brand, der zum Glück bald gelöscht wurde, hätte die schlimmsten Folgen haben können. Die ganze östliche Seite des Schlosses war dadurch bedroht und die Bibliothek mit den Archiven nicht minder. Glücklicherweise konnte man die Feuersbrunst isoliren, daß nur das alte Theater mit einigen Nebengalerien abbrannte, — ein Verlust, der eigentlich keiner war, denn man hatte schon unter Louis Philippe das halbverfallene Gebäude abbrechen wollen.

Der neue Theatersaal ist, wenn auch nicht groß, doch so wunderschön, und mit einer Pracht ausgestattet, wie dies eben nur in einem kaiserlichen Schloßtheater möglich ist. Der ganze Raum ist salonartig eingerichtet; im Parterre dunkelrothe Sammetsessel auf einem lichtgelben Teppich, in den Logen kleine Sophas und geschwellte Lehnstühle, und auf kostbaren Tischen hohe Porzellanvasen von Sèvres mit duftenden Blumen angefüllt. Die feenhafte Erleuchtung vollendet die Herrlichkeit, und selbstverständlich werden zu den Vorstellungen stets die ersten Künstler der Hauptstadt nach Fontainebleau beschieden. Manchmal ist auch Theater im Freien, zu welchem alsdann über Nacht einige hundert Arbeiter die nothwendigen Gerüste aufschlagen, die eben so schnell mit farbigen

Stoffen bekleidet werden. In zwölf Stunden ist Alles fertig, und es gehört zum guten Ton bei Hofe, sich über derartige Hexereien gar nicht zu wundern. Und doch ist dies nur ein Kinderspiel gegen die frühern Enormitäten dieser Art, vorzüglich unter Ludwig XIV., von denen auch Fontainebleau zu erzählen weiß. Die Frau von Montespan, vor der Maintenon die allgebietende Herrin in Frankreich oder doch wenigstens am französischen Hofe, hatte einst ein großes Carroussel angeordnet, genau auf dem Platze, wo sich jetzt der große Schloßgarten befindet. Die Costüme waren aus der Zeit der Kreuzzüge, und man hatte sogar die als Reliquien aufbewahrten Gewänder des heiligen Ludwig dazu hervorgeholt. Nach dem Carroussel war Ball, und gegen Mitternacht wandte sich die Gastgeberin an ihren königlichen Freund mit den Worten: „Wie schön wäre es, wenn wir hier auf eben dieser Stelle morgen um diese Stunde eine Wasserfahrt machen könnten." Ludwig XIV. gab sofort die nöthigen Befehle, und in derselben Nacht wurde der Rasenplatz von tausend Händen in ein Bassin umgewandelt; die Ufer wurden bepflanzt, auf einem Gerüst mitten im Wasser erhob sich ein wimpel- und flaggengeschmücktes Zelt, und am Abend machte die Frau von Montespan unter Musik und Feuerwerk die gewünschte Wasserfahrt.

Wie oft habe ich stundenlang auf der Schloßbibliothek in den alten Festberichten geblättert und gelesen, welche die jedesmaligen Hofhistoriographen sorgfältig niedergeschrieben bis auf die kleinsten Details, bis auf den Kopfputz der Damen und die Zahl der Schüsseln und Gänge bei den großen Mahlzeiten; und wenn mir der Kopf gar zu voll davon wurde, so legte ich den dicken Folianten bei Seite und schaute zu den Bogenfenstern hinaus auf den Park hinüber nach den dunkeln Waldeshöhen, welche ringsum die Landschaft bekränzen. Eine Stunde später stand ich bereits mitten unter den Felsen mit ihren hundertjährigen Eichen, in reiner, frischer Bergesluft, und das Treiben der Menschen und der Höfe zumal, das ich noch eben so interessant gefunden, und über das ich mühsam und fleißig mehrere Blätter zusammengeschrieben hatte, kam mir alsdann lächerlich und schaal vor, angesichts dieser großartigen Natur.

IV.

Noch ein Mal führen wir den Leser nach Fontainebleau und zwar direct in's kaiserliche Schloß, durch die unabsehbar lange und prächtige Galerie de Diane in den sogenannten Spiegelsaal, den wir bereits kennen. Die Gesellschaft ist freilich dieses Mal eine andere: le petit comité, wie man sagt, d. h. nur die kaiserliche Familie und einige wenige Freunde. Der eigentliche Hof mit seinen drei- bis vierhundert Gästen ist in dem östlichen Flügel bei Tische, wo es so laut hergeht, daß die Spaziergänger auf der andern Seite des See's die Musik und den Lärm deutlich hören können. Die

Majestäten speisen nämlich in diesem Jahre vielfach allein. Die Kaiserin ist nach wie vor angegriffen und leidend, und der Kaiser macht es sich seit einiger Zeit gern bequem. Er behält alsdann in der Regel einen Minister und einen der vortragenden Staatsräthe, die am Morgen im Corps législatif als Regierungs-Commissare fungirten, bei sich zu Tische, und die politischen Berathungen werden bei der Suppe und beim Braten fortgesetzt. Wer weiß, vielleicht finden die Herren für die römische Frage — dies schreckliche Gespenst, das den Kaiser nun schon seit Jahr und Tag ohne Aufhören verfolgt und quält — entre la poire et le fromage, wie der Franzose sagt, eine neue, die hundertste Lösung, die sich aber schon beim Kaffee als unpraktisch und verkehrt ausweist.

Doch genug des Scherzes über einen so ernsten, traurigen Gegenstand und zurück in den Spiegelsaal, in welchem der kleine Prinz in Grenadier-Uniform auf und ab marschirt und mit seinem zierlichen Degen die Honneurs vor allen Damen macht. Der Kaiser steht am offenen Fenster in lebhaftem Gespräch mit einem Herrn, den auch wir kennen und ganz Deutschland mit uns, ja halb Europa. Denn wer hätte nicht ein Mal in seinem Leben Franz Liszt gesehen und gehört?

In jenem Moment war es aber nur der Politiker, der mit Napoleon redete; der Clavierspieler kam erst später an die Reihe. Liszt sprach von Ungarn, seinem Vaterlande, und zwar mit derselben Begeisterung, mit welcher er seine Nationallieder vorträgt. Was er Alles dem Kaiser mitgetheilt, ist freilich nicht bis zu uns gedrungen, obwohl wir, Dank unserer Bekanntschaft mit einigen Ordonnanz-Officieren, wieder bis in den Vorsaal gelangt waren und dort ganz keck an einem großen Tische Platz genommen hatten, auf welchem Zeitungen, Bücher und Illustrationen in Menge umher lagen. Kurz, der Kaiser lächelte still in seinen dunkeln Schnurrbart hinein, wie er stets thut, wenn er nicht antworten will, aber Gefallen an demjenigen findet, mit dem er sich unterhält. Die vielzüngige Fama, die Alles weiß, berichtet uns, daß der Kaiser auf ein Mal ausgerufen haben soll (haben soll!): »Quand je pense à tout ce qui s'est déjà accompli pendant mon règne, je crois avoir cent ans«. — Liszt soll ihm darauf erwidert haben: »Sire, vous les avez, car vous êtes le Siècle«.

Das glückliche Bonmot des „freien Magyaren" trug eine schnelle, glänzende Frucht, denn schon am nächsten Morgen erschien ein kaiserliches Decret im ‚Moniteur', das den großen Tonkünstler (und Complimentenmacher) zum Commandeur der Ehrenlegion ernannte.

Der Kaiser führte seinen Gast in Person an den Flügel, der mitten im Salon stand: ein Erard'sches Meisterwerk, über und über vergoldet und von einer Klang- und Tonkraft, um ein ganzes Orchester zu überstimmen. Liszt spielte mit gewohnter Meisterschaft. Aber da wir ihn gleich nachher noch anderswohin begleiten wollen, wo er noch besser spielte, noch „jöttlicher", — wie die Berliner sagten, als er zum erften Male bei ihnen auftrat — so lassen wir ihn auf den Tasten hin- und her- und auf- und abarbeiten und treten leise, denn der Vorsaal füllt sich nach und nach immer mehr, auf die Balcongalerie hinaus, die in langen Windungen nach dem östlichen Flügel führt, von wo uns schon von weitem Gläserklingen, Lachen, Lärm und laute Musik entgegenschallt. *) Die Tafel ist zu Ende und die Damen haben sich zurückgezogen, um schnell ihre Abendtoilette zu machen (jede hoffähige Dame macht täglich vier Toiletten und wenn großer Ball ist, gar fünf), aber die Herren stehen noch überall zu Dutzende in den weiten Fensterbrüstungen, und die mit Kristallflaschen und Gläsern unaufhörlich hin und her eilenden Lakaien und Bedienten sind der beste Beweis für die vielen

---

*) Es ist eigenthümlich, ja spaßhaft, aber durchaus wahr, daß jedes Mal, wenn die Majestäten nicht an der großen Hoftafel speisen, die Gäste so wild und ausgelassen sind wie an irgend einer Table d'hôte und wohl noch lauter und freier. Es erinnert dies wirklich an die Mäuse, die auf dem Tische tanzen, wenn die Katze nicht zu Hause ist. Aber es erklärt sich leicht, denn in Gegenwart des Kaisers ist Alles still und gemessen; wenn er spricht, so horcht Jeder begierig auf seine Worte. Er sagt (das muß man ihm lassen) selten oder nie etwas ganz Unbedeutendes oder Gleichgültiges, und wenn ihm Einer antwortet, so lauscht man nicht minder neugierig; weil hier wie dort vielleicht irgend eine wichtige Neuigkeit wie im Fluge zu erhaschen ist.

durstigen Kehlen, was übrigens bei der außerordentlichen Hitze ganz natürlich ist. Als wenn ein Herr vom Hofe nicht eben so gut Durst hätte wie Unsereiner!

Glücklicherweise finden wir im Saal unsern Freund und Schutzgeist, den Ordonnanz-Officier wieder, der zudem diesen Abend keinen Dienst hat, und nun wollen wir auch noch ein Stündchen bleiben, um der curée beizuwohnen, zu welcher schon im innern Schloßhof großartige Vorbereitungen getroffen werden.

Aber wir werden auf ein Mal ganz verlegen, weil wir das deutsche Wort für curée nicht wissen und auch nirgends finden können. In der Umschreibung bedeutet es den Antheil an der Jagdbeute, das Jägerrecht, wenn man will; es bezieht sich aber hauptsächlich und speciel nur auf die Meute. Das erlegte Wild wird den Jagdhunden zum Fraß vorgeworfen; das ist die curée, ein rohes Schauspiel mithin und ohne jeden höhern Reiz. Aber ist denn die Jagd selbst, wenigstens das Treib- und Hetzjagen, etwas anderes?

Der Tausend! Wenn dies ein Jäger, d. h. ein ächter Hubertusjünger läse, wie würde der aufschauen und zugleich bedauern, mir nicht gegenüber zu stehen, um mir den Kopf zurecht zu setzen, oder mich gar mit einem Kernfluch zu allen Teufeln zu schicken.

Ich würde aber doch mein Wort nicht zurücknehmen, sondern antworten wie Jules Favre, dieser leibhaftige Knecht Ruprecht des Corps législatif, der in der letzten Preß-Debatte sagte: Ich will

Niemanden beleidigen, ich spreche einfach meine Meinung aus.

Sähe aber jener Hubertusjünger das Schauspiel, welches wir sofort dem Leser vorführen wollen, so würde er uns vollends Unrecht geben, indem dergleichen allerdings nicht alle Tage zu sehen ist. Rings an den Colonnaden des weiten Hofraums stehen im Kreise etwa fünfzig bis sechszig Piqueurs in kaiserlicher Jagd-Livrée (Costüm Louis Quinze) und zwar mit brennenden Fackeln; rechts und links die zusammengekoppelten Jagdhunde, wohl vierzig bis fünfzig an jeder Seite und dutzendweise von Jägerburschen gehalten, die aus allen Kräften mit Armen und Beinen, mit Fußtritten, Peitschenhieben und Flüchen die Bestien abwehren und zurückdrängen, weil sie natürlich die Beute wittern, die ihnen nach wenig Minuten preisgegeben werden soll. Diese Beute selbst, das geschossene Wild, liegt in der Mitte des Hofraums und besteht, je nach dem Resultat der Jagd, aus einigen Rehen, denen man ein Dutzend Hasen und einige Dutzend Kaninchen beigegeben hat; oft bildet gar ein Hirsch oder ein Wildschwein die Hauptschlüssel dieses kannibalischen Mahls. Die Hunde machen einen solchen Höllenlärm durch ihr Gebell, Geheul und Geschrei, daß man sein eigenes Wort nicht hört. Gegen zwanzig Jäger blasen ein unaufhörliches Hallali und Taiho, das um so lauter und lufterschütternder klingt, als die vier hohen Façaden, die den Hof einschließen, ein vierfaches Echo zurückwerfen. Das „Volk", das heißt die

Hofdienerschaft, und einige hundert Schloßbedienten drängen sich durch das weitgeöffnete Thor. Der Kaiser erscheint auf dem Balcon von einigen Herren und Damen begleitet, und auf ein gegebenes Zeichen und unter einem lauten »vive l'Empereur!« lassen die Jagdburschen die Stricke fahren, mit denen sie die Hunde zusammengekoppelt hatten, und die gesammte Meute stürzt sich mit heißhungeriger Wuth auf ihren Raub, und in zwei, drei Minuten ist Alles zerrissen zerfleischt und verschlungen, und die Gierigsten zanken sich noch um die letzten blutigen Knochen. Das ist die curée, an der jetzt vermuthlich auch die Leser, wie wir, vollständig genug haben werden. Der Kaiser sprach während des grausigen Spectakels mit Billault und Baroche, die beide seit den letzten Kammer-Debatten einen großen Stein bei ihm im Brett haben. Die Herren sprachen auch gewiß von etwas ganz Anderm, als von der curée. Die Kaiserin war nicht erschienen; es wäre auch wirklich den Anstand verletzend gewesen, wenn die arme, leidende Frau einem solchen Schauspiel beigewohnt hätte.

Aber nun auf und davon und zum Schlosse hinaus, durch den stillen, dunkeln Park, der in seiner magischen Mondscheinpracht wahrlich schöner aussieht, als die vergoldete, kerzenerleuchtete Galerie de Diane, nach dem Bahnhof, von wo wir mit dem Nachtzuge nach Paris zurückfahren.

Franz Liszt wollen wir indeß versprochenermaßen noch anderswohin begleiten, ebenfalls zu einem Monarchen, wenn auch nur zu einem „König im Reich der Geister". Man lächele nur! Sind denn diese „Könige" nicht oft sicherer auf ihren Thronen, als die andern, von denen man nie recht weiß, ob sie am nächsten Morgen noch mit der Krone aufwachen? Wenigstens hier im „schönen Frankreich". Und nennt mich nur immerhin mit mitleidigem Achselzucken einen Poeten und Träumer; ich weiß nicht, wenn man mir die Wahl ließe, Napoleon oder Lamartine zu heißen, für welchen Namen ich mich entscheiden würde, oder vielmehr, ich weiß es nur zu gut. Auch gestehe ich es frei und gern: jedes Mal wo ich eine Gelegenheit finde, eine Blume oder auch nur ein grünes Blatt auf den dürren Sand und die Dornen zu werfen, womit eine große Nation in unbegreiflicher Verblendung den Pfad ihres ersten Dichters nur allzureichlich überschüttet hat, da ergreife ich mit Freuden diese Gelegenheit und bedauere nur mein Unvermögen, daß mir kein unerschöpfliches Zauberfüllhorn zu Gebote steht, jenen Weg bis an's Ende, das vielleicht nahe ist, in ein duftendes Blüthenparadies zu verwandeln. Sie können ihn sterben lassen in Kummer und Entbehrung, diese Franzosen, die sich das erste Volk der Welt nennen, und sie werden es auch thun; aber von seinem Thron können sie ihn nicht stoßen, diesen wirklichen König von Gottes Gnaden, und seine Krone können sie ihm nicht nehmen, wie sie es mit so manchem ihrer sonstigen Könige gethan, denn die Herrschaft seiner Dynastie wird erst dann recht beginnen, wenn er nicht mehr ist. *) Franz Liszt hatte alle Anerbietungen zurückgewiesen, die ihm die verschiedenen pariser Operndirectoren sofort nach seiner Ankunft machten, für die natürlich ein Liszt'sches Concert in der saison morte ein köstlicher Fund gewesen wäre; doch der große Künstler war nicht von seinem Entschluß abzubringen, sich dieses Mal nirgends öffentlich hören zu lassen. Aber er wollte auch wiederum nicht in seine deutsche Heimath zurückkehren, ohne einen verehrten, langjährigen Freund zu begrüßen, und — zu trösten, und ein solcher Trostesgruß, von einem Manne wie Liszt dargebracht, ist Musik.

Die Gesellschaft, die sich an jenem Abend in der Wohnung des großen Dichters zusammengefunden hatte, war, wie stets, nicht zahlreich, aber sehr gewählt. Auch Leverrier war gegenwärtig und Meyerbeer und was noch pikanter war, Thiers und George Sand, Guizot und Lamoricière, Horace Vernet und Berryer, im Ganzen

---

*) Der freundliche Leser wird diesen allerdings sehr enthusiastischen Panegyrikus auf Lamartine gewiß entschuldigen, wenn er bedenkt, daß diese Zeilen vor 1860 geschrieben wurden, also zu einer Zeit, wo die eigentliche Geldmisère Lamartine's noch nicht in's Publicum gedrungen war. Damals ahnte man nicht, daß der große Dichter zu einem öffentlichen Bettler und zu einem Lotterie-Collecteur herabsinken würde, wodurch er als Mensch (der Poet Lamartine steht bei uns immer in gleich hoher Verehrung) in einem kläglichen und zweideutigen Lichte erscheint.

gegen fünfzig Personen und Alles berühmte und ge=
feierte Namen. Liszt spielte herrlich, wahrhaft hinreißend.
Außerordentliches Aufsehen machten namentlich einige
Variationen und Phantasien über gegebene Motive, bei
welchen der Applaus gar nicht enden wollte. Lamartine, der fast gar nicht mehr in die Außenwelt und
noch weniger in die Theater kommt, war der Erste,
der den Künstler nach diesen neuen wunderschönen
Melodien fragte, Liszt antwortete lächelnd: „Das
habe ich Alles von einem großen Meister, von dem
freilich die Pariser nichts wissen wollen und den sie
ausgepfiffen haben." Allgemeines Staunen und allgemeine Bestürzung: Dieser Meister war kein An=
derer als Richard Wagner und jene Motive waren
aus dem Tannhäuser genommen. Das war in Paris
die erste Ehrenrettung Wagner's. Franz Liszt hat
das schöne Verdienst, einen würdigen Kunstgenossen,
dem man hier in Paris (man mag sonst über
Wagner und seine Leistungen urtheilen, wie man will)
schweres Unrecht gethan, wieder zu Ehren gebracht zu
haben, und das vor einem Areopag, wie wohl selten ein
ähnlicher zusammen kommt, und der, wenngleich gering an
Zahl, doch an Bedeutung das gesammte Opernpublicum
der Wagner'schen Vorstellungen weit überragt, welches
Publicum, wie die Zeitungen damals behaupteten, ja nur
aus Schustern und Schneidern bestanden haben soll.

V.
Kurze Nachschrift.

Wir haben einmal gelobt, nicht wieder nach Fontainebleau zu gehen, und unser Gelöbniß müssen wir halten; sonst hätten wir den Leser doch noch ein Mal hingeführt und zwar an dem Tage, wo die Majestäten den Gesandten des Königs von Siam große Audienz ertheilten. Der ‚Moniteur' brachte über diese Audienz einen spaltenlangen Bericht, ganz wie zu der schönen Zeit des „großen Königs", und die übrigen Blätter enthielten noch sonst viel interessante Details. Wundervoll soll vor Allem die Kaiserin ausgesehen haben; sie trug ein himmelblaues Sammetschleppkleid mit goldenen Bienen durchstickt, darüber einen weißen schleierartigen Spitzenüberwurf, „unbezahlbar", und endlich, noch dazu zum ersten Male, die französischen Krondiamanten, welche der Justizminister in Person zu diesem Zwecke von Paris nach Fontainebleau gebracht hatte. Dieser Brillantschmuck ist in seiner neuen Fassung vielleicht das Schönste, was an Juwelen-Pracht und Reichthum in der Welt existirt. In der Mitte des Diadems prangt der berühmte „Regent", ein prächtiger, wasserreiner Brillant von 136 Karat, im Werth von über vier Millionen Franken, ein wahrer Koh-i-nur, was ja so viel wie Lichtberg bedeuten soll. Ueber den „Regent" ließe sich ein kleines Buch schreiben, so mancherlei hat er erlebt, und wenn er sprechen könnte, so würde er uns Unglaubliches erzählen.

Aber wir vergessen die Siamesen.

Die Gesandten lagen nach der Sitte ihres Landes fast beständig auf den Knien und stützten obenein die Ellenbogen auf den Boden, was kläglich und lächerlich zugleich aussah, bis endlich der Kaiser dem albernen Kram ein Ende machte, vom Thron herabstieg, sie aufstehen hieß und sich durch den Dollmetscher, so gut es gehen wollte, mit ihnen unterhielt. Die Gesandten ließen vielfach beim Anblick der Kaiserin laute disharmonische Ausrufe hören, die gewiß von Herzen kamen, und die, wie auch der gelehrte Abbé Renaudi sofort übersetzte, der Schönheit und dem Liebreiz der hohen Dame galten. Als aber die Kaiserin, Etiquette und Hofceremoniell bei Seite setzend, gar den kleinen neunjährigen Sohn des ersten Gesandten, einen Vetter des Königs, umarmte und küßte und dem prince impérial zuführte, da fiel der Vater vor Entzücken der Länge nach auf den Boden (glücklicherweise lagen überall Teppiche) und wollte gar nicht wieder aufstehen und sich beruhigen. Er soll darauf seinem Sohne zugerufen haben: Du bist gesegnet für dein ganzes Leben, denn die Königin von Europa hat dich umarmt! — Man sieht, daß auch die Siamesen Complimente machen können.

Die Geschenke, welche das siamesische Königspaar (in Siam regieren zur Zeit zwei Brüder zusammen) den kaiserlichen Majestäten gemacht und die schon Tags vorher in einem besondern Saale aufgestellt waren und auch dort noch für das große Publicum einige Zeit lang ausgestellt bleiben werden, sind äußerst interessant und sehenswerth. Pferdegeschirre, vergoldet und reich mit Edelsteinen besetzt, seidene Zelte und Baldachine, goldgewirkte Mäntel und Kaschmirzeuge, vorzüglich aber eine Menge goldener und silberner Gefäße und Vasen, die letztern in so vollendeter, kunstreicher Arbeit und dabei so geschmackvoll, wie man sie in den Bijouterieläden der Rue de la Paix und des Palais Royal nicht schöner sehen kann; auch ein kostbarer thurmähnlicher Kasten, eine unnachahmliche Rarität an Lack und Vergoldung, verdient schon deswegen Erwähnung, weil er die königlichen Begrüßungsschreiben enthielt, die der Oberste unter den Gesandten nur knieend, d. h. fast liegend, herausnehmen durfte, was keine kleine Arbeit war. In jenen Briefen standen eigentlich nichts als Complimente, aber in einem orientalischen Superlativ, der alles bisher derartig Bekannte weit hinter sich läßt. Von großer politischer Bedeutung ist ohnehin die Gesandtschaft nicht, obwohl wiederum nicht zu leugnen ist, daß die angeknüpften diplomatischen Verbindungen in späterer Zeit, wenn erst die Verhältnisse mit China geordneter und sicherer sind, commerciell von großer Wichtigkeit werden können. Ein französischer Generalconsul wird sich der Gesandtschaft auf ihrer Rückreise anschließen und in Bangkok seinen dauernden Aufenthalt nehmen.

Der Hof hat übrigens Fontainebleau seit dem ersten Juli so gut wie verlassen. Der Kaiser ist nach Paris zurückgekehrt, von wo er sich am vierten nach Vichy begeben hat. Die Kaiserin ist freilich mit dem Prinzen in Fontainebleau geblieben und wird auch dort bis zur Zurückkunft des Kaisers bleiben, aber fast incognito mit sehr kleinem Hofstaat und ohne allen officiellen Empfang. Auch hat der ‚Moniteur' bereits angezeigt, daß das Schloß und der Park mit seinen Terrassen und Gärten dem Publicum von neuem geöffnet sei, natürlich den westlichen Flügel mit dem englischen Garten ausgenommen, wo die Kaiserin wohnt, die, wie es scheint, weniger besorgt ist als ihr Gemahl.

»La France« sagte die Kaiserin ein Mal in einer Proclamation, während ihrer Regentschaft zur Zeit des italienischen Feldzuges, »la France ne fera pas défaut à une femme et à un enfant«. — An die Herzogin von Orleans und an den Grafen von Paris dachte die hohe Frau wohl in jenem Augenblicke nicht.

Die Berühmtheiten des Tages.

Sie sind freilich höchst ephemerer Natur, wie die Eintagsfliegen, die man ja deshalb Ephemeriden nennt, oder wie die Sternschnuppen, die am ewigen Firmament auch nur einen Augenblick glänzen; aber jeder Entomologe weiß, daß die Ephemeriden fast unter allen Insecten die prächtigsten Flügel haben, und jeder Astronom kann uns sagen, daß die fallenden Sterne gewöhnlich mit hellerm Lichte funkeln, als die wirklichen; . . . . ja, wenn man wollte, so könnte man noch mehr derartige Vergleiche ausfindig und nicht ohne Glück geltend machen. Wie manche Blume z. B. blüht auch nur wenige Stunden und erfreut doch Aug' und Herz — und ein Poet könnte gar kommen und sagen: die Sonne leuchtet freilich den ganzen langen Sommertag im dunkeln Blau, aber nur minutenlang schmückt sich Morgens und Abends der Himmel mit purpurnen Flammen und rosenrothen Lichtern, die um so schöner sind, je flüchtiger sie entstehen und schwinden.

Lassen wir diesen Tagesberühmtheiten nur gern ihr flüchtiges, vergängliches Glück, das sie theuer genug mit der spätern Vergessenheit erkaufen und sogar schon während ihrer kurzen Laufbahn mit der verächtlichen Gleichgültigkeit eines großen Theils ihrer Mitmenschen — lassen wir ihnen gern den schnellwelkenden Kranz und, vor Allem! beneiden wir sie nicht.

Es kommen Einem allerdings eigenthümliche Gedanken, wenn man in den statistischen Berichten der Theater-Commission des Staatsministeriums liest, daß die erste Tänzerin der großen Oper achtzigtausend Franken Gage bezieht und gegen zwanzigtausend Franken außerdem als sogenannte Extragelder; aber das ist einmal so, und es ist nicht unseres Amtes, darüber zu philosophiren. Es ist dies die alte und ewig neue Geschichte des Polichinells zu fünfhundert Franken und der armen Frau mit dem verhungerten Kinde an der Ecke des Boulevard Bonne Nouvelle.

Aber interessant ist es und wohl einer kurzen Studie werth, diese „Berühmtheiten" in nächster Nähe zu schauen, von Angesicht zu Angesicht; wenn dann auch das Bischen Goldschaum und Schminke, das auf die Ferne berechnet ist, völlig erbleicht und schwindet: eine Theater-Decoration, die von weitem prächtig anzusehen ist, aber zur unsaubern Kleckserei wird, wenn man dicht davor steht.

Vielleicht daß ich mich, ohne es zu wollen, zu hart ausdrücke; jedenfalls will ich hinzusetzen, daß jene Aeußerung im Allgemeinen zu nehmen ist und in ihrem ganzen Umfange nicht auf die einzelnen Persönlichkeiten angewendet werden darf.

Manchmal allerdings kann man nicht ernst und hart genug urtheilen, und das strengste Wort des Tadels und der Entrüstung ist ganz an seinem Platze; da nämlich, wo irgend ein leichtfertiges, sittenloses Weib zur Heldin des Tages wird und ganz Paris beschäftigt und momentan mehr Köpfe und Zungen und sogar Federn in Anspruch nimmt, als die bedeutendsten und wichtigsten Fragen der Gegenwart. Man sollte dies kaum für möglich halten; aber wir haben es noch kürzlich an der Rigolboche gesehen. Heute müssen wir diese jedoch unberücksichtigt lassen, da wir eine andere Sorte von pariser Tagesberühmtheiten im Auge haben, die bloß interessanten nämlich, deren moralischer Einfluß weit weniger verderblich ist, die aber doch im socialen pariser Leben große Epoche machen.

Und nun endlich zur Sache, soll anders nicht die Einleitung länger werden, als der Artikel selbst.

Léotard.

Sein Stern erbleicht allerdings seit einiger Zeit, (ach, und wenn der Leser dies liest, ist er längst ganz erblichen und Léotard ist bis auf den Namen vergessen!) aber er stand auch fast ein ganzes Jahr lang im Zenith des pariser Himmels und alle übrigen Planeten und Kometen, Wandel- und Fixsterne schienen sich nur um diese lichte Sonne zu drehen. Die wichtigsten politischen Ereignisse des Jahres (und es gab deren fürwahr nicht wenig!) wurden gar oft erst in zweiter Reihe mitgetheilt und besprochen, wenn Léotard zufällig am Abend vorher einen neuen, halsbrechenden Luftsprung ausgeführt. „Einen halsbrechenden Luftsprung?" rufen einige Leser, aber nur sehr wenige; denn die meisten wissen bereits, wer Léotard ist, dessen Name ja längst auf Ruhmesschwingen durch Europa gezogen und sogar im mecklenburgischen und pommer'schen Sande mit Bewunderung genannt wird. So wenigstens sagt er selbst, der große, bescheidene Mann, in der Vorrede zu seinen „Memoiren", denn daß er Memoiren herausgegeben hat, versteht sich. Ein „berühmter Mann" ohne Memoiren ist in Paris undenkbar.

Obwohl nun Léotard nach und nach von seiner schwindelnden Höhe herabgestiegen ist und sich bereits den gewöhnlichen Sterblichen wieder genähert hat, so ist sein Verdienst als Trapezspringer stets dasselbe geblieben, ja, er hat sich in der letzten Zeit noch vervollkommnet und leistet wirklich das Unglaubliche. »Il faut voir pour le croire«, sagt das französische Sprüchwort wie das deutsche, aber die wahren Enthusiasten riefen beim ersten Auftreten Léotard's aus: »Nous voyons, mais nous ne croyons pas!«

Wie hat denn aber Déjean, der Director des großen Franconi'schen Circus, dies Wunderkind ausfindig gemacht und wie diese Perle für seine Kunstreiter-Gesellschaft erworben?

Déjean reiste im vorigen Frühling nach dem Süden Frankreichs, wie er alljährlich thut, um arabische Pferde anzukaufen, auch wohl um für seine Truppe Mitglieder zu werben, obwohl die meisten seiner Kunstreiter Deutsche sind, — für uns ein weiterer Grund ihre nähere Bekanntschaft zu machen, was wir schon nolens volens müssen und was uns nicht zu profan erscheinen darf, wollen wir anders den „berühmten Léotard" kennen lernen.

Also Déjean kommt auf seiner Reise auch nach Toulouse, hält sich dort einige Tage auf und geht zufällig auf den Turnboden der Garnison, wo er den gymnastischen Uebungen der Soldaten zuschaut. Der Turnlehrer, ein früherer Fechtmeister des Regiments, zeigt namentlich auf dem Klettergerüst und auf dem Trapez eine große Gewandtheit, und Déjean, als Kenner, sagt ihm darüber ein paar verbindliche Worte. „Was werden Sie dann erst von meinem Sohne sagen," erwiderte der Alte, „wenn Sie mich schon so bewundern;" und in demselben Augenblick tritt der Sohn in den Turnsaal. Hoch am Plafond werden sofort einige Trapeze aufgehängt, in etwa fünfzehn bis zwanzig Fuß weiter Entfernung, über welche alsdann der Sohn wie ein Eichhörnchen hin- und herspringt, mit einer Zierlichkeit und Gewandtheit und vorzüglich mit einer Sicherheit, die den geschicktesten Affen (wenn der Vergleich nicht allzu kleinlich und prosaisch wäre) weit hinter sich läßt. Die übrigen Luftsprünge des jungen Mannes sind dabei eben so erstaunlich, und dem guten Déjean wird zu Muthe, wie dem Jäger auf dem Anstand, wenn plötzlich ein Edelhirsch schußgerecht vor ihm steht. Dabei kennt noch Niemand den jungen Léotard, d. h. er hat sich nie öffentlich sehen lassen; er bekleidet eine Art Schreiberstelle in einem Handlungshause und bezieht monatlich hundert Franken Gehalt. Déjean bietet ihm sofort tausend, wenn er ihm nach Paris folgen will, um in seinem Circus aufzutreten und eröffnet ihm noch glänzendere Aussichten für die Zukunft. Dem jungen Mann wird ganz schwindelig; aber der Vater, ein alter Pfifficus, wittert Lunte und macht den Contract für seinen Sohn, der ohnehin noch nicht einmal volljährig ist. Er bedingt sich hundert Franken für jede Vorstellung aus und zwar nur versuchsweise für einen Monat, und dann auch für sich selbst ein anständiges Honorar, um den Sohn zu begleiten, die nöthigen Maschinen einzurichten und die Vorstellungen selbst zu leiten und zu überwachen. Déjean willigt in Alles, versteht sich zu Allem, und schon am nächsten Morgen reist er, froh wie ein Werbeofficier, der einen glücklichen Fang gethan, mit Vater und Sohn ab, und nach Paris. Omnia mea mecum porto, konnte der junge Léotard mit Recht von sich sagen, denn in seinen Hand- und Fußgelenken, in seinen Armen und Beinen trug er das große Capital, das er nun verwerthen sollte und das ihm auch so reichliche Zinsen getragen.

Unser Circus=Director, um während der Vorbereitungen zur ersten Vorstellung nicht müßig zu bleiben, greift unterdeß zu dem nothwendigen Hülfsmittel, der türkischen Trommel, oder mit andern Worten, der Reclame. Die Reclame, wenn nur geschickt angefangen und durchgeführt, vorzüglich ohne ängstliche Geldrücksichten, zieht stets in Paris, wie ein spanisches Fliegenpflaster, und für hunderttausend Pariser ist und bleibt sie das wahre und einzige Mittel, Glück zu machen, vollends wenn wirklich etwas dahinter ist, wie dies bei Léotard entschieden der Fall war. Der junge Mann konnte neben der obigen Devise auch noch recht wohl das cäsarische veni, vidi, vici auf sich anwenden; denn von dem ersten Abend seines Auftretens an datirt sein großartiger Erfolg, dem er jetzt bereits ein bedeutendes Vermögen verdankt, das der praktische Vater in guten vierprocentigen Renten angelegt hat. Ein Jahr noch soll der Sohn springen (Gott gebe nur, daß er mit heilen Armen und Beinen davonkommt und nicht etwa den Hals bricht), so meint der Alte, dann haben sie genug, um sich bei Toulouse anzukaufen und von ihren Renten zu leben. So meint, wie gesagt, der Alte; wie freilich der Sohn über diese Pläne denkt, weiß man nicht recht, obwohl er dabei die Hauptperson ist; vielleicht dürfte er sich auch eines Morgens emancipiren und auf eigene Rechnung weiterspringen.

Und jetzt, wo wir nach den Regeln der Stilistik auf der Höhe unserer Erzählung angekommen sind, oder doch wenigstens bis zu den hochschwebenden Trapezen des Circus, bieten wir dem Leser — und weshalb nicht auch der Leserin? — Höflich den Arm, denn wir wollen die Vorstellung nicht versäumen.

Der Circus ist schon an sich sehenswerth: ein prächtiges neues Gebäude und, um es kurz zu machen und den gewöhnlichen pariser Superlativ anzuwenden, der schönste Circus der Welt; schon sein Name beweist dies hinreichend, denn er heißt: Cirque Napoléon. Der Gesammteindruck ist großartig und von wahrhaft klassischer Wirkung: das moderne Coliseum Roms. Die hochaufsteigenden Sitzreihen, die gegen achttausend Zuschauer fassen können, sind dicht besetzt; hätten wir nicht unsere Billete im Voraus genommen, so würden wir gewiß keinen Platz erhalten haben. Auch hat die Vorstellung schon begonnen: das rauschende Orchester schallt durch den weiten Raum, und in der Arena selbst rasen Reiter und Pferde wild durcheinander, denn es wird gerade eines jener Schlachtstücke gegeben, alt und ewig neu, wenigstens für die Pariser, wo am Schluß Napoleon I. als »petit caporal« in täuschendster Aehnlichkeit auf dem weißen Pferde von Eylau erscheint und sich in den Siegesgott Mars verwandelt, mit Lorbeerkranz und Ruhmesposaune ꝛc., — amüsant immerhin und hübsch anzusehen, aber für uns, die wir, wie viele tausend Andere, nur Léotard's wegen gekommen sind, von untergeordnetem Interesse. Wir sind auch deshalb, nachdem wir die Damen auf ihre Plätze gebracht, in die Ställe gegangen, um die Pferde zu besehen, was, nebenbei gesagt, zum guten Tone gehört und von gar Vielen als unumgängliche Bedingung eines pariser

Gentleman angesehen wird. Unser Motiv ist übrigens ein anderes; zunächst ist es sehr interessant, die herrlichen Pferde in der Nähe zu besehen, denn die Ställe sind wahre Salons mit Gas = Kronleuchtern an den Gypsdecken und reichen Stuccaturarbeiten und Malereien; nur das Stampfen und Wiehern der Pferde läßt die Täuschung nicht aufkommen. Dann auch können wir hier die persönliche Bekanntschaft der kunstreitenden Celebritäten machen, die leicht zugänglich sind und unter denen der junge Léotard noch augenblicklich wie ein anderer niederer Erbensohn sich befindet, in Paletot und Hut, ein ganz gewöhnlicher Mensch. Aber es wäre indiscret, wenn wir ihn, da er selbst noch hinter den Coulissen ist, in dieser Gestalt dem Publicum vorführten; auch dürfen wir unsere Damen nicht länger allein lassen, zumal sich die Vorstellung ihrem Ende nähert und man bereits die Vorbereitungen zu dem Trapezschauspiel macht. Die ganze Vorstellung übrigens war nichts als die Ouverture zu diesem.

Wie Klimpern zum Handwerk gehört, so hier die Umstände und Weitläufigkeiten; aber das gefällt gerade dem Pariser, und je mehr des Lärms und des Aufhebens, um so zufriedener ist er.

In der Mitte des Deckengewölbes hat man den großen Kronleuchter fortgenommen und durch vier kleinere an den vier Seiten ersetzt, wodurch der ganze mittlere Raum von einem Ende des Gebäudes zum andern völlig frei geworden ist; in einer Höhe von etwa vierzig Fuß werden alsdann die Trapeze aufgehängt und unter diesen, der ganzen Länge nach eine Art Brücke construirt, die mit dicken Teppichen belegt wird, um bei einem möglichen Unglück die Gewalt des Sturzes zu vermindern. An den beiden äußersten Enden, in wenigstens fünfzig Fuß weiter Entfernung von den letzten Trapezen, sind in gleicher Höhe mit diesen zierliche Eisengerüste angebracht, kleine Tribünen, von wo der Künstler seine Luftreise beginnt und wohin er wieder zurückkehrt.

War schon der Circus beim Beginn der Vorstellung mit Zuschauern angefüllt, so wird jetzt das Gedränge so groß, daß man den ganzen innern Raum der Arena selbst dem Publicum preis gibt, wodurch fünfhundert Plätze mehr gewonnen werden. Das Orchester spielt einen Siegesmarsch, und unter rauschenden Trompetenfanfaren und schmetternden Posaunenklängen erscheint plötzlich der sehnlich Erwartete hoch auf der einen kleinen Tribüne, wie vom Himmel herabgestiegen (ein Bild, das der Chronikschreiber leider nicht selbst gemacht, sondern dem Figaro entlehnt hat), und von fast zwanzigtausend applaudirenden Händen begrüßt.

Das ist also derselbe Léotard, den wir noch so eben als „gewöhnlichen Menschen" gesehen und mit dem wir wie mit „unseres Gleichen" gesprochen: denn wir haben uns ihm durch einen Freund vorstellen lassen, noch dazu als einen ausländischen Schriftsteller, der eigens gekommen sei, um ihn zu sehen und über ihn nach Deutschland zu berichten.

Eine Schilderung seines Costüms wird man uns

billiger Weise erlassen: daß er weder seinen Paletot an, noch seinen Hut auf hatte, versteht sich von selbst, und daß er in seinem blaßrothen Tricot mit Silber besser aussah, als in seiner prosaischen Civilkleidung, ebenfalls. Sein Vater geht auf der Brücke auf und ab, und setzt bereits die Trapeze in schwingende Bewegung. Ein unbestimmter, fast unheimlicher Schreckenslaut durchzuckt plötzlich den Circus, wie ein elektrischer Schlag . . . . und schon ist Léotard auf dem entgegengesetzten Ende seiner Luftbahn angelangt; er stellt ruhig und zierlich seine Füße auf die vorspringende Eisenstange der dort angebrachten Tribüne, grüßt nach allen Seiten und — ein neues Ach, und er ist wieder auf die andere Seite hinübergeflogen . . . . geflogen, ist wirklich das rechte Wort: hundert und sechszig Fuß in wenig Secunden! Der endlich wie ein Gewitter losbrechende Beifall und ein übermenschliches Bravorufen ist die obligate Zugabe, die sich nach jedem Sprunge, und in stets gesteigertem Maße wiederholt, vorzüglich wenn er an den mittlern Trapezen einige Riesensprünge ausführt, die nun wieder alles Frühere hinter sich lassen. Auf ein Mal fällt er ganz sanft und in unnachahmlicher Grazie aus einer Höhe von etwa vierzig Fuß auf die Brücke herab, verneigt sich wie ein junger Mann, der in einen Ballsaal tritt, mit dem ruhigsten Anstand von der Welt, und ist fast in demselben Moment wieder oben auf der Eisenstange, um, natürlich mit den nöthigen Variationen, die halsbrechende Luftreise von neuem zu beginnen. Die ganze Vorstellung dauert übrigens kaum zehn Minuten, und da Léotard für jedes Auftreten fünfhundert Franken, und später sogar tausend bekam, so ist es buchstäblich wahr, daß er in jeder Minute fünfzig und hundert Franken verdiente. Auch ist seine Glückssonne keineswegs dem Untergange nahe, im Gegentheil, sie glänzt heller denn je, da ihm neuerdings aus London ein Anerbieten von zehntausend Pfd. Sterl. für drei Monate gemacht worden ist. So sagt man wenigstens, und im Publicum glaubt man dies Gerücht allgemein.

So weit wäre nun Léotard nichts weiter als ein großer Equilibrist, vielleicht der größte nach Blondel, dem Niagaraseiltänzer, und da dieser, wie Viele behaupten, nie existirt hat, sondern nur ein nordamerikanischer Zeitungspuff sein soll, so wäre Léotard der erste seiner Art in der Welt. Das alles würde aber nicht hinreichend gewesen sein, ihn für seine Person so berühmt und bedeutend zu machen, daß ganz Paris, wie wir bereits oben gesagt, monatelang von nichts Anderm sprach als von ihm und sich um nichts Anderes bekümmerte, als um Léotard, wenn nicht ein weiterer Grund hinzugekommen wäre. Und dieser Grund ist einzig der, daß sich die pariser Damenwelt für ihn interessirte. Die kleine elegante Tagespresse, die aber ihre Blätter nach Dutzenden und ihre Leser nach Hunderttausenden zählt, bedurfte gerade eines neuen Reizmittels, und der Luftspringer, „der Mann, der endlich das Problem des Fliegens gelöst," erschien wie gerufen. Léotard ist nichts als das Opfer der Reclame; denn von all den hundert Geschichten, die man auf seine

Kosten in Umlauf gesetzt, ist nicht eine einzige wahr, und der arme Mensch wußte in der ersten Zeit wirklich nicht, wo hinaus, so sehr setzte man ihm zu und beutete seine Persönlichkeit aus. Eine Herzogin sollte aus Liebe zu ihm verrückt geworden sein, eine andere hohe Dame ihre Familie verlassen und sich als Kunstreiterin engagirt haben, wenigstens zwanzig Damenduelle — auf Pistolen — sollten seinetwegen stattgefunden haben, und eine Adresse von hundert pariser Ehemännern soll ihm überreicht worden sein, in welcher man ihm eine baare Million geboten, wenn er am folgenden Tage Paris auf immer verlassen würde ꝛc.; diese und ähnliche alberne Geschichten genügten, um alle Plätze im Circus auf Wochen voraus und zu doppeltem Preise zu vermiethen.

Das beste Geschäft bei der ganzen Sache hat unstreitig der Circusdirector Déjean gemacht, der an manchen Abenden eine Einnahme von 27,000 Franken gehabt haben soll.

Als später der junge Léotard, dem man endlich den Kopf verdreht hatte, wirklich anfing, sich für eine bedeutende Person zu halten und sich demgemäß geberdete, da wandte sich das Blatt: er wurde lächerlich und bald die Carrikatur eben derselben Journale, die ihn vor wenigen Monaten so hoch gepriesen und für einen Halbgott erklärt hatten. Dies verhinderte ihn übrigens nicht, seine „Memoiren" herauszugeben, die ihm irgend eine hungerige Feder der Boulevardstheater zusammengeschrieben; man lachte wieder und fand es sehr albern, kaufte aber doch das dumme kleine Buch täglich zu Tausenden von Exemplaren und auch dies Geschäft war wieder ein „gutes Geschäft".

Später bekam Léotard sogar einen Proceß mit Déjean, weil er die Circusuniform nicht anziehen wollte, die alle Mitglieder an jedem Abend, wo sie nicht auftreten, tragen müssen, und die Sache kam zur öffentlichen Verhandlung vor dem pariser Polizeigericht; sie machte wieder viel Lärm und der Circus, dessen Einnahmen bereits zu sinken anfingen, füllte sich von neuem bis unter das Dach, so daß auch dieser Proceß als ein abgekartetes Spiel erschien. Der arme Léotard trug übrigens jetzt die Uniform, in der er sich kläglich ausnahm, da sie, nebenbei bemerkt, eben so häßlich wie unpassend ist. So „flog" unser Trapezspringer noch nach wie vor beinahe allabendlich durch den Cirque Napoléon und sammelte sich ein hübsches Vermögen, d. h. richtiger, der Vater für ihn, der auch bereits das Engagement nach London unterzeichnet hatte.

Aber von ganz anderer Seite drohte nun Gefahr: ernste, wissenschaftliche Köpfe ließen sich nämlich angelegen sein, zu beweisen, daß es mit der Luft- und Trapezspringerei (wir bilden dies Wort nach dem Französischen) nicht viel auf sich habe, daß das Meiste auf Augentäuschung beruhe und daß im Grunde jeder geschickte Turner dasselbe leisten könne. Léotard antwortete darauf mit logischer Einfachheit: Wenn es so leicht ist, so komme doch Einer und mache es mir nach.

All dieses verhinderte auch den traditionellen „Engländer" nicht, sich jeden Abend zu der Léotard'schen Vorstellung einzufinden, und mit einer Art von Fernrohr statt des Opernglases jeder Bewegung des Springers zu folgen, ob er denn nicht endlich, endlich! stürze und den Hals breche, damit er, der „Engländer", seine hohe Wette gewinne. So schaut der Fuchs dem spielenden Eichhörnchen zu, und hofft und hofft auf den Fehltritt, der ihm das Thierchen in den Rachen liefern soll; aber wer hätte denn je ein Eichhörnchen einen Fehltritt machen, oder gar vom Baum herabfallen sehen? —

Schließlich noch ein ernstes Wort, um bei dem Leser diesen, wie auch manchen andern anscheinend frivolen Bericht zu entschuldigen und uns zugleich die Erlaubniß auszuwirken, eine zweite pariser Tagesberühmtheit ähnlicher Art vorzuführen.

Wir haben uns ein Mal die Aufgabe gestellt, das sociale Leben und Treiben von Paris zu schildern, und sind dabei der Ansicht, daß dies eben besser durch kleine Tagesgeschichten, wie die vorliegende, als durch lange abstracte Raisonnements zu machen ist. Ein Anderer hätte vielleicht andere Gegenstände gewählt, denn es gibt hier nur zu viel derartiges Material; uns lag daran, einmal die Pariser auch von dieser Seite zu zeigen, und man glaube nur ja nicht, daß wir irgendwie übertrieben haben. Das Börne'sche Wort ist auch noch heute nur allzuwahr: „Der Pariser ist ein großes Kind, und man sollte nicht glauben, daß dasselbe Volk, das die große Revolution gemacht und wohl noch mehrere machen wird (er prophezeihte gut!), heute einer Tänzerin nachläuft und sich morgen vor der Thüre des Pastetenbäckers Félix die Hälse bricht, um einen neuerfundenen Kuchen zu erobern, von dem man sogar in der Deputirtenkammer gesprochen."

Ponson du Terrail

und zwar mit seinem vollen Namen: der Vicomte Charles Dieudonné de Ponson du Terrail .... eine literarische figura comica, wie kaum zur Zeit eine zweite in Paris, aber zugleich ein Mann, der Jahr aus Jahr ein seine dreißig- bis vierzigtausend Franken verdient, mithin eine Respects-Person, und auf der großen Goldwage, nach welcher hier alles gewogen wird, mehr als ein Staatsrath, der nur fünfundzwanzigtausend Franken einzunehmen hat.

Seit dem neuen Kaiserthum gibt man gern denjenigen Persönlichkeiten, die sich nach irgend einer Richtung hin ganz besonders hervorthun, den Beinamen Napoleon; so nennt man, und nicht mit Unrecht, Ponson du Terrail den Napoleon des Feuilletons. Er hat sich wirklich in den pariser Tagesblättern den ersten Platz erobert, nämlich in ihrem rez-de-chaussée, wie man hier denjenigen Theil der Zeitungen heißt, der das Feuilleton enthält. Er herrscht dort als wahrhaft unumschränkter Autokrat; Alles wird zurückgelegt, wenn er mit irgend einer „Fortsetzung" erscheint, und viele tausend Leser und — Leserinnen (diese nicht zu vergessen!) lesen gewiß erst das Ponson'sche Feuilleton, bevor sie den übrigen Theil der Zeitung ansehen, wenn sie diesen überhaupt einer Durchsicht würdigen.

Die große Bedeutung des pariser Feuilletons datirt aus den dreißiger Jahren, wo die beiden berühmtesten Romanschreiber Sue und Dumas auf diese Weise die Veröffentlichung ihrer abenteuerlichen und ungeheuerlichen Productionen anfingen, die von einem Tage zum andern die pariser Lesewelt in Aufregung und Spannung hielten, und die auch bald in eben so vielzüngigen wie schlechten Uebersetzungen durch ganz Europa zogen. Man erzählte sich damals in Deutschland (die Deutschen, wie sie ja in Allem hinter den Franzosen „zurück" sind, konnten derartige literarische Schwindeleien und romantische Dampfarbeiten anfangs gar nicht begreifen), man erzählte sich mit Staunen, daß Dumas für seinen „Monte Christo" hunderttausend Franken Honorar bekommen, und Sue für seinen „ewigen Juden" eine gleiche Summe und für die „Mystères de Paris" gar das Doppelte. . . . . Die Deutschen, von denen wohl noch mancher dann und wann an einem Sonntag=Nachmittag ein paar Seiten in Klopstock's Messiade las, erinnerten sich dabei, daß dessen Verfasser für die ersten beiden Gesänge seines Epos von dem alten Göschen in Leipzig „zehn Thaler Courant und Tuch zu einem neuen Rock" erhalten — wie gesagt, man konnte so etwas gar nicht begreifen, so wenig wie jene Romane selbst, die nichts waren als ein buntscheckiges

Allerlei, ein Sammelsurium von Unmöglichkeiten, dort von nie dagewesenen Verbrechen, hier von excentrischen Tugendscenen, die aber gerade durch ihre Unmöglichkeit und Excentricität gefielen, und nicht gelesen, sondern verschlungen wurden.

Von jener Zeit an gingen alle neuern französischen Romane, freilich nicht alle mit gleichem Glück, durch das Feuilleton, und, um nur noch einen Schriftsteller zu nennen, George Sand debütirte in derselben Weise vor dem Publicum, und legte in wenig Jahren (ihren ersten Roman schrieb sie in einem elenden Dachstübchen auf dem Quai des Augustins) den Grund zu ihrem jetzigen großen Vermögen.

Derartige Aussichten waren zu verführerisch, als daß sie nicht von allen Seiten Hunderte von Nachahmern zu ähnlichem Streben angeregt; aber wie immer in Paris nur das Neue „zieht", und zwar eben weil es neu und so lange es neu ist, so ging es auch mit dem Feuilletonschreiben: die Waare fiel nach und nach im Preise, die Goldminen versiegten, und das erträumte Californien lag, wie jenes Land selbst, für die Meisten in unerreichbarer Ferne.

Nach der Februar-Revolution nahm die Politik alle Köpfe und Federn ausschließlich in Anspruch, bis der Staatsstreich der Preßfreiheit und der politischen Discussion ein Ende machte und die Franzosen wieder auf unschuldigere und ungefährlichere literarische Genüsse hinwies.

Aber wo den Schriftsteller finden, der das pariser

Publicum, das verwöhnte, verzogene, befriedigt und die große Aufgabe übernommen hätte, täglich hunderttausend Leser und mehr zu „amüsiren"? Dumas lebte allerdings noch und wirkte nach wie vor; er war etwa an seinem dreihundertsten Bande angekommen und heiter und jugendfrisch geblieben, wie vor zwanzig Jahren, — so sagte er wenigstens selbst; aber der Zauber war von ihm gewichen, denn seitdem Herr Maquet vom pariser Polizeigericht nicht allein als Mitarbeiter des großen Mannes anerkannt war, sondern als der Hauptverfasser des Monte Christo und der bedeutendsten Dumas'schen Romane, war der große Mann selbst in entschiedenen Mißcredit gekommen.

Da ging auf einmal die neue Sonne auf, d. h. sie stand bereits einige Zeit lang am Himmel, nur in bescheidenerm Glanz, als man einander gegenseitig auf das neue Gestirn aufmerksam machte und es zu betrachten anfing. Schon der Name hatte etwas Anziehendes, Pikantes: Vicomte Ponson du Terrail, ein directer Nachkomme des großen Bayard, der ja ein Sire du Terrail gewesen und der erste Ritter seiner Zeit. Auch erinnerte man sich, den Namen schon hier und da gehört und gelesen zu haben, und in der Librairie Nouvelle lagen die Erstlingsproducte des jungen Verfassers zu Kauf, „die zu den schönsten Hoffnungen berechtigten," wie man ja auch in Frankreich hergebrachter Weise von einem neuen Autor sagt.

Aber ein bescheidenes, untergeordnetes Wirken stand dem Vicomte nicht an; er trug nicht umsonst den tönenden Namen seines großen Vorfahren, und was jener mit dem Schwerte und auf dem Schlachtfelde errungen, wollte er mit der Feder und auf dem Papier erreichen. Der muthige Entschluß wurde gar bald mit Erfolg gekrönt. Er schickte ein großes romantisches, dramatisches Opus, ein Sittengemälde, ein Stück Zeitgeschichte (oder wie man sonst will .... der Name thut nichts zur Sache) in die Welt, unter dem Titel: »les drames de Paris« und — sein Ruhm war begründet, sein Glück gemacht.

So etwas war noch nicht dagewesen, trotz Dumas und Sue und vielen Andern. Der Vicomte hatte wirklich in dem großen, nach allen Richtungen hin ausgegrabenen und ausgearbeiteten Schacht der modernen französischen Bellettristik eine neue Goldader entdeckt, oder doch etwas dem Aehnliches. Er schlug lustig und wacker darauf los und benutzte Alles, was er vorfand, denn er konnte Alles gebrauchen: buntes Gestein und Glimmer und Kies, manchmal auch wohl ein ächtes Goldkörnchen darunter, und außerdem viel, viel Katzengold. Das Goldkörnchen aber, so klein es war, nahm er dann und schlug es breit und breiter, und dehnte es aus und immer weiter aus und vergoldete damit die übrigen Stein- und Erdarten (die Dehnbarkeit des Goldes ist ja bekanntlich so groß, daß man mit einem Ducaten einen Reiter sammt seinem Pferde überziehen kann und selbst unter dem Mikroskop nichts als eine goldene Fläche sieht) — und Alles ging gut und nach Wunsch, ja über Erwartung. Die klugen Pariser merkten die dünne Vergoldung nicht und der Vicomte ragte sofort um mehr als eine Kopflänge unter den übrigen Feuilletonisten des Tages hervor. Einmal fest im Sattel, und ohnehin ein gewandter Reiter, d. h. federfertig und auch sonst nicht auf den Kopf gefallen, wurde es ihm leicht, sich nicht allein oben zu halten, sondern mehr und mehr in der Gunst des Publicums zu steigen. Noch ein Jahr später und Ponson du Terrail wurde, was er noch heut zu Tage ist, der Liebling, ja der Abgott der Menge. Einer gewissen Menge allerdings nur; aber mehr ist auch nicht nöthig, und Lamartine, der Aar unter den Sperbern und Spatzen, hat ja auch nur in einer gewissen Welt seine Verehrer .... so sagen jene Leute wenigstens. Sie haben auch ganz Recht von ihrem Standpunkte aus, der freilich ein einseitiger, niedriger, wo nicht gar kümmerlicher ist; das aber leuchtet ihnen selbst nicht ein und macht mithin ein Argument aus, das sie nicht verstehen.

Am spaßhaftesten und zugleich sehr charakteristisch ist es, daß der Vicomte selbst gar nicht weiß, wie er denn eigentlich zu seiner Berühmtheit und Popularität gekommen; nicht als ob er nicht eifrig danach gerungen und gestrebt (sein gesammtes Dichten und Trachten ging und geht ja auf nichts Anderes hinaus): aber die Mittel und Wege sind ihm ganz von ungefähr und halb unbewußt zugefallen, und bevor er sich genau von seinem Wirken und Wollen Rechenschaft gegeben, hob ihn bereits die Menge auf ihrem Schilde wie im Triumphe empor. Göthe (der Vicomte wird uns Dank wissen, daß wir in unserm Vergleich so hoch gehen), Göthe sagt in seinem Vorspiel zum Faust:

„Greift nur hinein in's volle Menschenleben!
Ein Jeder lebt's, nicht Jedem ist's bekannt,
Und wo ihr's packt, da ist's interessant."

und Ponson du Terrail mag wohl ähnlicher Meinung sein. Seine Romane und Geschichten sind nämlich eben Schilderungen des pariser Lebens und Treibens, mit den nöthigen Intriguen, Verwickelungen und Rühr- und Schauerscenen ꝛc., all' dies im höchsten Superlativ. Das alles sind nur vorüberziehende Bilder und Gestalten, die kommen und gehen, wie eine Theaterdecoration, wo die Coulissen jeden Augenblick wechseln, wo aber der Hintergrund stets ein und derselbe bleibt; und dieser Hintergrund ist Paris, d. h. die pariser Welt und um noch deutlicher zu sein: le demi-monde parisien.

Mancher Leser rümpft hier vielleicht die Nase; — aber, lieber Gott! Paris ist einmal Paris und ein pariser Romanschreiber oder Novellendichter (wenn das besser klingt) malt aus einer ganz andern Farbenschachtel als der deutsche. Freitag's geistreicher und vortrefflicher Roman „Soll und Haben", der, wenn das positiv-christliche Element mehr und selbstständiger darin vertreten wäre, wohl den Preis in der gesammten modernen deutschen Bellettristik verdiente, konnte nur mit Mühe und trotz der sehr gelungenen Uebersetzung im Moniteur-Feuilleton zu Ende gebracht werden, eben weil er dem pariser Geschmack nicht zusagte; Gutzkow's „Ritter vom Geist" als Feuilleton in einer pariser Zeitung könnten gar den Bankerott derselben nach sich ziehen, und Göthe's Wahlverwandtschaften würde es nicht besser gehen: so verschieden ist der Geschmack des Franzosen von dem des Deutschen, und so ganz anders sind hier die Köpfe und Sinne als jenseit des Rheins.

Aber was ist denn nun die charakteristische Seite der Romane des vielgenannten Vicomte, die denselben die Sympathieen des Publicums in so hohem Maße erworben?

Um die Antwort nicht lang zu machen, sagen wir: Ponson du Terrail befolgt allerdings die Göthe'schen Worte; er greift hinein in's pariser Leben und wo er's packt, da ist's interessant. Das „frische, volle Leben", was Göthe meint, ist es freilich nicht, weder in ästhetischer noch ethischer Hinsicht (in moralischer wagen wir nicht hinzusetzen, denn auch Göthe war kein Moralist); der Vicomte schildert einfach die Welt, in der er selbst sich bewegt, und klassische Gestalten und Charaktere findet man nicht auf dem Boulevard des Italiens und im Café Anglais. Außerdem componirt er die abenteuerlichsten Persönlichkeiten, die in der Regel weit her kommen, aus Hinterindien oder aus den Urwäldern Brasiliens; gar oft machen seine Helden die Reise um die Welt, wie wir andern Sterblichen Nachmittags in's Bois de Boulogne fahren, und sie kommen plötzlich eines Morgens aus Calcutta oder Valparaiso an, wie wir einen Freund in einem andern Stadtviertel besuchen. Aber dies sind unschuldige Nebensachen, und wir ließen dem Vicomte seine überseeischen Helden gern unangefochten, wenn nur seine Heldinnen besser wären. Diese nimmt er fast nur aus der demi-monde: Loretten, Grisetten und sonstige Maitressen aller Art, die freilich zumeist wahre Tugendspiegel sind, d. h. geworden sind, büßende Magdalenen, weichherzige, großmüthige Seelen, die als rettende Engel in der Noth erscheinen 2c.; aber unter der Schminke erkennt man nur allzu leicht die welken, abgelebten Züge einer frühern Coquette und hinter der lächelnden Heiligenmaske das freche Antlitz der Sünde. Kein Roman des Vicomte, in welchem nicht eine moderne Lais oder Aspasia die Hauptrolle spielte, und was ihnen an Geist abgeht, ersetzen die Sammetroben, die Brillanten und Spitzen, mit denen der gute Mann umherwirft, als wenn sie gar kein Geld kosteten.

Eine weitere Eigenthümlichkeit der Ponson'schen Romane ist die Actualität, die er denselben in allen, selbst den geringfügigsten Details zu geben weiß, indem er Personen und Dinge so völlig und ganz mit den pariser Verhältnissen in Verbindung bringt, daß gar Viele in seinen Geschichten mitzuspielen glauben, oder sich gar in der einen oder andern Figur zu erkennen versucht fühlen.

Im Pavillon d'Armenonville des Bois de Boulogne haben wir natürlich so gut wie hundert Andere dinirt; im Cabinet Nr. 7, wo die fürchterliche Vergiftungsscene der „Gandins" (sein letztes großes Werk) vor sich geht, waren wir zufällig auch, und ich musterte sogleich

neugierig alle Fensterscheiben, um auf einer derselben
den Namen zu finden, den die berüchtigte, ach! und so
schöne Gräfin Morangis mit ihrem Brillantring an
jenem schrecklichen Abend hineingeschnitten. Ich fand ihn
auch endlich, und zeigte meinen Fund ganz erstaunt
den Andern; die aber lachten mich gewaltig aus, und
Max rief: „Unser Freund ist wirklich unvergleichlich!
er thut, als glaube er all den Unsinn, den Ponson zu-
sammenschreibt!" — Der zufällig eintretende Kellner
wurde darauf in's Gebet genommen, und er beichtete
denn auch sofort und in aller Aufrichtigkeit, daß der
Wirth den Namen in die Fensterscheibe habe einritzen
lassen, nur um den ewigen und lästigen Nachfragen der
Gäste zu entgehen, die sammt und sonders das Cabinet
Nr. 7 bestellten.

So könnte ich leicht hundert ähnliche Beispiele anführen; aber nur eins sei mir noch erlaubt, und
zwar die Geschichte von dem Fiaker Nr. 312, der an
der Madeleine-Kirche stationirt ist, und der auf solche Weise
ebenfalls eine große Berühmtheit erlangt hat. Er war
es nämlich, den die beiden Duellanten, Monsieur de
Mas und Sir J. Trenk (auch aus den „Gandins")*)
zu ihrer nächtlichen Fahrt nach Vincennes benutzten, und

---

*) Das Wort ist abgeleitet vom Boulevard de Gand, wie
man zur Zeit der Restauration den Boulevard des Italiens. nannte; und Gandin bedeutet so viel als Stutzer,
und bezeichnet die Löwen und Modehelden, die gerade
auf dem genannten Boulevard am häufigsten anzutreffen
sind; — die eigentlichen „Viveurs de Paris".

der zu dem monströsen Pistolen=Duell seine Wagenlaternen hergegeben hat. Es war stockfinstere Nacht; aber die Gegner konnten aus hunderttausend Gründen nicht bis zum nächsten Morgen warten, und auch aus dem Grunde nicht, weil ja sonst der Vicomte die abenteuerliche, „pikante" Episode — ein Pistolen=Duell um Mitternacht bei Wagenlaternen! nicht hätte an den Mann bringen können. Kurz, das Duell mußte um jeden Preis vor sich gehen; beide Duellanten nahmen in die rechte Hand eine geladene Pistole und in die linke die brennende Laterne, die sie in der Herzgegend zu halten auf Ehrenwort verpflichtet waren, und so gehen Pistolen, Menschen und Laternen langsam auf einander los. Monsieur de Mas schießt zuerst, und zwar mitten in die Laterne hinein, deren Licht verlöscht, aber die Kugel bleibt darin liegen. Darauf schießt Sir J. Trenk, oder richtiger, er will schießen, als sich mit lautem Schrei eine weiße Gestalt zwischen die Kämpfenden wirft und .... und .... doch wir brechen hier lieber ab, um den schon ohnehin „sehr bewegten" Leser nicht noch mehr aufzuregen.

Aber der Fiaker Nr. 312 war dadurch wenigstens auf acht, vierzehn Tage unsterblich geworden, und alle Gandins liefen nach der Madeleine, um ihn zu sehen und dem Kutscher ein Trinkgeld zu geben, der dafür mit ganz ernster Miene seine zerbrochene Laterne zeigte, in welcher noch die verhängnißvolle Kugel lag.

Die Pariser sind, wie gesagt, große Kinder, und

wer ihnen nur ein Spielzeug nach ihrem Geschmacke zuzurichten weiß, der ist ihr Mann.

* * *

Wir waren kürzlich im Pleyel'schen Concertsaal, nicht um dem Concert zuzuhören, denn das ist in Paris gegen den guten Ton, — also nicht im Concertsaal selbst, sondern in einem großen Nebenzimmer, wo geraucht und politisirt wurde, jenes stark und ungenirt, dieses sehr gemäßigt und rücksichtsvoll. Mehrere Herren standen in einer Fensterbrüstung, wie es schien in einem literarischen Gespräch. Einer dieser Herren, ein Mann von einfachem und anspruchslosem, aber sehr einnehmendem Aeußern, führte gerade das Wort, als wir hinzutraten. „Auch das dürfte (so lautete ungefähr was er sagte) ein Verdienst, wenigstens ein literarisches sein, sich dem herrschenden Zeitgeschmack so unterzuordnen, daß man seine eigenen Gedanken, Ansichten und Meinungen nie ausspricht, sondern daß man nur so schreibt, wie es eben die Menge für den Augenblick verlangt. Deshalb, meine Herren (dies schien das eigentliche Thema des Gesprächs zu sein), scheiden Sie ja stets den Dichter vom Menschen." Ich betrachtete mir den Mann genauer, der dies merkwürdige, freilich nicht gerade heroische Geständniß machte, und ein wehmüthiger Zug in seinem Gesichte fiel mir alsbald auf. Eben dieser Mann — ich wollte meinen Ohren nicht trauen, als mir mein Begleiter es zuraunte und es selbst dann noch nicht glauben, als er mich ihm vorstellte — war der Vicomte Ponson du Terrail.

Squire, der zweite Home.

Es werden jetzt bald vier Jahre, als ich eines Morgens ein sehr höfliches Billet erhielt, in welchem ich ersucht wurde, mich um die Mittagszeit in die kaiserliche Bibliothek zu begeben, und zwar in den Globensaal, wo mich ein Herr erwarte, der sich mit mir über eine literarische Arbeit zu verständigen wünsche. Das Billet war unterzeichnet: Marquis de M—ville, ein Name, der mir nicht unbekannt war und den ich gerade in jener Zeit mehrfach gedruckt gelesen und auch oft hatte nennen hören; nur konnte ich mich nicht auf das Wie und Wo besinnen. Ich stellte mich natürlich ein und fand im Globensaal, der dem Publicum nicht zugänglich ist, in den ich aber nach Vorzeigung meines Passes sofort gelangte, nur einige Herren und Damen, augenscheinlich Fremde, die mit wahrer Andacht die beiden ungeheuern Globen, eine Erd- und eine Himmelskugel, betrachteten. Ein kleiner, feiner Herr in mittlern Jahren kam plötzlich rasch auf mich zu, begrüßte mich und redete mich bei meinem Namen an. Es war dies der Marquis de M—ville, der mich, wie er sagte, von der deutschen Mission her kannte und dessen ich mich nun auch unbestimmt erinnerte. Der Marquis, von sehr lebhaftem Charakter und ein Feind aller überflüssigen Präliminarien, zog mich in eine Fensternische und an einen kleinen Tisch, an welchem er bereits geschrieben hatte. Auf dem Tische lagen deutsche Bücher und unter ihnen das neueste Werk des Dr. Sepp aus München: „Das Heidenthum und dessen Bedeutung für das Christenthum. Gerade um dies Werk handelte es sich.

Der Marquis de M—ville nämlich, der schon mehrere transcendentale und mystische Schriften herausgegeben, und unter ihnen dicke Bücher, war mit der Abfassung eines neuen, derartigen Werkes beschäftigt und wünschte, nicht ohne Grund, die so eben erschienene große Arbeit des berühmten Sepp kennen zu lernen. Da er aber kein Deutsch verstand, so sah er sich nach einem Dolmetscher um, der ihm den münchener Professor verständlich machen könnte. Fürwahr keine kleine Aufgabe! — Jeder, der das Sepp'sche Werk kennt, wird mir beipflichten und begreifen, daß ich sofort meine Einwendungen machte und die nöthigen Bedenken erhob. Da ich aber bereits früher ein Mal einige Capitel von Hegel's Phänomenologie des Geistes für eine französische Zeitschrift übersetzt hatte*), was der Marquis wußte und mir auch augenblicklich mit den nöthigen Complimenten vorhielt, so mußte ich mich

---

*) Ein wahres Kunststück! Irgend eine „Phantasie" von Jean Paul, dem Unübersetzbaren, wäre wohl nicht schwerer gewesen.

ergeben; und schon auf den nächsten Morgen wurde die erste Conferenz verabredet.

Wer war denn eigentlich der Herr von M—ville, weß Geistes und Glaubens Kind, und was wollte er überhaupt von mir und dem Dr. Sepp? Das sind Fragen, die sich dem Leser unwillkürlich aufdrängen und die ich auch sofort beantworten will, obwohl es mir schwer und sauer werden wird. Ja, schwer und sauer; denn es könnte mir mit dem Leser gehen, wie damals mit manchem Freunde und Bekannten, der mich auch über die Achsel und kopfschüttelnd ansah, seitdem er wußte, daß ich mit dem „Geisterseher" verkehrte, täglich bei ihm aus= und einging und ganze Vormittage mit ihm arbeitete. Also Nachsicht und Gnade!

Der Marquis de M—ville (ich kann, statt des Gedankenstriches, die beiden fehlenden Buchstaben „ir" eben so gut hinzufügen, da der Name in ganz Paris bekannt ist) also der Marquis de Mirville ist allerdings ein Illuminat und ein Hellseher, ein Teufelsbanner sogar, wenn man will, und ein Geisterbeschwörer, aber dabei zugleich der liebenswürdigste und angenehmste Mann von der Welt. Kommt man freilich auf die Tischrückerei und auf die Klopfgeister zu reden und glaubt ihm nicht, oder bekämpft wohl gar die ganze Sache als Hallucination und albernen Kram, so wird er wild und setzt einem heftig zu; dabei entwickelt er zugleich eine große Gelehrsamkeit und eine erstaunliche Belesenheit, so wie ein Gedächtniß, das an's Unglaubliche grenzt. Damals, als ich ihn kennen lernte, stand

Mirville gewissermaßen auf dem Höhenpunkte seines Ruhms; er hatte mehrere Schriften über das Tisch=
rücken, über Klopfgeister und über sonstige „Erschei=
nungen aus dem Nachtgebiete der Natur" (um mit Justinus Kerner zu reden) veröffentlicht, die viel gele=
sen wurden und eine heftige Polemik hervorgerufen hatten. Ganz Paris war damals in die Spuk= und Taumelsphäre der Geister= und Gespenster=Geschichten hineingerathen, oder doch noch nicht aus derselben her=
ausgetreten; denn die eigentliche Zeit jenes unerhörten Paroxismus fällt bereits in die Jahre 1853 und 54. Aber auch vor vier Jahren noch hörte man vielfach die wunderbarsten Geschichten in dieser Beziehung er=
zählen; nur daß sich die niedere Speculation und die Tages=Industrie der Sache bemächtigt hatten und in den untern Volksklassen viel Unwesen stifteten. So spielte ein alter Eßtisch, der dem berühmten Dupuytren gehört hatte, eine große Rolle. Er gab ärztliche Con=
sultationen, die schweres Geld kosteten, und konnte nicht ein Mal allen Clienten gerecht werden, bis sich die Polizei in's Mittel legte und den Eßtisch, d. h. seinen Repräsentanten, einen verlaufenen Advocaten, arretirte und vor Gericht zog. Damit war der Wirthschaft ein Ende gemacht, zum großen Verdruß aller alten Weiber und Klatschschwestern des Quartiers — und auch des Herrn von Mirville, der allerdings nicht den Köhler=
glauben der ungebildeten Massen theilte, aber der doch die Sache, nämlich den Eßtisch, gern untersucht hätte, um zu wissen, was davon zu halten sei; denn er gab

sofort die Möglichkeit eines Besessenseins des alten Möbels zu.

Unsere Meinungen gingen mithin weit auseinander; dennoch hatten wir nur selten eine Discussion. Ich las dem Marquis, nachdem ich ihn mit dem Inhalts-Verzeichniß des Sepp'schen Werkes bekannt gemacht, irgend ein von ihm gewähltes Capitel in französischer Uebersetzung vor, natürlich auszugsweise und dem Sinne nach, mit Ueberschlagung der weniger wichtigen Stellen. Er selbst schrieb und notirte beständig, und auf diese Weise arbeiteten wir wohl einen Monat lang täglich zusammen. Ich blieb oft zum Frühstück, und nach dem Frühstück machte die Tochter Musik (der Marquis ist Witwer), und der Vater empfing Freunde und Bekannte. Dadurch hatte ich zugleich Gelegenheit, verschiedene interessante und bedeutende Personen kennen zu lernen, unter ihnen viele Legitimisten, die dem höchsten Adel Frankreichs angehörten.

Die Einleitung (so denkt der Leser, und er hat nicht Unrecht) ist ja ganz romantisch, nur fehlt bis jetzt die Handlung. Denn so interessant auch das Sepp'sche „Heidenthum und dessen Bedeutung für das Christenthum" sein mag, so .... aber er hat nicht ein Mal Zeit zu vollenden, denn die Hauptperson befindet sich bereits im Salon des Herrn von Mirville.

* * *

Es waren an jenem Tage mehr Personen wie gewöhnlich dort. Das Fräulein hatte sich bereits auf dem Flügel hören lassen. An den Fenstern standen plaudernde Gruppen. Der Herr vom Hause sprach bald mit diesem, bald mit jenem ein flüchtiges Wort. Aber ich merkte wohl, daß irgend etwas Außergewöhnliches vorging. Die Damen befanden sich — war es Absicht oder Zufall — sämmtlich am entlegensten Ende des Salons und schienen mit unverhehlter Furcht nach dem Kamine zu blicken.

Am Kamine lehnte eine lange, hagere Gestalt, ganz in Schwarz. Die scharfen Züge des erdfahlen Gesichts waren unbeweglich; nur die stechenden Augen richteten sich nach allen Seiten, firirten wie im Fluge Personen und Dinge und schlossen sich dann secundenlang, während sich die schmalen, farblosen Lippen unmerklich bewegten.

Mir fiel wahrhaftig sofort der Armenier aus Schiller's Geisterseher ein, und selbst jetzt, wenn ich mich etwas lebhaft in jene Zeit zurückversetze, taucht mir immer wieder diese unheimliche Figur auf; ja (es ist kindisch und lächerlich!) fast möchte ich mich in diesem Augenblick unter dem Schreiben umdrehen, ob er mir nicht etwa über die Schulter auf's Papier schaue.

Ich konnte gar nicht begreifen, daß ich schon eine gute Viertelstunde im Salon war, ohne diesen Herrn bemerkt zu haben, den alle übrigen Gäste mit Staunen betrachteten. Nur der Marquis konnte mir den gewünschten Aufschluß geben. Ich stand also auf, um ihn zu suchen, als er just auf mich zutrat, mich bei der Hand nahm, mir lächelnd ein Wort zuflüsterte, das ich nicht verstand, mit mir auf den Unbekannten zuging und mich ihm vorstellte. Es war Home, der berühmte, der unbegreifliche, der schreckliche Home, von dem seit einem Monat ganz Paris sprach; der in den Tuilerien vor den Majestäten und einigen Auserwählten seine „Künste" gezeigt hatte: Dinge, bei deren bloßer Erzählung Einem angst und bange wurde; Home, dessen ganze Existenz in räthselhaftes Dunkel gehüllt war. Man wußte nicht, woher er kam, ob aus einer Pagode Hinter-Indiens, ob aus einer ägyptischen Pyramide wie weiland Cagliostro, ob aus den Katakomben Roms, wie seiner Zeit der Graf von Saint-Germain. Man stelle sich das Glück und die Freude des guten Marquis vor, einen solchen Goldmann in seinem Hause zu sehen; er hatte ihn zum Frühstück eingeladen und hätte ihm zu Ehren gewiß ein großes Diner gegeben. Aber der Goldmann nahm keine derartige Einladung an, und daher schwor man hoch und theuer, daß man ihn nirgends, auch nicht im Hôtel Meurice, wo er abgestiegen war, das allergeringste habe essen oder trinken gesehen. Also in mehr als einer Hinsicht eine neue Ausgabe des Schiller'schen Armeniers.

Herr Home begrüßte mich übrigens wie jeder andere Erdenmensch mit einer verbindlichen Verbeugung, und redete mich dann sofort deutsch an, das er wie ein gebildeter Hannoveraner, also sehr gut sprach. Aber man denke sich mein Erstaunen, als er mir ohne weitere Einleitung die folgenden Worte sagte: „Ihre Schwester in New-York ist gläubiger als Sie, denn sie ist vor einigen Tagen zu einem dortigen Medium gegangen, um sich nach Ihnen zu erkundigen, da Sie ihr so lange nicht geschrieben haben." „Und was war die Antwort des Mediums?" *) fragte ich hastig. „Daß Sie gesund seien," erwiderte er, „daß Sie sich seit einiger Zeit in guten Händen befänden (dabei deutete er mit einem ironischen Seitenblick auf den Marquis) und daß ich Sie bekehren würde."

Diese letzte Phrase nöthigte mir ein Lächeln ab, aber im Uebrigen wurde ich doch plötzlich ganz nachdenkend und ernst. Ich habe nämlich wirklich eine verheirathete Schwester in New-York, war ihr auch Antwort auf mehrere Briefe schuldig und wußte überdem, daß sie, und vielleicht mehr als gut war, an all diese übernatürlichen Geschichten glaubte.

Der junge Baron G., ein Mitarbeiter an der ‚Gazette de France', aber ein Zweifler ärger als Thomas, wollte wissen, was mir Home gesagt habe, da

---

*) Die gütige Leserin weiß, was ein „Medium" ist, aber sie weiß vielleicht nicht, daß in New-York und überhaupt in Nord-America, dem Vaterlande der Tisch- und Klopfgeister, zahlreiche Bureaux existiren, in welchen Wahrsagerei, Magnetismus und Somnambulismus getrieben wird und wo alle Welt hingeht, sich Rath zu holen oder sonst Erkundigungen einzuziehen. Diese Bureaux werden nicht allein von der Polizei geduldet, sondern sie bezahlen Abgaben und Steuern, wie jedes andere bürgerliche Geschäft.

ich ganz roth und verlegen geworden sei. Als ich es ihm erzählte, lachte er und rief: „Der Taschenspieler! Weiter nichts als das? Als wenn dazu große Hexerei gehörte! Sind Sie nicht schon über einen Monat alle Tage im Hause des Marquis? Hat man Sie nicht längst nach Ihrer Familie ꝛc. gefragt, (dies war der Fall gewesen) und haben Sie nicht das Eine oder Andere aus Ihrem Leben erzählt? (Allerdings.) Das hat er erfahren, Gott weiß wie, vielleicht durch den Marquis selbst, der Sie nur allzu gern zu einem »Gläubigen« machen möchte, — kurz und gut, ich sehe darin nichts Ueberirdisches, und ich bin fest überzeugt, daß der große Mann sich über Sie und über uns Alle lustig macht und nichts ist, als ein geschickter Industrieritter."

Das war nun freilich kalt Wasser auf meine Erregtheit; aber überzeugt wurde ich dadurch nicht, denn ich wußte, daß der Baron G., als erklärter Gegner der damaligen transcendentalen Bewegung der pariser Köpfe, principiell Alles, was nicht in seine Ansicht paßte, von vornherein und ohne Prüfung verwarf. Und (man höre!) nach wenigen Monaten war dieser selbe Baron G. ein begeisterter Anhänger der „neuen Lehre" geworden und ein so eifriger Proselytenmacher, daß man ihm, wenn man nicht gerade einige Stunden Zeit übrig hatte, auf dem Boulevard ausweichen mußte, um seiner Discussion zu entgehen. An jenem Tage war er aber noch der unerbittliche Skeptiker.

Die Unterhaltung war mittlerweile allgemeiner geworden, denn das Eis war gebrochen. Die Damen wagten sich wieder in die Nähe des Kamins und horchten in angstvoller Neugier auf jedes Wort Home's, der mit einigen Herren französisch sprach und ihre dreisten Fragen über Magnetismus und magnetische Kuren mit der größten Ruhe und Zuvorkommenheit beantwortete.

Ein Lakai trat ein und stellte einen zierlich gearbeiteten Kasten auf den Tisch, mitten im Salon. Mehrere Damen, vom Marquis dazu aufgemuntert, wandten sich an den Magnetiseur mit der Bitte, sich auf seinem Instrumente hören zu lassen, das man so eben gebracht habe. Home ging auch augenblicklich an den Tisch, öffnete den Kasten und nahm ein gewöhnliches Accordeon heraus. Er spielte sofort und ohne Präliminarien einige Melodieen. Die Musik machte unleugbar auf alle Anwesenden einen tiefen, bedeutenden Eindruck. Jeder gestand, so etwas nie gehört zu haben. Das Instrument schien wie verwandelt, und wenn man nicht hinsah, so glaubte man bald eine Flöte, bald eine Geige zu hören, bald mehrere Instrumente zugleich. Der merkwürdige Mann hielt auf ein Mal inne und sagte fast verdrießlich: „Es ist zu hell im Saal". Man ließ sogleich die dunkeln Vorhänge fallen, wodurch eine matte Dämmerung entstand, an die sich das Auge aber bald gewöhnte und in der man recht gut alle Gegenstände und vorzüglich die Bewegungen des Magnetiseurs erkennen konnte. Home zog darauf noch

einige Male das Accordeon seiner ganzen Länge nach
aus, setzte es dann behutsam auf den Tisch, fuhr mit
den Händen darüber hin, zog sich langsam zurück und
stellte sich an seinen alten Platz am Kamine: das
Instrument spielte beständig weiter und in wahrhaft
ergreifender, vollendeter Weise. Ringsum athmete man
kaum; man horchte auf die Musik und sah bald auf
das Accordeon, das sich stets sanft auf und nieder
bewegte, noch dazu in schräger, schwebender Stellung,
so daß man alle Augenblicke glaubte, es müsse hin-
fallen; bald sah man auf den Künstler, der es spielte,
und doch wieder nicht spielte .... kurz, man wußte
wirklich nicht recht, woran man war. Das Instrument schwieg, aber die Melodie klang und tönte noch
wie ein leises Echo an den Wänden und Möbeln umher. Home trat wieder vor und sagte mit seiner steten
höflichen Ruhe (er sprach französisch und zwar wie ein
geborener Pariser): „Sie können irgend eine Melodie
verlangen und das Accordeon wird dieselbe sofort spielen". Von zwei Seiten rief man ihm und fast zugleich
zu: God save the queen! und: Partant pour la
Syrie! und in demselben Moment hörte man beide
Melodieen, durcheinander, abgebrochen und unvoll-
ständig, nachher aber jedes Lied einzeln und mit ächt
künstlerischen Variationen. Home selbst stand während
der ganzen Zeit wenigstens zehn Schritte vom Tisch
entfernt am Kamine, dessen erlöschende Kohlengluth
sein dunkeles, unbewegliches Schattenbild nur noch
geisterhafter erscheinen ließ. Die Musik verstummte

von neuem, und ein Lakai rief plötzlich nach französischer Sitte laut ein paar Namen und Titel in den Saal. Zwei Herren traten ein und unterbrachen in sehr prosaischer Weise die merkwürdige Vorstellung. Die Gardinen wurden zurückgezogen, es ward wieder hell wie vorher und Einer sah den Andern erstaunt und fragend an. Mehrere Minuten vergingen noch, bevor die Unterhaltung allgemein lebhaft wurde.

Der Baron G. hatte sich sofort des Accordeons bemächtigt, das er von allen Seiten besah, betastete und untersuchte. Es war und blieb aber nur ein ganz gewöhnliches Instrument. Home, der den Baron mit den Augen verfolgte, trat auf ihn zu und sagte mit ironischem Lächeln: „Nicht wahr, es ist nichts Besonderes daran? Versuchen sie doch ein Mal, nur um den Ton zu hören." Der Baron, übrigens ein guter Musiker, griff ein paar Accorde, die aber so jammervoll, so drehorgelmäßig klangen, daß Alle laut lachten und sich die Ohren zuhielten.

Man zog die Gardinen wieder zu und es herrschte von neuem die vorige Dämmerung im Saal; der Baron hatte aber heimlich einige Stücke Holz auf die Kohlengluth gelegt, die mittlerweile in Brand gerathen waren und nun ein flackernde Helle verbreiteten. Home, der bereits am andern Ende des Saales vor dem Flügel stand, schien dadurch intriguirt zu werden, aber er sagte nichts. Der Marquis hatte uns sämmtlich, Herren und Damen, rings um den Flügel aufgestellt, etwa zwei Fuß von demselben entfernt. Jeder konnte die Manipulationen des Magnetiseurs genau sehen, ich vorzüglich, denn ich hatte mich ganz in seine Nähe gedrängt. Der Baron stand mir zur Seite. Home wiederholte noch einige Male die magnetisirende Handbewegung, trat darauf einen Schritt zurück und warf seine zehn Finger mehrfach in die Luft gegen den Flügel, wie wenn er dem todten Holz noch einen letzten Strom des Nervenfluidums mittheilen wollte. Alsdann trat er dicht an das Instrument hinan, legte die rechte Hand darauf und der gewaltige Kasten (der Leser stellt sich unschwer die Größe und das Gewicht eines Erard'schen Flügels vor) bewegte sich nach allen Richtungen hin, vor- und rückwärts, rechts und links, bald schneller, bald langsamer, und wir mußten ihm ausweichen, um nicht umgestoßen zu werden. Es war diese Scene das Tischrücken in seiner höchsten Potenz.

„Es können sich immerhin zwei Personen auf den Flügel setzen," sagte Home mit seiner sonoren Stimme, die bei der ängstlichen Spannung und Stille ganz unheimlich klang. Und der Baron (natürlich stets der Erste, wo es Opposition galt) sprang sofort hinauf, und auf die gegenüberliegende Seite setzte sich die Tochter des Hauses. Die Bewegung des Flügels wurde dadurch in nichts vermindert oder gar gestört. Er rollte nach wie vor auf dem dicken Fußteppich hin und her, und doch war gerade dieser Teppich ganz geeignet, dem lebendig gewordenen Möbel die übernatürliche Promenade zu erschweren. Selbst wenn Home (und wir drängten uns dicht hinzu, um es deutlich zu sehen und

uns nicht zu täuschen) seine Hand brei, vier Zoll und
weiter vom Flügel entfernt hielt, so stieß derselbe sofort an seine Fingerspitzen, völlig wie ein Stück Eisen
einem starken Magnet zufliegt. Der Flügel war auf
diese Weise wenigstens zehn Schritt weit von seinem
Platz gerückt, der Baron und das Fräulein saßen noch
immer darauf, als sich der Magnetiseur verbeugte und
niedersetzte. Man zog abermals die Gardinen zurück
und schaute einander wie vorher verwundert und kopfschüttelnd an, und betrachtete nicht minder den Tausendkünstler, der solche Wunderdinge verrichtete und
zwar mit einer Leichtigkeit und Ruhe, als ob er ein
kleines Kartenkunststück gezeigt hätte. Bringen Sie
doch den Flügel auf seinen alten Platz, rief uns Home
scherzend zu, und wir waren wohl unser Sechs, die
Hand anlegten und das Instrument nicht ohne Mühe
an die Wand schoben. Er hat Blei hineingegossen,
sagte der Baron. Aber als ich ihn darauf ganz ernsthaft ansah, erwiderte er mir, denn er errieth meine
Frage: „Gewiß, ich habe den Magnetismus nie be-
zweifelt; nur behaupte ich, daß hier noch etwas Anderes dahinter steckt". Dies „etwas Andere" war es
aber gerade, was Keiner herausklügeln und zusam-
menreimen konnte und worüber wir uns Alle die Köpfe
zerbrachen. Selbst in dieser Stunde, wo ich die so
eben niedergeschriebene Schilderung aufmerksam durch-
lese, und sie mit gutem Gewissen für völlig wahr-
heitsgetreu erklären muß, bin ich im Verständniß des
Ganzen um kein Haar breit vorgerückt.

Als ich am Abend desselben Tages mehrern Freunden und Bekannten die abenteuerlichen Scenen im Mirville'schen Salon erzählte, waren die Meinungen sehr getheilt. Die Einen lachten und hätten mir gern den Puls gefühlt, ob es auch richtig mit mir im Oberstübchen sei, und griffen dann zum Zeitungsblatt, um die unterbrochene Lectüre fortzusetzen, von der es sich doch sehr fragte, ob sie so interessant war, wie meine Mittheilung. Andere gaben mir die Thatsachen zu und nicht minder die, übrigens in ganz Paris bekannte, außerordentliche magnetische Begabung Home's. Aber sie behaupteten denn doch, daß er hier mit dem Marquis wohl im Einverständniß gehandelt, d. h. mit ihm unter einer Decke gespielt habe. Dies Letztere bestritt ich sofort und entschieden; denn der Marquis, obwohl er ein „Gläubiger" war, konnte unmöglich den Bestrebungen Home's und seinem ganzen Thun und Treiben Vorschub leisten, da er dasselbe als von dämonischen Einflüssen ausgehend betrachtete und von seinem christlichen Standpunkte aus, als guter Katholik, verwarf und bekämpfte.

Man kann sich aber denken, in welcher Stimmung ich mich am folgenden Morgen beim Marquis einfand, um ihm ein neues Capitel aus dem Sepp'schen Werk zu übersetzen.

Der Marquis empfing mich mit triumphirender Miene, in der ich deutlich die Worte lesen konnte, bevor er sie mir zurief: „Nun, was sagen Sie jetzt, glauben Sie noch nicht, nachdem Sie gesehen und gehört?" — Ich antwortete ausweichend, denn gegen die Evidenz der gestrigen Thatsachen war nichts zu sagen; nur machte ich, wie hingeworfen, die Bemerkung, daß ich nicht recht begreifen könne, weshalb Home stets bei seinen „Experimenten" am Tage die Fenster verhängen und Nachts die Lampen auslöschen ließe, — „als wenn sie das Licht scheuten," setzte ich ironisch hinzu, indem ich diese Phrase dem Baron G. nachsprach, der mir gestern dieselbe Bemerkung gemacht.

Der Marquis erwiderte, daß dies ganz einfach einen physischen, besser gesagt, einen physikalischen Grund habe, der übrigens unerheblich sei; man dürfe aber nicht glauben, daß der Magnetiseur deshalb in der Dämmerung operire, um gewisse Hülfsmittel, als seidene Fäden, Eisendraht und ähnlichen Quark zu verstecken. Wer ihm dies nachsage, beweise dadurch, daß er noch nicht ein Mal auf dem Anfangspunkte des wahren Verständnisses stehe.

Uebrigens hatte der Marquis bereits an demselben Morgen eine andere Visite gehabt, die ihm nicht wenig zu denken gab und ihn namentlich in seiner von Anfang an ausgesprochenen Meinung bestärkte, daß Home wirklich über dämonische oder, um mit Sepp zu reden, den wir noch immer nicht zu Ende gebracht: kakodämonische Einflüsse gebieten könne.

In aller Frühe nämlich stürmt ein Freund unangemeldet in das Schlafzimmer des Marquis, der noch im Bette liegt und nicht wenig über diesen unverhofften und ungestümen Besuch erstaunt ist. Dieser Freund, ein ältlicher Mann und Präfect in einem nahen Departement, der sogar unter Louis Philippe Minister gewesen, ist ein Rationalist, um nicht Atheist zu sagen, vom reinsten Wasser, und hat sich auch durch derartige Schriften bekannt gemacht. In der höchsten Aufregung erzählt er dem Marquis, daß er gestern in einer Abendgesellschaft Home kennen gelernt und sich eine Zeit lang mit ihm unterhalten habe. Der Tausendkünstler habe darauf allerlei wunderbare Dinge vorgenommen, Bücher und Hüte, Spazierstöcke und Regenschirme und der Himmel weiß was sonst noch, magnetisirt und eine wahre Teufelswirthschaft vollführt; dem Einen schnell ein starkes Zahnweh angehaucht und eben so schnell durch einen Händedruck wieder weggeblasen, dem Andern Kopfweh, einem Dritten Seitenstechen in ähnlicher Weise gegeben und genommen, die Repetiruhren in den entferntesten Westentaschen und obenein auf eine bestimmte Stunde schlagen lassen, und was der Hexereien mehr gewesen; später habe er einige Herren und Damen, einzeln und nacheinander, vor einen großen Spiegel im Nebenzimmer geführt und alle hätten etwas Verschiedenes darin erblickt, nur nicht ihr eigenes Bild und mehrere Personen wären sogar nach der Spiegelschau ganz ernst und nachdenkend geworden. Er, der Präfect, habe dies Alles mit Neugier und Interesse, aber ohne weitere persönliche Ueberzeugung von einem höhern, übernatürlichen Einflusse, mit angesehen, bis denn endlich auch die Rede auf die abgeschiedenen Seelen, auf das Leben nach dem Tode und das sogenannte „Mittelreich" zwischen hier und jenseits, kurz auf Geisterbeschwörung gekommen sei. Home habe auf die betreffenden Fragen sehr ausweichend und unklar geantwortet, aber zu verstehen gegeben, daß sich seine Kunst und sein Wissen auch bis in jene Sphäre erstreckten. Das sei ihm denn doch (der Marquis erzählte stets weiter im Namen seines Freundes) zu stark geworden, zu unverschämt mit einem Wort, und er, der Präfect, habe sich vor Home hingestellt und ihm gesagt: Ich glaube nichts von all' Ihren Künsten und Hexereien und mache mich sogar darüber lustig; aber wenn Sie wirklich das sind, wofür Sie sich ausgeben, so können Sie mich trotzdem leicht bekehren und zu einem Gläubigen machen. — Home blieb unbeweglich wie eine Bildsäule, lächelte nicht und sagte nichts. — Der Präfect fuhr fort: Ich habe vor zwanzig Jahren Jemanden gekannt, ich sage nur »Jemanden«, der auf mein ganzes Leben den gewaltigsten Einfluß ausgeübt hat, ohne den ich vielleicht gar nicht mehr lebte; dieser Jemand ist todt, längst todt und ich möchte ihn sehen, wie ich ihn vor zwanzig Jahren gesehen, und ich gestehe Ihnen, wenn Sie das können, so ..... Home unterbrach ihn durch eine Handbewegung und wies, ohne ein Wort zu sagen, auf einen leeren Sessel, der neben dem Präfecten stand; dieser wendet sich und ...

„Nun und was?" rief ich hastig dem Marquis zu, der inne hielt und mich so stark fixirte, als wolle er selbst einen Geist beschwören, „was sah der Präfect, was?"

„Ich weiß es nicht," entgegnete der Marquis, „denn er hat es mir nicht gesagt, es thut aber auch nichts zur Sache. Von dem Moment an, wo er auf jenen Sessel geblickt, ist mit seinem ganzen innern Menschen eine vollständige Umwandlung vorgegangen, eine Revolution, eine Auferstehung. Wie er nach Hause und in sein Hôtel gekommen, weiß er nicht; die Nacht brachte er in fieberhafter Aufregung zu und schon diesen Morgen um sieben Uhr war er bei mir, und wohin glauben Sie, daß er von hier aus gegangen ist?"

„Zu Home vermuthlich," erwiderte ich, „um sich weitere Aufklärungen zu holen".

„Weit gefehlt," antwortete der Marquis; „übrigens bedarf er keiner weitern Aufklärungen, denn die Sache ist ihm nur allzu klar. Zu einem Beichtvater ist er gegangen, er, der seit mehr als dreißig Jahren in keinem Beichtstuhle gekniet hat, und der überhaupt nur in die Kirche geht, wenn er seiner Stellung wegen dieser »lästigen Verpflichtung« nicht ausweichen kann; und sein letztes Wort war, als er mich verließ: Wenn die Sachen so stehen, so ist es wirklich Zeit, mit seinem Gewissen in's Reine zu kommen".

„Und er hat Ihnen nicht gesagt, was er gesehen?" fragte ich von neuem, und der Marquis antwortete lächelnd: „Und wenn ich es Ihnen auch sagte, oder sagen könnte, denn ich weiß es nicht, so würden Sie es ja doch nicht glauben".

. . . . „Die ganze Geschichte von Home ist nichts weiter, als eine große Mystification," sagt gewiß mehr

16*

als ein Leser, „es ist Alles unklar und man weiß nicht, woran man ist. Auch ist Home ja längst nicht mehr in Paris, und wir sollten ja etwas von Squire, seinem Nachfolger, zu lesen bekommen. Aber von diesem erzählt man uns nichts." — So der Leser, und er hat Recht und auch wieder nicht Recht. — Aber nur Geduld, wenigstens so weit dies Squire betrifft.

Bald nach den eben geschilderten Ereignissen, die sich im pariser Publicum mit Blitzesschnelle verbreiteten und obenein lawinenartig vergrößert und übertrieben wurden, war Home plötzlich aus der Hauptstadt verschwunden. Man wußte nicht recht, wie es damit zugegangen war. Die Einen behaupteten, der Polizeipräfect habe ihm eine höfliche Visite gemacht, und wenig Stunden nach dieser Visite sei der Wundermann abgereist. Andere erzählten, der Kaiser habe ihn zum zweiten Male in die Tuilerien beschieden, ihm seine „Enthüllungen" fürstlich bezahlt und ihn verabschiedet. Noch Andere sagten einfach, er sei als Industrieritter arretirt und nachdem er einige Tage in der Conciergerie gesessen (wie einst Cagliostro in der Bastille) in aller Stille über die Grenze, d. h. nach England geschafft worden.

Kurzum, er war und blieb verschwunden und hatte wenigstens den Triumph und den Trost, einige Monate lang ganz Paris beschäftigt und mystificirt zu haben; von den zahlreichen Adepten und den bedeutenden Summen, die er gewonnen, gar nicht zu reden. Die stets auf und ab schwankende, unstete Welle des Tages verwischte auch bald Home's Andenken, und schon nach wenig Wochen sprach kein Mensch mehr von ihm. Der Marquis de Mirville verließ ebenfalls mit dem Frühling Paris und ging auf seine Güter in die Normandie, nachdem wir die Sepp'sche Lectüre glücklich zu Ende gebracht. Auch ihn habe ich nicht wieder gesehen; nur sind mir später einmal zufällig einige seiner neuesten Schriften in die Hände gefallen, in denen ich äußerst interessante, wenn auch sehr phantastische Berichte über den Aufenthalt Home's in Paris gefunden.

Mehrere Gedankenstriche sind jetzt nöthig, denn mehrere Jahre vergingen, und ich hatte Home und Mirville, den Präfecten und den Baron G., sogar den guten Sepp, der mir so viel Kopfzerbrechen gekostet, längst vergessen, als ein Zufall mir im vorigen Monat alle diese Personen und Ereignisse wieder auf das lebhafteste vor die Seele führte.

Wie gesagt, es sind etwa vier Wochen her, als ich eines Abends an Tortoni vorübergehe, einen Augenblick vor den großen Spiegelscheiben stehen bleibe, hineinschaue und im Hintergrunde des Saales einen Herrn sitzen sehe, ganz in Schwarz, bleich und hager.....
und wie ein Blitz durchfliegt es mich: Das ist Home!

Ich natürlich sofort hinein und durch das lange Rauchzimmer in den hintern Saal. Aber schon war der bewußte Herr aufgestanden und durch eine Seitenthür hinausgegangen. Ich durch dieselbe Thür ebenfalls wieder hinaus und ihm nach. Aber man versuche nur, Jemanden einzuholen in dem Menschengedränge des Boulevard des Italiens, vorzüglich Abends, auch wenn man nur eine Secunde hinter ihm ist, und vollends wenn der Jemand vielleicht absichtlich ausweicht. Welchen Grund konnte übrigens Home haben, mir auszuweichen? Denn daß auch er mich erkannt, redete ich mir in meiner Aufregung sofort ein. Begreiflich kehrte ich zu Tortoni zurück und dort wandte ich mich an Pierre, das Modell aller pariser Kellner und das Factotum für alle Neuigkeiten und Geheimnisse des dortigen Quartiers, und erkundigte mich nach dem fremden Herrn. „Sie sind wenigstens schon der Sechste, der mich nach ihm fragt," entgegnete Pierre lachend. „Kennen Sie denn Squire nicht, den neuen Wundermann?" — „Home wollen Sie sagen," rief ich schnell, „Home, nicht wahr?" — „Entschuldigen Sie," erwiderte der Kellner, „der Herr, der da eben seinen Kaffee getrunken hat, heißt Squire. Er ist ein nordamericanischer Magnetiseur und erst seit einigen Tagen in Paris. Home," fuhr der Redselige fort, „ist ja seit drei oder vier Jahren fort. Haben Sie denn Home gekannt?" (Pierre war ein „Gläubiger".) „So gut gekannt," antwortete ich, „daß ich darauf schwören wollte, er sei es gewesen, eben der Herr, den Sie Squire nennen" (ich hörte den Namen zum ersten Male). — „Ei, nicht doch!" rief Pierre. „Home war ein starker, blonder Mann mit rothen Backen; dieser hingegen sieht ja aus wie ein Leichenbitter." — „Stark, blond,

rothe Backen?" wiederholte ich erstaunt. „Sie wollen
mich zum Besten haben; so wie Ihr Herr Squire,
oder wie Sie ihn sonst nennen, aussieht, gerade so
habe ich Home gekannt, und Home ist es auch, der da
eben zur Thür hinausgegangen."

Pierre wurde gerufen und beurlaubte sich. Ich
blieb noch eine Stunde lang im Café und wartete,
natürlich vergebens. Bei einigem Nachdenken wunderte
ich mich aber nicht weiter über diese seltsamen Aus=
sagen. Mir fiel nämlich ein (was ich nur oben mit=
zutheilen vergessen), daß man zur Zeit des Home-
Paroxismus gar oft die widerstreitendsten Schilderungen
seiner äußern Person hörte. Die Einen hatten ihn dick,
blond und von frischer Gesichtsfarbe gesehen, wie Pierre;
Andere mager, mit schwarzem Haar und sehr bleich,
wie ich. Nach Einigen trug er einen starken Bart und
schwarze Kleidung; nach Andern war er bartlos und
ganz buntfarbig, nach der neuesten Mode, gekleidet:
ja der Präfect nannte ihn sogar ein Mal in einem
Billet, wie ich mich gut erinnere, den „schrecklichen
Graukopf".

Wer war nun aber der neu angekommene Squire,
das neue Medium, der sich erst seit wenig Tagen
in Paris aufhielt und schon so viel von sich
reden machte? — Es war zu verwundern, daß er
mir, einem fleißigen Zeitungsleser, unbekannt geblieben,
denn die meisten Journale sprachen bereits von ihm,
und einige Blätter erzählten gar ein Langes und Brei=
tes von seinen Künsten und seinen übernatürlichen

Fähigkeiten. Trotzdem konnte ich nur wenig Bestimmtes und Näheres über ihn erfahren. Zu Tortoni ist er nicht wieder gekommen, wie mir Pierre versicherte. Ich war wenigstens zehn Mal hingegangen, stets in der Hoffnung, ihn zu treffen.

Ich, für den ja Squire und Home ein und dasselbe Medium sind, kann übrigens hier meinen Bericht schließen. Indem ich Home geschildert, habe ich zu gleicher Zeit Squire im Auge gehabt, und ich bitte den Leser, vor der Hand und bis auf weitere Berichtigungen, dasselbe zu glauben; denn, Scherz bei Seite, der neue Squire ist wahrlich Niemand anders, als der alte Home.*)

Anne Delion.

Das zweite Haus rechts in der Avenue de l'Impératrice ist zu verkaufen. Man spricht von 300,000 Franken, was nicht sehr viel ist in einer Gegend, wo der Quadratmeter Terrain vier- und fünfhundert

---

*) In einigen Zeitungen fand man sogar diese Meinung in ziemlich unverhüllter Form bestätigt. Einen großen „Coup" hat indeß Squire nicht gemacht, sondern er ist ganz leise und unbemerkt vom pariser Horizont wieder verschwunden; aber schon deswegen dürften wir uns über seine Identität erst recht nicht geirrt haben. Alsdann war es gewiß Home, der das Terrain untersuchen wollte, um zu sehen, was für Luft hier augenblicklich wehe, und der sich zurückgezogen, weil er einen ungünstigen Moment für sein Wiedererscheinen gewählt.

Franken kostet. Das Haus ist übrigens auch nicht groß; es hat nur zwei Etagen und fünf Fenster Front. Die Nebengebäude für Wagen und Pferde sind ebenfalls nur klein; aber das ganze Besitzthum ist allerliebst, coquett und verführerisch. Durch das vergoldete Gitter leuchten die Geranien und Rhododendren, mit denen der Balcon auf das reichste besetzt ist. Die hohe Glaskuppel in der Mitte deutet auf den Hauptsaal, eine Rotunde, die ihr Licht von oben empfängt, und von deren prächtiger Decoration man Wunderdinge erzählt. Dieses Haus nun ist gewissermaßen ein Stück pariser Sittengeschichte, und es ist wirklich der Mühe werth, sich dasselbe etwas näher zu betrachten, d. h. seine bisherigen Bewohner, die es freilich jetzt verlassen haben.

Vor etwa vier Wochen sprach „ganz Paris" von diesem Hause, sogar mehrere Tage lang; es mußte also damit eine besondere Bewandtniß haben, und das hatte es auch. Vornehme Equipagen hielten am Eingange, elegante Damen stiegen aus, manche allein und mit herabgelassenem Schleier, als wären sie auf unrechten Wegen, andere in Herrenbegleitung und in so gewaltigen Crinolinen, wie nur die Loretten der Chausée d'Antin sie tragen; sogar ein paar Polizeidiener, die ja nirgends fehlen, standen am Gitterthore, um die „ordinären Leute", d. h. die schlechtgekleideten, die etwa hineingewollt hätten, abzuhalten, und nur die „vornehmen", d. h. die gutgekleideten, hineinzulassen. In dem Hause selbst war eine Ausstellung der eigenthümlichsten, seltsamsten Art, und eben diese Ausstellung lockte die vielen Besucher an. An sich ist so etwas nichts Ungewöhnliches in Paris, namentlich im Frühling, wo die reichen Fremden, die den Winter hier zugebracht haben, abreisen und ihre Mobilien und den sonstigen, beweglichen Hausrath öffentlich verkaufen lassen, und wo alsdann der Auction stets die Ausstellung voran geht; aber in dem erwähnten Hause war es etwas Anderes. Was dort an Möbeln, Bronze, Kristall, Porcellan 2c. zu schauen war, so prächtig und kostbar es auch sein mochte, blieb unbeachtet; das hatten auch die meisten jener Herren und Damen eben so reich und hübsch bei sich selbst daheim. Man war nur gekommen, um die Schmucksachen zu sehen, die Arm- und Halsbänder, die Diademe, die Ringe, Ketten, Uhren, Alles in Brillanten, Perlen, Rubinen, Smaragden und sonst allen möglichen Edelsteinen, wahre Juwelier-Raritäten, als ob Fontana aus dem Palais Royal und zehn andere seiner bedeutendsten Collegen ihre schönsten und theuersten Arbeiten dort hingeschickt hätten.

Eine Dame hatte also in jenem Hause gewohnt, das wurde Jedem gleich beim Eintritt auch an sonstigen Détails der Einrichtung und Umgebung klar; aber was für eine Dame, die einen so fürstlichen Juwelenreichthum besessen und sich desselben nun entäußern wollte? Hohe Damen pflegen doch sonst gerade ihre Bijoux, „ihr Liebstes auf der Welt," zu behalten und nicht öffentlich zu versteigern. Die Sache mußte, wie gesagt, anders zusammenhängen. „Sie hatte einen Haken," wie man im kleinbürgerlichen Leben sagt .... und an diesem Haken wollen wir hier die kleine Geschichte selbst aufhängen.

Das erste Capitel — denn es ist ein ganzer Roman, und zwar ein Sittenroman, aber von negativer Tendenz — das erste Capitel spielt in Lyon, in dem Hause eines schlichten, ehrlichen Seidenwebers, wie es deren in jener Stadt Tausende gibt. Vater, Mutter, Kinder arbeiten tagtäglich, Wochentags wie Sonn= und Festtags in irgend einer großen Fabrik und verdienen, „wenn die Zeiten gut sind," gerade so viel, um ihr kümmerliches Leben von einem Tage zum andern fristen zu können. Der Vater verdient drei Franken, die Mutter zwei, die Kinder einen, d. h. im allerglücklichsten Falle; in der Regel nur die Hälfte jener „Summen," und dabei ist das Brod theuer, die Wohnung theuer und alles Uebrige theuer. Die Abgaben kommen hinzu, die auch nicht gering sind; denn die verheiratheten, ansässigen Fabrikarbeiter müssen ihre Steuern eben so gut bezahlen, wie der Herr von Rothschild und unser Nachbar, der reiche Bäcker gegenüber. So will es die Ordnung in einem gut eingerichteten Staate.

Nur die kleine Anna hatte in jener Familie keine Lust zu arbeiten. Sie war dreizehn, vierzehn Jahre alt geworden und hatte allerlei wilde, abenteuerliche Gedanken und Pläne im Kopfe. Dabei war sie von ungewöhnlicher Schönheit, so schön, daß ihr eigener Vater oft den Kopf schüttelte und meinte, das Kind gehöre ihm gar nicht und es könne damit kein gutes

Ende nehmen. Die Mutter, eine schwache, ungebildete Frau, war nachsichtiger. Sie steckte ihrer Tochter heimlich manches Putzstück zu und meinte, sie würde wohl gar noch einmal das Glück der ganzen Familie machen. Die arme Mutter!

Eines Morgens — es war in der wilden Revolutionszeit des Jahres 48 — war Anna verschwunden, kein Mensch wußte, wo sie hingekommen. Man suchte und fragte umsonst. Armen Leuten stehen ohnehin nicht viel Mittel und Wege zu Gebote, um in solcher Beziehung große Nachforschungen zu halten. Anfangs meinten auch die Eltern, sie würde wohl über kurz oder lang wiederkommen. Von den Nachbarn sagten einige, sie wäre nach Paris gegangen, um dort „ihr Glück zu machen", und so war es auch.

Damit beginnt das zweite Capitel.

Auf welche Art und Weise Anna nach Paris kam, wissen wir nicht, da wir ihre Biographie nicht näher kennen, denn bis dato hat sie noch keine Memoiren drucken lassen, wie Rigolboche und Consorten; auch über die ersten Jahre ihres Aufenthaltes in der Weltstadt schweigt die Geschichte. Anno 53 ist sie aber bereits eine große Dame in der Lorettenwelt, und im Café de Paris in der Maison Dorée, im Bois de Boulogne und auf allen Bällen wohl bekannt. Noch später findet sie einen hohen Protector in der Person eines kaiserlichen Prinzen, wir brauchen seinen Namen nicht zu nennen, denn es gibt nur einen, wenigstens nur einen, der als Ritter in der demi-monde Sitz und Stimme hat. Dieser Prinz, der auf dem Schlachtfelde der Galanterie und im Dienste der Schönen stets mehr Glück gehabt und mehr Eroberungen gemacht hat, als in den wirklichen Feldzügen, wohin ihn sein strenger Vetter nolens volens geschickt, erhebt die Weberstochter zur Dame seines Herzens, und Anne Delion (so nannte sie sich nach ihrem Vornamen und ihrer Vaterstadt Lyon: Anne de Lyon) steht bald obenan in der Reihe der pariser Courtisanen.

Deutsche Leser nehmen wohl schon Anstoß an unserer Erzählung und das mit Recht, denn nach deutschen Verhältnissen und nach deutschem Sittlichkeitsgefühle sind derartige Maitressenwirthschaften empörend und scandalös; aber hier in Paris ist so etwas ganz an der Tagesordnung. Die Pompadour und die Dubarry sind historische Figuren in der modernen Geschichte Frankreichs, und der stolze Colbert und der noch stolzere Louvois, beide die eigentlichen Machthaber im Reich, mußten oft bei der Montespan antichambriren und hingen von ihrem gnädigen Lächeln ab, um das sie sich weit mehr bemühten, als sie die Ungnade des „großen Königs" fürchteten. In Versailles fragten sich unter Ludwig XIV. die Hofleute ängstlich, welche Miene Madame de Maintenon beim Lever des Königs gehabt. Das gute oder schlechte Wetter in Frankreich hing von dieser Miene ab.

Und ist es denn heutzutage in dieser Beziehung in Paris besser geworden? Keineswegs, nur haben die Dinge etwas mehr Vernis und äußern Schein bekommen;

man wahrt die »dehors«, wie man sagt; aber das Leben und Treiben ist dasselbe. Sagt nicht der ehrliche Abbé Niedermayer in seiner jüngst erschienenen Schrift „Die Deutschen in Paris" eben so deutlich wie wahr: „London und Paris reichen so lange den Völkern den überschäumenden Taumelkelch des Verderbens, bis auch sie das Loos von Babylon und Ninive erreichen wird". Nur ein Beispiel aus unserer Zeit unter so vielen; es gehört ganz hierher.

Als die Rachel vor vier Jahren starb, hinterließ sie zwei Kinder. Einer der beiden Knaben wurde von seinem Vater reclamirt und beim Justizministerium durch einen öffentlichen Ministerial-Erlaß legitimirt. Das Decret »au nom de l'Empereur« stand am folgenden Tage im ‚Moniteur', und nachher, schon der pikanten Details wegen, in allen pariser Blättern. Der Vater war genannt mit allen seinen Titeln und Würden. Es war Se. Excellenz der Graf Walewsky, damals noch Minister der auswärtigen Angelegenheiten, sénateur de l'Empire, membre du conseil privé, grand croix de la légion d'honneur und Ritter der höchsten europäischen Orden, die er neben seinen übrigen „Verdiensten" vorzüglich dem Präsidium des pariser Congresses verdankte. Die Rachel war bekanntlich sechs Monate lang die Maitresse des Grafen gewesen. »C'est long, six mois,« sagte man allerwärts. Man fand hier in Paris diesen lauten, lärmenden Legitimations-act, der eben so gut in aller Stille hätte vollzogen werden können, ganz in der Ordnung, und scandalisirte sich gewaltig über den guten Louis Veuillot, der in seinem damals noch nicht unterdrückten ‚Univers' sich herausnahm, die Sache, noch dazu in ganz gemäßigtem Tone, zu rügen und auf das Unsittliche einer solchen Handlungsweise aufmerksam zu machen. Louis Veuillot war eben ein „Dunkelmann und bigotter Schwätzer", der „seine Zeit" nicht verstand. Dabei war der Graf Walewsky bereits verheirathet, noch dazu mit einer Colonna, einer Fürstin aus einem der ältesten und stolzesten Geschlechter Italiens. Wie die Frau Gräfin über diese bunte Geschichte gedacht, wird uns nicht gesagt; aber man erzählt uns noch, daß der Kaiser Napoleon, als er später ein Mal seinen Minister auf dessen schöner Besitzung Chateau de l'Etoile besuchte, wo ihm denn auch das neue Familien=Mitglied vorgestellt wurde, den jungen Burschen, der freilich zu all' dem nichts kann, als „Comte de l'Etoile" angeredet habe, was so gut wie ein neuer Adelsbrief war für die Zukunft.

Doch zurück zu der „Heldin" unseres heutigen Berichtes.

Ein Mal die Maitresse des Prinzen Napoleon (nennen wir nur Dinge und Personen bei ihrem rechten Namen, durch Andeutungen und Umschreibungen machen wir jene wie diese ja doch um kein Haarbreit besser) hatte Anne Delion den Glanzpunkt ihres Ruhmes erreicht und lebte, wie der Reiche in der Bibel, alle Tage herrlich und in Freuden. Und doch — ob immer? Wer weiß! Ein Mal soll ein alter Mann an ihrem Hofthore gestanden haben, als sie in ihrer

prächtigen Equipage spazieren fuhr .... sie erkannte
den alten Mann wohl, aber dieser wollte sie nicht erkennen; er hatte keine Tochter Anna mehr. Ihre Mutter war schon früher gestorben und von der ganzen
Familie war Niemand, der das allergeringste Geschenk
direct oder indirect von ihr angenommen hätte. Man
sagt, sie habe später in dem großen Hospitale ihrer
Vaterstadt zwanzig neue Betten fundirt und den dortigen Armen-Anstalten wiederholt große Summen übermacht, anonym oder durch Vermittelung fremder Personen. Wenn es nur wahr ist, um so besser, obwohl
das Verdienst ein sehr geringes. Aber, wer weiß, es
könnte doch ein Gebet „für den unbekannten Geber"
dabei abfallen und die Arme dürfte einst dies Gebet
höher schätzen, als all' ihre Perlen und Brillanten.

Fünf Jahre lebte Anne Delion in diesen Verhältnissen, und man muß gestehen, daß sie sich bescheidener
und anständiger benahm, als gar Viele ihres Gleichen.
Nie gab sie Gelegenheit zu Scandal, und nach der
Verheirathung des Prinzen sah man sie nie mehr öffentlich zusammen. Sie bewohnte ihr kleines Hôtel in der
Avenue de l'Impératrice, wo sie außerordentlich viel
Menschen empfing. Sie hatte schon früher Gelegenheit
gefunden, ihren Geist zu bilden; sie machte Musik und
sang, schrieb sogar orthographisch richtig, eine Seltenheit unter den Damen der demi-monde, selbst unter
den höchsten; sie liebte die Lectüre und besaß eine ge-
wählte Bibliothek. Anders geleitet, hätte vielleicht eine
Erziehung auf streng religiöser Grundlage die unreinen

Elemente ihres Gemüthes unterdrückt und vernichtet, und sie wäre eine vortreffliche Frau geworden. So aber blieb ein zigeunerartiger Hang nach Abenteuern in ihrem Charakter vorherrschend, dem sie denn auch neuerdings wieder zum Opfer gefallen ist.

Der Prinz, um es kurz zu machen, fand eines Tages bei Anne Delion Thor und Thür verschlossen, was ihn, trotz seiner Corpulenz und dem damit verbundenen Phlegma, in nicht geringe Wuth versetzte. Anne Delion war nämlich zu Hause, aber nicht für ihn, sondern für einen Andern, der glücklicher war und ein russischer Fürst obenein. Vom Balcon herab soll übrigens die Courtisane dem davonfahrenden Prinzen ein ganz freundliches Lebewohl nachgerufen haben.

Der russische Fürst, so behauptet man, habe ihr einen Heirathsantrag gemacht, den sie angenommen, ihr darauf einen vollständigen Anzug geschickt, sogar die Wäsche und die Schuhe, damit sie nichts, gar nichts aus ihrem Hause und ihrer frühern Existenz mitnehme — gar nichts im buchstäblichsten Sinne genommen — sie dann in seinem Wagen abgeholt und die Stadt mit ihr verlassen.

„Es wird stets so viel in Paris zusammengeflunkert," sagte Max bei dieser Gelegenheit, „daß man niemals weiß, was an derartigen Geschichten wahr und was unwahr ist," und darin hat unser Freund ganz Recht; aber das Factum steht doch fest, daß Anne Delion auf und davon gegangen ist und Alles, Alles zurückgelassen hat, was ihr gehörte. Die meisten pariser Damen können dies geradezu nicht begreifen und manchen andern Damen mag es ähnlich gehen. Wie kann eine Frau, gleichviel welche und gleichviel in welch' einer Lage sie abreist, ihren Schmuck, ihre Diamanten zurücklassen! Auch sechs Kaschmirshawls waren ausgestellt, deren jeder wohl nicht unter 4000 Frs. gekostet haben mochte.

Die vernünftige Ueberlegung ist nämlich auch hier nach dem coup de tête gekommen und Anne Delion hat einen Mandatar zurückgelassen, den sie mit dem Verkauf ihrer sämmtlichen, beweglichen Habe beauftragt hatte. Das änderte die Sache und der romantische Streich endete auf diese Weise als ein prosaisches Geschäft, das noch dazu ein sehr lucratives geworden ist; denn die Auction, die eine volle Woche dauerte, hat 432,000 Frs. eingetragen: viermalhundertzweiunddreißigtausend Franken! Dabei ist das Haus natürlich nicht gerechnet, das jetzt post festum und zwar auf Rechnung des Prinzen Napoleon verkauft wird.

Unter den ausgestellten Schmucksachen (von diesen ist überhaupt nur die Rede) befanden sich über vierhundert Armbänder und gegen zwölfhundert Ringe. Als eine seltsame Anomalie citirte man mehrere Gebet- und Meßbücher in reicher Juwelierarbeit mit Edelsteinen besetzt, auch silberne Crucifixe und sonstige religiöse Gegenstände, »objets de piété«, wie es ganz naiv im Catalog heißt.

Der bekannte Bijoutier Bourguignon im Palais Royal bezahlte zwei Reihen Perlen mit 25,000 Frs. und ist sofort damit nach London gereist zur Ausstellung. Wir haben die Perlen zufällig selbst gesehen und die Sache ist wirklich interessant genug, um ein paar Worte darüber zu sagen. Bourguignon (genau genommen sein Vater) ist nämlich der eigentliche Erfinder der unächten Juwelen, der sogenannten »bijoux en imitation«. Seine Edelsteine, namentlich seine Brillanten, rivalisiren mit den ächten, selbst für ein kundiges Auge, und er mag gar manches Toiletten=Geheimniß mit sich herumtragen, wie er da und dort einen falschen Diamanten an die Stelle eines ächten gesetzt, den man leise und heimlich herausgenommen, um „anderweitige" Ausgaben damit zu bestreiten. Hat man doch in diesem Winter auf einem der Tuilerienbälle ein prächtiges brillantenes Armband gefunden, noch dazu mit einer fürstlichen Chiffre, das „Kenner" auf fünfzigtausend Franken schätzten. Bei genauer Untersuchung zeigte sich aber, daß nur die goldene Fassung ächt war. Die „Brillanten" waren sämmtlich aus dem Atelier des Monsieur Bourguignon — douze francs cinquante la pièce, d. h. die großen. *) Die unächten Perlen des genannten Juweliers sind ebenfalls sehr berühmt; sie sollen sich nur durch das Gewicht von den ächten unterscheiden. Auch hat er die zwei Reihen Perlen in der Auction=Delion nur deshalb gekauft, um sie mit den seinigen zu vermischen und alsdann auszustellen. Man sagt sogar, er wolle sich verpflich-

---

*) Deshalb wurde auch das Armband, trotz aller Bekanntmachungen, nicht reclamirt.

ten, Jedem eine ächte Perle zu geben, der dieselbe unter seinen unächten herausfinden könne. Uebrigens sollen sich auch unter den Delion'schen Schmucksachen falsche Edelsteine befunden haben. Weshalb auch nicht? Sie waren dort gerade an ihrem rechten Platze. „Und die Moral von der Geschichte?" fragt vielleicht ein oder der andere Leser. Sie hat eben keine und kann auch nicht wohl eine haben; denn wie das Gute gut ist, so bleibt das Schlechte schlecht. Wir gaben sie auch nur als einen Beitrag zur heutigen pariser Sittengeschichte, freilich nicht, ohne dabei an die Worte im Hamlet zu denken: „Es ist 'was faul im Staate Dänemark".

Das aber dürfen wir, schon der Wahrheit und Gerechtigkeit zu Liebe, nicht verschweigen, wenn es auch bis jetzt nur ein vages Gerücht ist, die neuerdings eingetroffene Nachricht nämlich, daß Anne Delion auch ihren russischen Fürsten und Entführer verlassen habe und in Lille in ein Kloster »des pauvres pénitentes« gegangen sei.

Madame Saqui im Hippodrome.

Es war zu Anfang dieses Jahrhunderts. Bonaparte, damals noch erster Consul, aber schon Consul auf Lebenszeit, hatte seine ruhmvollsten Schlachten geschlagen und hielt an der Spitze der Garden seinen feierlichen Einzug in Paris. Dem Imperator fehlte

nur noch der Titel; dem Wesen nach war er schon
Herr im Lande, und von der „Republik" existirte
kaum noch der Name. Man vermied sogar in der
nächsten Umgebung des großen Mannes dies fatale
Wort; man sprach stets vom französischen „Staat"
und nannte den Consul selbst »le chef de l'Etat«,
ganz wie man heutzutage den Kaiser nennt.

Das Maifest auf dem Marsfelde war im Jahre
1802 vorzüglich schön. Aus allen Gegenden Frankreichs hatten sich Deputationen eingefunden und mit
ihnen viele Tausend Neugierige, von denen gar Manche
schon acht Tage vorher abgereist waren, denn die alten
Postkutschen von damals machten höchstens acht Lieues
per Tag, was man service de grande vitesse nannte.
Die malle des Indes, der Courierzug der englisch-
ostindischen Compagnie, der jetzt allwöchentlich zwei Mal
wie ein rasendes Meteor durch ganz Frankreich braust,
hat nur neunzehn Stunden nöthig, um von Marseille
nach Havre zu kommen. Ein kleiner Unterschied!

Das Maifest (der Plural wäre eigentlich richtiger)
dauerte fast immer acht Tage, und daß „ganz Paris"
dabei auf den Beinen war, läßt sich denken. Neugierig
und vergnügungslustig sind die Pariser von je her
gewesen und waren es vollends in jener Zeit, wo sich
die Revolutionsstürme gelegt hatten, und wo dem schwer
geprüften Lande endlich Ruhe und Frieden, wenigstens
nach Innen, geworden war.

Der erste Consul liebte übrigens die lauten Feste
nicht, die ja auch seinem unruhigen, rastlos strebenden

Geiste keine weitere Befriedigung geben konnten. Auf die Acclamationen des Volks hielt er auch nicht mehr viel, denn schon hatte er leise und unmerklich der Nation den eisernen Zügel angelegt, mit welchem er die „freien Bürger" lenkte und regierte wie ein gehorsames, gut eingeschultes Pferd. Bonaparte lebte auch mehr in Malmaison als in Paris selbst. Nur am dritten Festtage, dem bedeutendsten, gab er dem Drängen seiner Gemahlin und seiner Freunde nach, und wohnte einer großen militärischen Pantomime auf dem Marsfelde bei. Seiltänzer producirten sich in den Zwischenacten, und hier war es, wo man dem ersten Consul eine eigenthümliche und überdies etwas gewagte Ueberraschung bereitet hatte. Unter den Acrobaten zeichnete sich besonders eine Künstlerin aus, ein blühendes Mädchen von wirklich ungewöhnlicher Schönheit und anmuthsvoll und graziös, wie man nie etwas Aehnliches gesehen. Sie sah aus wie ein fünfzehnjähriges Kind, obwohl sie fünfundzwanzig Jahre zählte; denn schon vor zehn und fünfzehn Jahren hatte man sie als Kind auf den pariser Theatern tanzen sehen. Dieses Mal war sie als Engel costümirt, mit großen wehenden Flügeln, was man noch nie gesehen, und sie schien auch wirklich auf dem Seile mehr hin und her zu fliegen als zu tanzen. Die Loge Bonaparte's war ganz nach vorn und mit glänzenden Uniformen und prächtigen Damentoiletten angefüllt; das straffgespannte Seil ging bis dicht an die Brüstung. Plötzlich nähert sich die Tänzerin der Loge bis auf wenige Schritte und überreicht dem Consul einen prächtigen Lorbeerkranz; ein Druck an einer verborgenen Feder, und aus dem Lorbeerkranz springt eine goldene Krone hervor, und ehe der Gefeierte es hindern kann, setzt ihm die Künstlerin Kranz und Krone auf. Ein ungeheurer Applaus der hunderttausend Zuschauer begleitete diese Scene. Bonaparte nahm sofort den damals noch sehr verpönten Kopfputz ab und überreichte ihn seiner Gemahlin; aber der Zweck der Demonstration war doch erreicht. Die kleine Saqui hatte den großen Mann gekrönt *).

Sie wurde sogar, so erzählt man wenigstens, nach Malmaison beschieden, wo sie das Schooßkind aller Hofdamen wurde, und wo mehr als ein Cavalier der reizenden Tänzerin seine Huldigungen zu Füßen legte. Die Sitten des Directoriums gestatteten dies ohne große Umstände, fügt die Chronik naiv hinzu . . . . als wenn es in unserer Zeit anders wäre! Daß der erste Consul selbst in die Reihe der Anbeter getreten, ist wohl ein obligater Zusatz, um die kleine Geschichte auszuschmücken; aber dieser Zusatz wird vorzüglich jetzt nach sechszig Jahren (ja, ja, nach sechszig Jahren!) sehr pikant und gehört gewissermaßen dazu, um der Reclame

---

*) Man machte sogar später ein frivoles Bonmot auf diesen Vorfall, indem man bei der wirklichen Krönung Napoleon's die Frage aufwarf: qui vient avant le Saint-Pére? worauf die Antwort war: la petite Saqui, car elle a couronné l'Empereur avant le Pape.

zu Gunsten der Madame Saqui eine größere Bedeutung zu geben.

Sie lebt also noch, die kleine Seiltänzerin von Anno Zwei? Ei gewiß lebt sie noch und sie tanzt auch noch auf dem Seile, wenn auch nicht gerade als schlanker, ätherischer Engel wie damals, so doch noch immer ganz manierlich, nnd sie ist jedenfalls — denn sie steht jetzt in ihrem vierundachtzigsten Jahre — weit sehenswerther und interessanter als zu Anfang dieses Jahrhunderts, wenn auch nur vom rein künstlerischen Standpunkte aus.

Es ist wirklich eine spaßhafte Geschichte, auch wieder so eine, wie sie wohl nur in Paris passiren kann; ja, man würde sie nicht für wahr oder doch für übertrieben halten, wenn sie nicht am hellen Tage und unter den Augen von ganz Paris und zwar wiederholt passirt wäre; denn die Saqui ist schon drei, vier Mal aufgetreten. Doch jetzt nur schnell auf irgend einen Omnibus gestiegen, damit wir die merkwürdige Vorstellung nicht versäumen.

An sich ist das Hippodrome nicht einmal sehr interessant, und wer mit großen künstlerischen und ästhetischen Anforderungen hingeht, wird sich entschieden getäuscht sehen. Aber hingehen muß man doch. Das Hippodrome ist eines von jenen Etablissements, wo man gewesen sein muß, um — eben da gewesen zu sein, voilà tout. Uebrigens ist die Arena, die natürlich auch wieder „die größte der Welt" ist, wirklich sehenswerth, mit ihren hohen, amphitheatralischen Sitzreihen, die bequem zehntausend Zuschauer fassen können, und mit dem blauen Himmel als Dach; denn das ungeheuere Gebäude ist im antiken Stile gebaut, nach dem Muster des Coliseums in Rom.

Auf der Schattenseite befinden sich die Logen für die vornehmern Leute, d. h. für diejenigen, die zwei und drei Franken für ihren Platz bezahlen wollen; es gibt sogar einzelne Tribünen, wo der Fauteuil fünf Franken kostet. Die „Sonnenplätze" kosten nur einen und die Galerie nur einen halben Franken. Man sieht daraus, daß das Hippodrome eigentlich ein Volks= theater ist; auch wird immer nur am Tage, in den Nachmittagsstunden, gespielt, wodurch es begreiflich wird, daß vorzüglich an Sonntagen bei schönem Wet= ter der Zudrang ein unermeßlicher ist. Im vorigen Jahre, wo der Director bei dem schlechten Wetter und den eben so schlechten Einnahmen auf allerlei Mittel und Wege sann, seine leere Casse zu füllen, fanden auch einzelne Vorstellungen des Abends bei Gasbeleuchtung Statt, sogenannte »fêtes de nuit«, die aber in so eigenthümlicher Weise degenerirten, daß der Polizeiprä= fect, der schlimme, schlimme Mann, diese „Feste" ver= bot. Paris bleibt immer Paris.

Ueber den Logen befindet sich eine lange, freie Galerie, wo man bequem spazieren gehen und auch eine Cigarre rauchen kann. Eigentlich soll nur unten geraucht werden; aber die Polizei des Hauses ist den Sapeurs überwiesen: anständige, tolerante Leute, die zu leben wissen und ganz ungenirt eine Cigarre an=

nehmen, wenn man sie ihnen anbietet. Die Damen essen Eis in ihren Logen und trinken Limonade, und überall laufen weiß geschürzte Kellner umher und bieten Erfrischungen an. "Ganz wie in Italien," sagte Max, der in der Scala und in San Carlo gewesen war.

"Das ist ja aber noch immer die Einleitung," ruft ungeduldig der Leser, "tritt denn die Saqui noch nicht bald auf? Nur ihretwegen sind wir ja in's Hippodrome gegangen."

Geduld! Geduld! Die Saqui erscheint erst in der zweiten Hälfte, nach der großen Pause; sie bildet gewissermaßen den Mittelpunkt der ganzen Vorstellung, und über die Vorstellungen selbst müssen wir doch wenigstens noch ein paar kurze Worte sagen. Sie sind im Ganzen einförmig und wiederholen sich mit einigen Abwechselungen und Variationen allwöchentlich. Zunächst sind es "Productionen aus der höhern Reitkunst", wie Renz nicht ohne Geschick die Kunstreiterei benennt; alsdann Wagenrennen, getreu nach den antiken Rennen copirt; römische Quadrigen und römische Gewänder, auch der klassische Lorbeerkranz fehlt am Schlusse nicht. Ferner Pferderennen: Sechs- bis achtjährige Kinder auf kleinen Ponys, was allerliebst aussieht; auch die Carrikaturen und Pantomimen nicht zu vergessen; Stallknechtscenen mit betrunkenen Gensdarmen und "verrückten Engländern" und zuletzt in der Regel ein großes Militär-Spectakelstück, eine Scene aus den africanischen Feldzügen, ein Vorpostengefecht zwischen Franzosen und Kabylen, wo alsdann der unvermeidliche Abd-el-Kader erscheint und von der Tricolore besiegt wird ꝛc. Bei dieser Gelegenheit sind manchmal gegen sechshundert Soldaten in der Arena, und das Trommeln, Schießen und die Trompetenfanfaren nehmen kein Ende; bis in den elysäischen Feldern hört man oft den kriegerischen Lärm. Für die untern Volksklassen, die zu zwei Dritteln das Publicum des Hippodrome bilden, ein unendlicher Genuß, der stets neue Reize bietet.

Da aber all' dieses noch kein genügend wirksamer Magnet für die verwöhnten Pariser ist, wenigstens nicht auf die Dauer, so steht immer noch irgend eine besondere Extra-Schaustellung auf dem Programm, etwas ganz Außergewöhnliches, nie Dagewesenes, oder wie sonst die Reclame lautet. Im vorigen Jahre war es drei Monate lang »l'homme au canon«, eine Art Hercules, der einen geladenen Kanonenlauf vom schwersten Caliber auf der Schulter durch die Arena trug, alsdann ein Gerüst bestieg und die Kanone los schoß, ohne eine Miene zu verziehen, oder gar mit einem Gliede zu zittern. Alle Welt, d. h. „ganz Paris" mußte trotz Regen und Unwetter den gewaltigen Mann sehen und den Kanonenschuß hören. Der Hercules, der nichts Anderes war, als ein Schlächtergeselle aus dem Faubourg St. Antoine, hat mit seiner Kanone so gute Geschäfte gemacht, daß er sich im vorigen Winter als Meister in seinem frühern Quartier etabliren konnte.

Zu Anfang dieses Jahres gab es eine andere Rarität im Hippodrome: »l'homme à la perche«. Ein

Mann, ebenfalls ein „Hercules", erschien mit einer zwanzig Meter langen Stange, einem wahren Mastbaume, stellte sich mitten in die Arena und setzte sich die Stange balancirend auf die Brust. Ein Zweiter stieg daran geschickt in die Höhe und höher und immer höher, bis er zuletzt an der Spitze anlangte; dort machte er allerhand Capriolen und halsbrechende Kunststücke, schoß Purzelbäume, streckte alle Viere von sich 2c., knüpfte schließlich eine Tricolore an die Mastspitze (das drapeau national darf niemals fehlen) und rutschte gemüthlich wieder herunter. Man wußte wirklich nicht, wer von den beiden Künstlern den größten Applaus verdiente.

Sonntags steigt regelmäßig ein Riesenballon in die Luft, was ebenfalls nicht wenig Neugierige anzieht. Der Ballon wird unter den Augen des Publicums in der Arena gefüllt, und wenn endlich die letzten Seile losgelassen werden, so begleitet ein tausendstimmiger Zuruf die Abfahrt des Luftschiffers.

Man sieht also, es verlohnt sich noch immer der Mühe, in's Hippodrome zu gehen, trotz des etwas plebejischen Anstrichs, und die Fremden dürfen vollends den Besuch nicht unterlassen. Erscheint nun aber gar ein „Weltwunder", wie die Saqui, so ist es begreiflich, daß man eine solche Vorstellung, selbst bei erhöhten Preisen, nicht versäumt, und auch eine halbe Stunde queue macht, um nur hinein zu kommen.

Ueber diesem Geplauder ist denn auch richtig die erste Hälfte der Vorstellung vorüber gegangen, die obenein unbedeutend genug war, so daß wir nicht nöthig hatten, sie zu schildern. Wir verlassen unsern Platz in den untern Sitzreihen und gehen zu den Logen hinauf, wo wir gewiß sind, Bekannte zu finden. Die Hitze, trotz des Octobertages, ist so drückend wie mitten im Sommer, überall wehende Fächer und weiße Kleider, und die dienstfertigen Cavaliere eilen nach den Büffets und holen Sorbet und Eis für ihre Damen.

Max hat glücklich ein Tischchen erobert und „ist schon bei dem zweiten Schoppen", als ich mich zu ihm setze. Aber alsbald entsteht ein Auflauf in einer Loge, zufällig dicht vor uns; alle Augen richten sich dahin, die Köpfe und Hälse strecken sich und das Gedränge wird ungeheuer. Von weitem winkt mir hastig ein Herr zu: Monsieur Martin, einer der Redacteure des ‚Figaro', ein Repräsentant der Tagespresse, also eine Respectsperson. Zugleich fällt mir ein, daß er mir Tages zuvor ein Rendezvous im Hippodrome gegeben, um mich der Saqui vorzustellen. Ich hatte dies halb für Scherz gehalten und nicht weiter daran gedacht. Jetzt arbeitete ich mich jedoch glücklich durch das Gewühl bis zu ihm; er nahm mich gleich bei der Hand und sagte: „Kommen Sie nur schnell, wir haben keinen Augenblick zu verlieren; die Saqui ist oben, aber der Zwischenact ist gleich zu Ende". Damit zog er mich fort. Wir stiegen über die Brüstung der Galerie, über Stühle und Sessel, wirklich ganz unmanierlich, — aber wer genirt sich in einem solchen Moment? — und gelangten auf die Art rasch zur Loge der

Künstlerin. Neben einer scheinbar sehr respectabeln ältlichen Dame in Schwarz, saß Madame Saqui, die berühmte Seiltänzerin. Eine kleine, zusammengeschrumpfte Figur, und ein Gesicht, auf welchem man sofort erkannte, daß ihr erster Frühling dem vorigen Jahrhunderte angehört haben mußte. Mit einem Worte: ein steinaltes Mütterchen, dem man noch zehn Jahre mehr als die auf dem Programm angekündigten vierundachtzig gegeben hätte. Hier war also wirklich ein Mal die pariser Reclame hinter der Wahrheit zurückgeblieben, denn mir erschien die Saqui auf den ersten Blick weit älter, als ich nach den Schilderungen der Journale und Theaterzeitungen geglaubt. Monsieur Martin begrüßte sie ganz intim. Sie reichte ihm freundlich die Hand, auch eine Hand aus einem frühern Jahrhundert. Er zeigte auf mich und sagte als ächter Pariser und Windbeutel: »Voilà mon ami dont je vous ai parlé; il vient du fond de l'Allemagne, rien que pour vous voir«. Sie lächelte und sagte, indem sie sich zu mir wandte: Monsieur est bien bon. — Das war, ehrlich zugestanden, die ganze Unterhaltung, denn die Künstlerin wurde fast von hundert Seiten zugleich angeredet, vorzüglich von den Damen, die sämmtlich ihre Rangloge verlassen hatten, um sie zu begrüßen und in nächster Nähe zu sehen. Dies belästigte sie aber nicht weiter; mit stets gleicher Freundlichkeit erwiderte sie alle Grüße, gab auch von Zeit zu Zeit ihre Photographie, in Form einer Visitenkarte, und bedachte auch mich mit diesem großmütterlichen Geschenke.

„Und ihre Toilette?" fragte mich Fräulein Emilie, als ich ihr am folgenden Tage von der Vorstellung erzählte, und manche Leserin hat wohl schon im Stillen ein Gleiches gesagt. Die Toilette der Saqui war allerdings höchst sonderbar und befremdlich. Ein schwarzer Seidenhut, mehr wie eine Kapuze, mit einer blauen Feder, ein grüner Shawl mit kleinen Blumen, ein schwarzes Merinokleid, und all' dies alt und verschossen und schlecht. Ein seltsamer, unerklärlicher Contrast mit der fein gekleideten Dame, die neben ihr in derselben Loge saß und von der man sagte, daß sie ihre Tante sei. Aber auch diese Toilette gehörte zur Sache, wie man gleich sehen wird.

Mitten in der Arena hatte man unterdessen das Gerüst aufgeschlagen und die Seile gespannt, und zwar drei Seile nebeneinander, da die Saqui nach dem Programm einen pas de trois tanzen sollte. Ein schmetternder Tusch von allen sechszig Streich- und Blas-Instrumenten des hoch gelegenen Orchesters verkündigte den Anfang der Vorstellung. Das kleine Mütterchen saß nach wie vor in ihrer Loge; ich wußte nicht recht, was das bedeuten sollte. Da gingen die weiten Vorhänge zur Linken langsam auseinander und zwei wie Pilger gekleidete alte Männer erschienen. Der breite, flache Hut und der kleine Kragen auf dem Pilgermantel erinnerten deutlich an die Mode des Consulats. Sie durchwanderten gemessenen Schrittes und auf ihre Stäbe gestützt die Arena und blieben vor dem Gerüst in der Mitte stehen. Das Orchester spielte so leise, daß man das Gespräch der beiden Pilger fast ganz verstehen konnte; übrigens ersetzten ihre Pantomimen hinlänglich das Verständniß.

Die schöne Zeit, begann der Eine, wo wir noch auf dem Seil tanzten! Es sind jetzt sechszig Jahre her, und jedes Mal, wenn ich ein solches Gerüst sehe, werden meine Füße lebendig.

Du lieber Gott, entgegnete der Andere, wer tanzt denn überhaupt noch jetzt auf dem Seile? Ja, damals, als die Saqui noch lebte, da verlohnte es sich der Mühe; das war eine Künstlerin, wie es keine vor ihr und nach ihr je gegeben.

Die Saqui, die Saqui! rief der Erste ganz begeistert, ja du hast Recht. Das war eine Tänzerin! Doch die ist ja lange, lange todt. O, wenn die noch lebte, dann würde ich auch wieder jung, um noch ein Mal mit ihr zu tanzen.

Während dieses Gespräches hatten sich die beiden Pilger der Barrière so genähert, daß sie dicht unter der Loge standen, in welcher die von ihnen Todtgeglaubte ganz lustig und munter saß.

Da sprang auf ein Mal die Saqui, als ob ein elektrischer Schlag sie getroffen, in die Höhe, stieg auf ihren Stuhl, wehete mit dem Taschentuch und rief laut den Pilgern zu: Was sagt ihr da? Sprecht ihr von mir? Ihr glaubt, ich sei todt? Da bin ich! me voilà, me voilà! Dies me voilà machte einen unbeschreiblichen Eindruck auf das Publicum, dessen größter Theil dadurch erst überhaupt die Anwesenheit der Künst=

lerin in der obern Loge erfuhr. Die beiden Pilger zeigten sich nicht minder erstaunt und stiegen hastig über die Barrière und die Treppe hinauf, um ihre alte Freundin zu holen. Der Stallmeister des Hippodrome war bereits erschienen, von einigen Stallknechten gefolgt, sämmtlich in grande tenue. Sie begleiteten nun die Saqui, die den beiden Alten den Arm gegeben, in die Arena hinab, wo sie natürlich mit unendlichem Applaus empfangen wurde. Die ganze Scene wurde vortrefflich gespielt. In der Arena angekommen, machte sich die alte Tänzerin wo möglich noch älter, ließ sich fast an das Gerüst hin tragen und endlich auf einer Leiter hinauf heben. Auch die beiden Alten stellten sich sehr unglücklich an, und als sie schließlich alle Drei oben standen, machten sie auf ihren Seilen ein paar Schritte vorwärts und rückwärts, aber so schülerhaft und unbeholfen, als versuchten sie das Tanzen zum ersten Male in ihrem Leben. Die langen Pilgerröcke hinderten sie an jeder freien Bewegung und die arme Saqui spielte in ihrer unschönen Toilette eine klägliche Rolle. Aber nur auf wenige Minuten ... der Riese hatte ja wieder die Mutter Erde berührt ... ein neuer schmetternder Tusch des Orchesters und fort flogen die Hüte und Mäntel der Pilger und zwei schlanke Tänzer standen da, geschmackvoll costümirt, mit flatternden Bändern und buntfarbigen Schärpen. Ein zweiter noch lauterer, wilderer Tusch und die Saqui riß Hut, Shawl und Kleid ab, warf laut jubelnd das Bündel weit hinein in die Arena und erschien … nun ja, erschien als eine Art Engel, wenn auch als ein vier und achtzigjähriger und ohne Flügel, aber denn doch im Rosatricot, einen Rosenkranz im „schwarzen Lockenhaar" leichter benn leicht geschürzt in einem silbergestickten, schimmernden Kleidchen, kürzer denn kurz, und auf der rechten Schulter ein wehendes Mäntelchen von Goldbrokat, — eine getreue Copie des Seiltänzercostümes aus dem vorigen Jahrhundert, wie sie es selbst in ihrer Jugend getragen.

Man denke sich den Lärm und das Beifallklatschen und Rufen der sechszehntausend Zuschauer, denn wenigstens viertausend waren nach dem Zwischenacte noch hinzugekommen, und das ganze ungeheure Amphitheater bis in die obersten Räume war schwarz, schwarz von dicht gedrängten Menschenmassen, wie man vielleicht noch nie etwas Aehnliches im Hippodrome gesehen. Der Seiltanz selbst war äußerst interessant. Die beiden Tänzer waren natürlich nur eine Beigabe, eine Completirung des originellen Bildes. Sie gaben der Künstlerin rechts und links die Hand, aber mehr der Tanzfiguren wegen als zu ihrer Sicherheit, denn die Saqui tanzte mit erstaunlicher Leichtigkeit und Gewandtheit. Ein Unterschied mochte allerdings wohl stattfinden zwischen jetzt, Anno 61, und damals, Anno 2, aber wer weiß ob unter den vielen Tausend Zuschauern ein Einziger war, der die Tänzerin zur Zeit des Consulats gesehen hatte und mithin diesen Vergleich machen konnte.

„Wie kräftig sie noch aussieht," sagte ich zu Max, der sich wieder in unserer Loge eingefunden hatte, und fügte leiser hinzu, indem ich mich behutsam umschaute, ob mich auch etwa eine der nächst sitzenden Damen hörte: „Wer würde glauben, daß diese Beine einem vierundachtzigjährigen Mütterchen gehörten?"

„Was diesen letzten Punkt betrifft," entgegnete mein Freund mit ironischem Lächeln, „so leistet die Watte unglaubliche Dienste, und viele pariser Wa...."

„Pst, pst," rief ich und gab dem kecken Redner einen Seitenstoß, „man könnte uns behorchen".

Aber trotz manchem künstlichen Theile in ihrer Toilette („das rabenschwarze Lockenhaar," fing Max wieder an, und ich gab ihm von neuem einen Puff) tanzte die Saqui vortrefflich und wurde mit einem Applaus überschüttet, der entschieden in den Annalen der Theaterwelt einzig dastehen wird. Sie schien auch ganz wie umgewandelt und entwickelte eine Anmuth und Grazie in allen ihren Bewegungen, die man geradezu für unmöglich gehalten hätte, wenn man sich das alte, eingeschrumpfte, steinalte Mütterchen, das noch so eben da in der Loge saß, in's Gedächtniß rief. Die erwähnte schwarzgekleidete Dame weinte Thränen der Rührung, was aber wohl nur Wenige in der großen, allgemeinen Aufregung bemerkten.

Unterdeß tanzte die Saqui ununterbrochen fort, machte die kühnsten Entrechats und Sprünge (ihre Begleiter konnten ihr oft kaum folgen, und jeden Augenblick entwand sie sich ihren Händen) schnellte sich hoch vom Seil in die Höhe und wirbelte mit den Füßchen in der Luft, stellte sich alsdann auf eine Fußspitze, grüßte mit weit vorgebeugtem Körper das Publicum und flog endlich mit einem gewaltigen Satz, Dank der Schnellkraft des Seiles, weit über das Gerüst hinaus in die Arena hinein, stand dort wieder graziös auf einem Fuße und grüßte von neuem. Ein Regen von Veilchen-Bouquets und sonstigen Blumensträußen überschüttete die Künstlerin, und der Beifallsdonner .... nun, selbst eine homerische Feder würde Mühe haben, ihn zu schildern, wie viel mehr die unserige.

Eine Künstlerin, wie die Saqui, konnte nun unmöglich den Schauplatz in gewöhnlicher Weise, d. h. an der Hand des Stallmeisters, wie dies im Hippodrome üblich ist, verlassen, zumal sie nach dem Programme „zum letzten Male in ihrem Leben" auftrat. Eine neue Ovation stand ihr noch bevor, eine Art Apotheose.

Wieder gingen die weiten Vorhänge am andern Ende des Raumes langsam auseinander. Ein feierlicher Zug erschien und bewegte sich vorwärts. Voran zwei Herolde, darauf eine offene laub- und blumenbekränzte Sänfte, hoch auf den Schultern von vier Männern getragen und in langer Reihe sämmtliche Mitglieder des Hippodrome, Herren und Damen, Alle im antiken römischen Costüm: reichgestickte, wallende Gewänder von allen Farben, Blumenkränze in den Haaren, Lorbeerzweige in den Händen, — ein olympischer Festzug, der selbst vor Thorwaldsen's Augen Gnade gefunden hätte. Die Saqui bestieg die Sänfte, entfaltete eine dreifarbige Fahne (allerdings keine kleine Anomalie in der klassischen Umgebung, aber die Tricolore darf einmal, „bei großen Gelegenheiten" nie fehlen) und wurde wie im Triumphe durch die weite Arena getragen. In erster Reihe hinter ihr gingen die beiden andern Tänzer, die man aber über der Hauptperson fast ganz vergessen hatte. Das Musikcorps des vierten Garde-Husaren-Regiments mit laut schmetternden Trompeten schloß den Zug: eine weitere und fast noch spaßhaftere Anomalie; aber auch das machte nichts.

Selbst hierauf gab sich das wild bewegte, electrisirte Publicum noch nicht zufrieden. Die Saqui mußte noch ein Mal erscheinen, was sie auch mit obligaten Sprüngen, Kußhänden und Fahnenschwenkungen that, und nun drängten sich die Volksmassen Hals über Kopf nach den verschiedenen Ausgängen des Gebäudes, um wo möglich noch die fortfahrende Künstlerin zu sehen und ihr ein erneutes und letztes Lebehoch zu bringen. Sentimentale Zuschauer waren sogar in die Arena hinab gestiegen und sammelten einige liegen gebliebene Veilchenbouquets, um sie daheim zu zeigen als eine Trophäe des großen Tages.

„Le docteur noir."

Vor ungefähr vier Jahren war ein schwarzer Doctor eine der bedeutendsten Persönlichkeiten von Paris, und jetzt taucht er wieder auf und macht von neuem von sich reden. Von allen Seiten kamen damals die

Kranken, nicht allein aus der Stadt selbst, sondern auch aus der nahen und fernen Umgegend. Viele machten sogar weite Reisen, um den berühmten Mann zu consultiren, der ein unfehlbares Specificum gegen den Krebs besaß, das er der leidenden Menschheit für schweres Geld verkaufte. Schwindel und Reclame mag nicht wenig dabei gewesen sein; aber diese benutzt Jeder, der neu auftritt, um sich bekannt zu machen. Klimpern gehört zum Handwerk, und ist das Handwerk ein vornehmes und bedeutendes, handelt es sich außerdem um ein großes, verwöhntes Publicum, so nimmt man zum „Klimpern" die Posaune und die türkische Trommel.

Dabei war die Erscheinung und Persönlichkeit des Wundermannes eine ganz absonderliche. Ueberall nannte man ihn den »docteur noir«, was er selbst sich gern gefallen ließ und wozu das Publicum auch vollkommen Recht hatte; denn er sah aus wie ein dunkler Mulatte, oder wie ein heller Neger, wenn man lieber will. Die tropische Abkunft konnte er mithin nicht verleugnen; im Gegentheil, sie diente dazu, das Mysterium seiner Person zu erhöhen. Er kam direct von Surinam, hatte lange Jahre auf Java und sonst in Ostindien gelebt und von dort die Wunderkräuter, Essenzen, Salben und Pulver mitgebracht, mit denen er seine Kuren machte. Seine Specialität war, wie gesagt, der Krebs, den er in einer Weise behandelte, die natürlich völlig von der in Europa üblichen abwich, mit der er aber die wunderbarsten Erfolge erlangte. So versicherte er selbst wenigstens, und seine Anhänger, die später zu Verehrern und Bewunderern wurden, versicherten ein Gleiches.

Eine große, eclatante Kur that aber dem neuen Doctor Noth, um Aufsehen zu machen und sich in der öffentlichen Meinung günstig festzusetzen. Die Gelegenheit bot sich auch bald. Herr Sax, einer der ersten Instrumentenmacher von Paris, der Erfinder des Saxhorns und der Saxtrompete, ein reicher, angesehener Mann, Hof= und Armee=Lieferant ꝛc., litt seit Jahren an einem Gesichtskrebs, den die geschicktesten Aerzte von Paris vergebens behandelten, der immer gefährlicher zu werden drohte und den Tod des unglücklichen Mannes in nahe Aussicht stellte. Selbst der berühmte Velpeau, sein eigentlicher Hausarzt, und Nélaton, der erste Chirurg von Paris und Frankreich, hatten alle Hoffnung aufgegeben. Ohnehin ist ja ein wirklicher Krebs unheilbar, und wer daran leidet, ist ein Todescandidat. Man kann das schreckliche Uebel wohl durch Palliativmittel lindern und seine Verheerungen zeitweilig hemmen, aber ein Radicalmittel zu seiner gänzlichen Hebung gibt es nicht. Das wenigstens ist bis auf den heutigen Tag der Ausspruch aller Aerzte.

Herr Sax hört von dem neu angekommenen schwarzen Doctor, von seinem Specificum und von seinen glücklichen Kuren. Er eilt zu ihm und läßt sich von ihm untersuchen. »Vous croire mourir,« sagt ihm der docteur noir ganz lakonisch und in einem Französisch, das an den Robinson'schen Freitag erinnerte, »vous pas mourir, moi vous guérir pour dix mille francs«. Der Leser sieht, daß der Doctor das verlangte Honorar in ganz richtigem Französisch ausdrückte. Herr Sax verspricht ihm das Doppelte; als Millionär hätte er ja gern Hunderttausende gegeben, und unterzieht sich der Kur. Dieselbe ist überaus einfach: Morgens, Mittags und Abends streut ihm der Doctor ein weißes Pulver auf die zerfressene Wange und Unterlippe, weiter nichts — und o Wunder! schon nach wenig Tagen verspürt der Kranke auffallende Erleichterung; die Wunden schließen sich und vernarben; der eigentliche Krebs wird immer kleiner und kleiner und sitzt zuletzt nur noch als ein häßliches Geschwür auf der Unterlippe. Herr Sax, dem Leben wiedergegeben, ist außer sich vor Freude; noch weitere vierzehn Tage, demonstrirt ihm der Doctor, und auch dieser Rest wird zuheilen und der Krebs wird verschwunden sein; nur das weiße Pulver fleißig gebrauchen. Der Termin vergeht, und am vierzehnten Tage, wie es der Doctor vorhergesagt, fällt die letzte Narbe. Herr Sax ist von seinem Leiden erlöst, und der Ruf des schwarzen Doctors ist glänzend begründet.

Diese wunderbare Kur, die allen Aerzten als ein unerklärliches Räthsel erschien, und bis auf den heutigen Tag noch erscheint, hat genau so stattgefunden, wie wir so eben erzählt. Die spätern Gerichtsverhandlungen haben sie officiell constatirt und die hinzugezogenen Sachverständigen, da sie das Factum an sich nicht leugnen konnten, denn Tausende von Menschen sahen ja den geheilten Patienten, begnügten sich einfach, das Ganze als einen seltenen, glücklichen Zufall hinzustellen. Das kostbare weiße Pulver ward ebenfalls von Aerzten und gelehrten Chemikern untersucht; manche sprachen sich nicht deutlich aus; andere behaupteten, es sei nichts als gestoßener Zucker — aber ... aber Herr Sax war durch jenes Pulver von seinem Krebs befreit worden.

Der glückliche Mann wollte seinem Retter in großartiger Weise seine Erkenntlichkeit beweisen und ließ ein prächtiges Festessen im Grand Hôtel du Louvre zurüsten, wo Dr. Vriès, das war der eigentliche Name des schwarzen Doctors, präsidirte und in gewaltigen Toasten gefeiert wurde. Absichtlich hatte man viele Journalisten eingeladen, die alsdann ihrerseits schon aus Dank für das gute Diner in den Tagesblättern das Ihrige thaten, den Ruhm des großen Arztes durch eine umständliche Erzählung der glücklichen Kur auszubreiten.

Der Zulauf zum docteur noir wurde mit jeder Woche bedeutender; er bezog eine glänzende Wohnung in der Chaussée d'Antin. Bei allen Consultationen hatte er stets seine stereotype Phrase: »Vous pas mourir, moi vous guérir pour dix mille francs«. Nur in der Höhe des Honorars ließ er, je nach dem Stande des Kranken, einige Modificationen eintreten, aber theuer war er immer, wie alle berühmten Aerzte. Welcher Krebskranke hätte nicht auch gern große Summen aufgewendet, um geheilt zu werden?

Mit der allgemeinen Aufmerksamkeit erregte der neue Doctor jedoch bald den Neid seiner Collegen.

Das ist so der Lauf der Welt; der Brodneid »la jalousie de boutique« findet sich in allen Klassen der Gesellschaft, nur daß er in den höhern Kreisen manierlicher auftritt und namentlich in der gelehrten Welt wissenschaftliche Bedenken und humane Interessen vorschützt.

Es verlautete auch nichts von einer neuen eclatanten Kur, wohl aber hörte man viel von Schwindel reden und Prellerei, von voraus bezahlten Summen und nicht erfolgter Heilung; im Gegentheil von plötzlichen Todesfällen ꝛc. Das weiße Pulver, das sich bei dem Herrn Sax so vortrefflich bewährt hatte, mußte denn doch so unfehlbar nicht sein. Endlich legten sich die Behörden in's Mittel; zunächst freilich nur die Medicinalbehörde der Hauptstadt, indem sie die medicinische Facultät beauftragte, die Sache näher zu untersuchen.

Den Professoren kam dies sehr erwünscht; sie hatten längst ein Auge und natürlich kein gutes auf den schwarzen Doctor geworfen, vorzüglich Velpeau, der ihm die Heilung des Herrn Sax nicht verzeihen konnte. Eine Commisssion erschien beim schwarzen Doctor und zog die nöthigen Erkundigungen ein. Der Bericht, der später mit den übrigen Actenstücken gedruckt wurde, ist fast spaßhaft zu lesen. Der gute Doctor hatte noch immer kein Französisch gelernt; weshalb auch? Seine bekannte Phrase genügte ja für alle Kunden und Kuren. Lateinisch schien er nicht zu verstehen, wenigstens konnten sich die Professoren nicht mit ihm verständigen; vielleicht ist auch das Latein in Surinam ein anderes, als in Europa. Seine Sprache, eine Art Malayisch oder Indisch, verstanden wieder die Professoren nicht, so daß dadurch das gelehrte Colloquium sehr mager ausfiel. Hierauf besichtigten und untersuchten die Herren die Medicamente des Wunderdoctors, die sich in einem kostbaren Schranke vorfanden, zu welchem der Eigenthümer nur mit Widerstreben den goldenen Schlüssel auslieferte. Auch hier war der Schrank bedeutender als sein Inhalt, der in einigen Gläsern und Phiolen, in denen augenscheinlich Spiritus war, in einem Dutzend Salbentöpfen (»quelques pots de pommade«, sagt maliciös genug der Bericht) und in zwei großen Gefäßen bestand, die mit dem kostbaren weißen Pulver, das wir bereits kennen, angefüllt waren. Im Vergleiche zu den großen, pariser Apotheken, die, nebenbei bemerkt, so bunt ausstaffirt sind, daß sie einem Coiffeur- und Parfümerieladen nicht unähnlich sehen, ein sehr geringes Assortiment von Heilmitteln und Droguen. Um so bedeutender konnte aber auf der andern Seite das Verdienst und die Geschicklichkeit des surinamischen Doctors erscheinen, wenn er nämlich wirklich das war, wofür er sich ausgab. Er wich auch jeder an ihn gerichteten Frage durch die charakteristische Antwort aus: »allez chez Monsieur Sax;« aber die Facultät hatte bereits diesen einen Fall für einen „Zufall" erklärt und ließ sich damit nicht abfertigen. Dennoch wollte man aus einer gewissen Courtoisie den schwarzen Doctor nicht

ohne Weiteres verdammen, ja ihm sogar Gelegenheit
geben, sich in den Augen seiner Collegen und der wissenschaftlichen Welt zu rehabilitiren. Dr. Velpeau schlug
ihm die freie, ungehinderte Behandlung von zwölf
Krebskranken vor und zwar in der Charité, von
welchem Hospital er, Velpeau, noch heute der Director ist.

Anfangs wollte sich der schwarze Doctor auf diesen
Vorschlag nicht einlassen; er ahnte wohl die Falle, die
man ihm dadurch stellte. Er mußte aber doch nachgeben, um einer schlimmern Eventualität zu entgehen.
Denn schon hatte man ihm leise zu verstehen gegeben,
daß er mit der pariser Polizei in unangenehme Collision kommen könne wegen unbefugter Ausübung seiner
„Kunst", da er weder eine officielle Erlaubniß erhalten
hatte, noch sonst irgend ein Diplom besaß. Genug, er
übernahm die zwölf Kranken, die Dr. Velpeau sofort
aus den verschiedenen Sälen, „wo sie zu Dutzenden
lagen", in ein besonderes Local hinüberschaffen ließ,
das hierauf dem docteur noir zur Verfügung gestellt
wurde. Dieser hatte sich eine Frist von sechs Wochen
ausbedungen und begann auch sofort seine Kur. Es
war die alte, bekannte Behandlungsweise, die bei dem
Herrn Sax so gut angeschlagen hatte. Der Doctor
kam drei Mal täglich zu seinen Patienten, Morgens,
Mittags und Abends, besah sie der Reihe nach, sprach
wenig oder nichts, streute von seinem weißen Pulver
auf die leidenden Theile und ging davon. Sonst verordnete er nichts und war namentlich in Bezug auf Diät

außerordentlich tolerant: die Kranken könnten essen, was sie wollten, und was ihnen am besten schmecke, das schade nichts und habe gar keinen Einfluß auf die Kur. In den ersten Tagen ging Alles gut; wenn der schwarze Doctor erschien, ward er jedes Mal entweder von dem Director selbst, oder von einigen Assistenzärzten empfangen, denen sich alsdann die sogenannten Eleven des Hospitals und einige Studenten der Medicin anschlossen, die ihn sämmtlich von Bett zu Bett begleiteten, ganz wie eine gewöhnliche Klinik und wie eine solche täglich in allen pariser Hospitälern stattfindet. Nur daß hier die Diagnose fehlte und das dadurch entstehende Wechselgespräch zwischen Professor und Schüler, denn der Wunderdoctor redete so gut wie gar nicht.

Bei dieser Gelegenheit sahen auch wir den merkwürdigen Mann. Seine äußere Erscheinung war nicht allein anständig und würdig, sondern auch vornehm und Vertrauen erweckend. Seine überaus dunkle Gesichtsfarbe, das glänzende, glatte, pechschwarze Haar, die scharfgeschlitzten Augen, dies Alles verkündete unzweifelhaft den tropischen Ursprung; wahrscheinlich war sein Vater ein ächter Aethiopier gewesen. Aber aus diesen Zügen sprach Verstand und Urtheilskraft, und an seinem ganzen Benehmen wie an seinen Manieren erkannte man sofort den Mann von Welt. Leider sprach er so gut wie gar kein Französisch, auch sonst keine der gewöhnlichen europäischen Sprachen, so daß eine Unterhaltung mit ihm nicht möglich war. Manchmal war er von einem jungen Manne begleitet, der sich für einen Engländer aus Ostindien ausgab und es auch wohl sein mochte; mit diesem sprach er dann und wann und auch nur wenig. Aber als Dollmetscher konnte derselbe nicht dienen.

So blieb denn die Erscheinung und Persönlichkeit des docteur noir, trotz seiner näheren Beziehungen zu den Aerzten der Charité und den dortigen Kranken, nach wie vor eine mysteriöse; aber man ließ ihn gewähren und störte ihn nicht, sondern erwartete ruhig das Resultat seiner Behandlung. Dieses zeigte sich denn auch bald und war ein höchst ungünstiges, um nicht klägliches zu sagen. Die Patienten beklagten sich schon in den ersten Wochen über zunehmende Schmerzen und verlangten dringend, von dem schrecklichen Wunderdoctor befreit und wieder in den gewöhnlichen Krankensaal zu Dr. Velpeau gebracht zu werden. Bei andern Patienten hielten die Aerzte eine Operation für unumgänglich nothwendig und machten den schwarzen Doctor darauf aufmerksam. Dieser, der nie operirt hatte, wollte nichts davon wissen, ereiferte sich und rief: »pas couteau, pas couteau!« und ließ den versammelten Collegen durch seinen Dolmetscher erklären, sie seien entsetzlich bornirt. Dennoch wurden die Kranken aus humanen Rücksichten und weil man dieselben doch unmöglich zum bloßen „Experimentiren" hergeben konnte (so tolerant auch sonst die meisten Aerzte über diesen Punkt „zum Besten der Wissenschaft" denken), nach und nach entfernt und der schwarze

Doctor sah sich bereits in der dritten Woche in seinem Saale allein. Nun fing er an zu protestiren und beklagte sich, daß man ihm nicht Wort gehalten, da man ihm ja sechs Wochen bewilligt habe ꝛc. Hierin hatte der gute Mann allerdings Recht; aber die Aerzte hatten ihrerseits auch Recht, wenn sie behaupteten, sie hätten nach Ehre und Gewissen einem solchen Treiben nicht länger zusehen können und die Patienten nicht geradezu opfern wollen. Die meisten derselben starben im Laufe der folgenden Monate, was freilich auch wieder nicht dem docteur noir allein aufgebürdet werden konnte, da alle wirklich Krebskranken ja nach dem Ausspruche der Aerzte sterben müssen. Nur der geheilte Herr Sax ging als merkwürdige Ausnahme von dieser allgemeinen Regel wohlgemuth in Paris spazieren, ließ sich sogar manchmal von Dr. Velpeau und andern Doctoren neugierig untersuchen, die stets hofften (o über die Jünger Aeskulap's!), der Krebs werde wieder zum Vorschein kommen, was kein geringer Triumph gewesen wäre; aber Wange und Lippe des berühmten Instrumentenmachers blieben befreit von dem schrecklichen Uebel, und der Glückliche machte nach wie vor die lebhafteste Propaganda für seinen Retter.

Die Herren von der Facultät gaben sich indessen nicht zufrieden; sie arbeiteten ein Memorandum aus, in welchem sie den ganzen „Unfug" des docteur noir dem Minister denuncirten und den schwarzen Doctor noch schwärzer machten, als er schon von Natur war. Bevor übrigens die Angelegenheit an den Minister ge-

langte, kam von einer andern Seite der Schlag, der
den Wunderdoctor stürzen sollte.

Ein Graf S. aus der Normandie, dessen Gemahlin
seit langen Jahren am Krebs litt und alle Aerzte
vergebens consultirt hatte, las in den Zeitungen die
glückliche Heilung des Herrn Sax und die übrigen
Reclamen des schwarzen Doctors. Sofort machte er
sich auf den Weg und stellte die Gräfin dem Heil=
künstler vor. Dieser untersucht die leidenden Theile und
ruft wieder die tröstlichen Worte: »Vous pas mourir,
moi vous guérir pour cinquante mille francs«.

Der Graf macht große Augen; auch wenn man
Graf und ein reicher Mann ist, so besinnt man sich, bevor
man eine solche Summe auf's Ungewisse hin bezahlt,
selbst wenn man seine Gattin damit vom Tode retten kann.
Doch der bloße Gedanke einer möglichen Heilung über=
wog alle Bedenken; der Handel wurde abgeschlossen,
und zwar, wie stets, die Hälfte der Summe sofort
gezahlt; die andere Hälfte sollte am Schluß der Kur,
d. h. nach sechs Wochen bezahlt werden. Alsdann ein
paar Messerspitzen, Morgens, Mittags und Abends,
des bekannten weißen Pulvers (der Herr Gemahl machte
wieder große Augen): voilà tout.

Der Graf bezog ein Hôtel in der Chaussée d'Antin,
um den schwarzen Doctor in der Nähe zu haben, und
hoffte und harrte; er verhielt sich auch in der ersten
Woche ganz ruhig, zumal die Gräfin selbst, war es
Täuschung oder Wirklichkeit, einige Erleichterung zu
spüren glaubte. Zufällig kam aber der Graf mit

einigen Facultäts-Professoren zusammen und erfuhr dadurch die befremdliche Klinik des docteur noir in der Charité. Dieses Mal drangen die Aerzte auf weitere Untersuchung, da das Auftreten des Wunderdoctors, namentlich nach seiner Blamage im Krankenhause, doch gar zu unverschämt erschien. Der Graf wartete noch acht Tage, und als sich in der dritten Woche der Zustand der Gräfin plötzlich bedeutend verschlimmerte, wurde er bei dem pariser Polizeigericht klagbar. Der schwarze Doctor wurde verhaftet und die Untersuchung eingeleitet. Kaum war dies bekannt geworden, so kamen von allen Seiten Beschwerden und Reclamationen in Menge. Der Doctor hatte jeden Krebskranken ohne Unterschied angenommen, ihm mit seiner stereotypen Phrase Genesung verheißen und sich stets die Hälfte des Honorars vorauszahlen lassen. Gar viele von den Kranken waren gestorben; andere hatten ihn freiwillig verlassen und waren zu ihren frühern Aerzten zurückgekehrt. Nicht ein einziger neuer Fall wirklicher Heilung konnte constatirt werden, und unglücklicherweise starb die Gräfin ebenfalls nach wenigen Wochen. Der Graf machte nun noch eine Civilklage auf Rückgabe der fünfundzwanzigtausend Franken anhängig. So standen die Sachen sehr schlimm für den schwarzen Doctor. Der berühmte Wundermann, denn als solcher galt er trotz Allem noch im großen Publicum, war auf ein Mal von seiner glänzenden Höhe herabgestürzt, und nichts blieb übrig als ein Quacksalber, der noch dazu ein Gauner war. So wenigstens hieß es jetzt, denn die vox populi bewegt sich ja immer in Extremen.

Die Verhandlungen machten natürlich gewaltiges Aufsehen und zogen ein zahlreiches Publicum an. Ganz Paris wollte den schwarzen Doctor sehen, der in kaum zwei Jahren über zweimalhunderttausend Franken „zusammengedoctort" hatte, und dem es nun an den Kragen ging. Der Anklage wurde das Memorandum der medicinischen Facultät zu Grunde gelegt, und wenn die Gerichte eine solche Sache zu Händen bekommen, so läßt sich niemals absehen, wie weit die Herren den Faden ausspinnen und was sie Alles im Verlauf der Untersuchung noch herausfinden und zusammenstellen, damit ihnen der Angeklagte ja nicht durchschlüpfe.

Entlastungszeugen waren nicht da, mit alleiniger Ausnahme des vielerwähnten Herrn Sax, der sich auch gern dazu verstand, zu Gunsten des armen Wunderdoctors zu deponiren. Aber das half nicht viel, und Herr Sax hatte sogar die Unannehmlichkeit, daß man in dem ärztlichen Gutachten geradezu erklärte, er sei nicht als geheilt zu betrachten und könne sich stets eines neuen Ausbruches des alten Uebels versehen. Das wollte sich wieder Herr Sax nicht gefallen lassen, und der Advocat des docteur noir (ich glaube, es war Maître Marie) benutzte diesen Umstand zu einer sehr pikanten Verwahrung, in welcher er die Mitglieder der medicinischen Facultät keineswegs schonte. Leider erkannte auch das Gericht in der Heilung des Herrn Sax nur einen glücklichen Zufall, und sonst meldete sich Niemand, der als ein Geheilter dem docteur noir das Wort redete.

Ein Zeuge war freilich noch da, aber dieser war eben so abenteuerlich wie der Wunderdoctor selbst. Es war dies nämlich ein Ostindier, der seit langen Jahren die Ufer des Ganges mit denen der Seine vertauscht hatte und in Paris lebte, d. h. sich durchschlug, so gut es gehen wollte. Er verkaufte als ambulanter Krämer Vanille, Korallen und Muscheln, hier und da auch, aber heimlich, ein Stückchen Hatschisch, wie man im Orient das zum Rauchen präparirte Opium nennt. Manche behaupteten, er sei reich aber er verstecke seinen Reichthum; sein zerlumpter Kaftan und sein schmutziger Turban ließen freilich auf das Gegentheil schließen. Wo er eigentlich wohnte, wußte Keiner, aber im Tuileriengarten sah man ihn fast täglich auf- und abgehen und seine Raritäten in kauderwelschem Französisch anbieten. Dieser Ostindier begegnet einst dem schwarzen Doctor, der zufällig im Park spazieren geht. Kaum ist er seiner ansichtig geworden, als er auf ihn zueilt und ihn ehrfurchtsvoll begrüßt. Der Wunderdoctor erwidert ein paar malayische oder sonstige Worte, die auf den Ostindier einen solchen Eindruck machen, daß er mit über die Brust gekreuzten Armen niederkniet und in dieser Stellung wie in einer Verzückung verharrt. Der Doctor ist schon vorübergegangen und der Hindu liegt noch immer auf den Knieen und murmelt Gebete wie in einer Pagode, küßt die Erde, wo Jener gestanden :c.; Alles mitten im

Park, in Gegenwart von vielen hundert Menschen. Man fragt ihn endlich neugierig, was das zu bedeuten habe, und er erwacht aus seiner Ekstase. Er erzählt darauf, so gut er es vermag, daß der Mann, dem er so eben begegnet, einer der größten Männer seines Volkes sei; er kenne ihn nicht, habe ihn auch jetzt zum ersten Male in seinem Leben gesehen, aber die wenigen Worte, die er gesprochen, hätten ihm sofort bewiesen, daß er dem höchsten Brama nahe stände und die Geheimnisse der Erde und des Himmels besäße. Man fragte natürlich, was das für Worte gewesen und was dieselben bedeuteten, aber der Hindu machte eine Geberde des Entsetzens und versicherte, er dürfe sie bei Todesstrafe nicht nachsprechen und noch weniger erklären; sie wären in seinem profanen Munde die schrecklichste Gotteslästerung und Brama's Zorn würde ihn augenblicklich vernichten. Man kann sich leicht den Eindruck vorstellen, den diese seltsame Geschichte auf die Pariser machte. Die Abendzeitungen erzählten dieselbe mit den nöthigen Zusätzen und Ausschmückungen; in allen Kaffeehäusern sprach man nur von dem docteur noir, und der Doctor selbst merkte an dem Zuwachs seiner Kundschaft, daß ihm die Begegnung mit dem Hindu nicht geschadet hatte.

Aber vergebens malte sein beredter Advocat den Richtern die Scene im Tuilerien-Park mit den lebhaftesten Farben. Die Gegenpartei sah darin nichts anderes als eine abgekartete Intrigue und behauptete sogar ganz dreist, der vorgebliche Hindu sei ein gelb angemalter Ouvrier aus dem Faubourg Saint Antoine, das schon gar oft für die pariser Boulevards Perser und Asiaten geliefert habe. Auch war der Ostindier zur Zeit der Gerichtsverhandlungen nirgends aufzutreiben. So wurde denn der docteur noir zu zweijähriger Gefängnißstrafe und zu einer starken Geldbuße verurtheilt und zwar in doppelter Weise: zuerst wegen unbefugter Ausübung der ärztlichen Praxis und dadurch herbeigeführter leichtfertiger Tödtung (bei der spätern Appellation sah man von diesem zweiten Punkte ab) und dann, das war der schlimmste Theil der Sentenz, wegen Betrügerei und Geldschneiderei, »escroquerie«, die man weder leugnen noch vertuschen konnte, zumal der Angeklagte nicht im Stande war, auch nur einen geringen Theil der reclamirten Summen zurückzuerstatten. Der große Aufwand (»le luxe asiatique«, wie es in der Anklage heißt), den er während seiner kurzen Glanzperiode gemacht, hatte ihm nicht erlaubt, etwas „auf seine alten Tage" zurückzulegen. Als er nach dem Mazasgefängniß abgeführt wurde, hatte er noch gegen vierzigtausend Franken Schulden, zu deren Deckung er seinen prächtigen Hausrath in den Händen der Gläubiger lassen mußte. Er selbst trug sein Schicksal mit Ergebung und tröstete sich vielleicht mit andern großen Männern, die gleich ihm von der Mitwelt verkannt und verdammt wurden. Sein zweites großes Geheimniß, ein unfehlbares Mittel gegen die Brechruhr und also auch gegen die Cholera, behielt er trotzig für sich, obwohl er es früher mehrfach dem französischen Gouvernement angeboten hatte. In Mazas soll er übrigens zwei Cholerakranke, die von den Aerzten bereits aufgegeben waren, in wenig Stunden kurirt haben.

So verschwand denn der docteur noir von der hiesigen Weltbühne und kaum war er verschwunden, so war er auch vergessen: nach acht Tagen sprach kein Mensch mehr von ihm. So geht es immer. Nach Ablauf seiner Strafzeit mußte er noch auf sechs Monate in's Schuldgefängniß nach Clichy wandern, wo ihn einige seiner Gläubiger, unter ihnen auch der erwähnte Graf, so lange festhielten, bis er die vorausbezahlten Honorare ganz oder theilweise zurückerstattete. Hier half sein alter Freund, Herr Sax, und endlich war der Wunderdoctor wieder auf freiem Fuße.

Niemand dachte mehr an ihn, den man längst in seine surinamische Heimath oder sonst irgend wohin abgereist glaubte, als er auf ein Mal von neuem auftauchte. Nicht als Heilkünstler, die Lust dazu mochte ihm wohl vergangen sein, sondern als Agronom und zwar mit dem Project einer großartigen Baumwollpflanzung im Süden Frankreichs. In seinem Prospectus, welcher zugleich zu Unterzeichnungen einladet, da er eine Actien-Gesellschaft gründen will »pour la culture du coton en Europe«, weist er auf die Noth hin, in die wir durch das Ausbleiben der Baumwolle in Folge des americanischen Krieges gerathen seien und behauptet, daß man im gemäßigten Europa eben so gut die Baumwolle cultiviren könne, wie in den Tropenländern. Wir erfahren bei dieser Gelegenheit, daß er selbst große Baumwollpflanzungen in Indien besitzt.

Vielleicht ist das Ganze ein neuer Schwindel und eine Variation seiner frühern Geldschneidereien; vielleicht ist auch das Project ernsthaft und wirklich ausführbar und kann die Lösung geben zu einer großen Umwälzung in der gesammten europäischen Agricultur, wie es im Prospectus heißt. Herr Vriès scheint mithin, trotz aller Widerwärtigkeiten, die ihm hier passirt sind, noch immer sehr an Paris zu halten, und die Hoffnung noch nicht aufgegeben zu haben, hier quand-même sein Glück zu machen.

.

———

Das Annexionsfest.

Das Annexionsfest am 15. Juni 1860 wegen der Abtretung der savoyischen Provinzen an Frankreich war bedeutend und großartig.

Am Vorabend war das Wetter abscheulich, ganz Paris von Regengüssen überfluthet, die Boulevards und die Hauptstraßen in ein großes, triefendes Regenschirmdach verwandelt; denn ausgehen muß ein Mal der Pariser trotz alledem und alledem, — zu Hause bleiben kann er nicht. Ueberall hörte man Befürchtungen und Klagen für den folgenden Tag, und doch auch wieder nicht überall; denn die Getreuen, die Guten, d. h. die Bonapartisten sagten ungenirt und laut: morgen werde doch gut Wetter sein, wie stets an den napoleonischen Festen; der Befehl dazu wäre dieses Mal nur so schnell gekommen (vor drei Tagen wußte man noch von nichts), daß der liebe Gott selbst überrascht worden und keine Zeit gehabt, den Regen abzubestellen. Albernheiten! und weiter nichts; aber selbst in diesen Albernheiten liegt ein tieferer Grund, und hinter der Harlekinsmaske steckt oft ein ganz ernsthaftes Gesicht.

Und wirklich, der Morgen des fünfzehnten ging herrlich und golden auf über Paris: die Sonne glänzte am wolkenlosen Himmel. Es war eben (um nicht aus dem Ton zu fallen) der Himmel von Nizza, der uns über Nacht gekommen war. Sie triumphirten auch nicht ein Mal, die Bonapartisten, sondern sagten bescheiden und einfach: Seht ihr wohl, daß wir Recht gehabt? —

Schon schmücken sich überall die Häuser; Flaggen und Fahnen, die sardinischen Farben in treuer Gemeinschaft mit der Tricolore, und hie und da sogar Blumenkränze, Laubgewinde und sinnige Inschriften, die am Abend als Transparente schimmern werden. Sie sind anständig und zahm und kein Hoch auf Garibaldi ist darunter, nicht ein Mal ein Vivat auf Victor Emmanuel; denn die Alles überwachende Polizei hatte vorsorglich an manche Thüre geklopft und zum Artigsein ermahnt.

Sogar die vorbeifahrenden Omnibus haben die dreifarbige Fahne mit dem Adler aufgesteckt; bei den Wasserwagen sind die Köpfe der Pferde damit geschmückt und mancher Droschkenkutscher trägt sie wie eine Cocarde am Hut. Die Hoflieferanten auf den Boulevards und in der Rue de Rivoli haben ganz besondere Anstrengungen gemacht, und die goldgemalte Chiffre Ihrer Majestäten ist auf großen bunten Schildern ringsum ausgehängt. Der Schneider des

Kaisers, Herr Dusautoy, ein vornehmer Mann und Millionär, also eine große Respectsperson, zeichnet sich vor allen Andern durch die reiche, geschmackvolle Verzierung seines Ladens aus. Benetianische Laternen sind in weiten Bogen von Fenster zu Fenster gehängt, Laubgewinde und Fahnen dazwischen, und nur hie und da etwas Platz gelassen, um die goldenen Worte nicht zu verdecken: Tailleur de l'Empereur.

Folgen wir durch die Rivolistraße und über die Quais den zahlreichen Carossen und Galawagen, die sämmtlich den Weg nach Notre-Dame einschlagen, wo ein festliches Tedeum zur Feier des Tages gesungen wird. Da der Hof in Fontainebleau ist, so fehlen allerdings die Majestäten und sonst einige hohe Personen. Auch der Prinz Napoleon und die Prinzessin Mathilde sind nicht erschienen. Sie haben das Sterbebett ihres Vaters, des Prinzen Jérome, nicht verlassen wollen. Aber alle Minister sind zugegen, fast der ganze Senat, der gesetzgebende Körper und der Staatsrath. Nicht minder die Mitglieder des Instituts und der übrigen Akademieen. Die Gerichtshöfe in rothen und blauen Roben, die Marschälle mit ihrem Generalstabe; kurz, Uniformen und Goldstickereien und Ordensbänder und Sterne in solchen Massen, daß man gar nicht begreift, wie all' diese Menschen in der Kirche Platz finden können, — die Damen nicht zu vergessen, die in vielleicht allzu weltlicher Toilette sich überaus zahlreich eingefunden haben und rechts und links die großen Tribünen in den Seitenschiffen einnehmen. Die

Kathedrale ist übrigens so groß, so unermeßlich möchte man sagen, daß sie ganz bequem zwölftausend Personen fassen kann. Auch die Anordnung und Vertheilung der Plätze ist mit großem Geschick gemacht. Das Innere der Kirche ist mit prächtigen rothen nnd grünen Sammet-Draperieen behangen, mit goldenen Franzen und hineingestickten goldenen Bienen. Das Ganze macht aber mehr einen theatralischen als würdigen Eindruck. Denn leider hat man schon bei Gelegenheit der Heirath des Kaisers das Bogengewölbe der Kirche himmelblau gemalt, und zwar mit den unvermeidlichen goldenen Bienen: eine eben so unschöne wie unpassende Verzierung, bei der man wieder recht deutlich sieht, wie Alles gewissen „höhern Rücksichten" weichen muß.

Pikant ist dabei der Umstand, daß dieselben Deckengewölbe von Notre-Dame bereits unter dem ersten Kaiser in gleicher Weise ausgemalt waren, nach der Restauration jedoch wieder abgekratzt wurden. Man hatte darauf sofort mit einer Lilienmalerei angefangen, aber Ludwig XVIII. war tactvoll genug, die Ausführung zu verhindern. Die arme Notre-Dame-Kirche! Was hat sie nicht schon Alles erlebt und mit angesehen, nur von der großen Revolution an gerechnet; und wie manches Tedeum ist in diesen heiligen, ach und so oft entweihten Räumen heute für dieses und morgen für jenes Ereigniß gesungen worden. Bald für diesen, bald für jenen Monarchen; hier für die Republik, dort für die Bourbons oder auch für die Juli-Dynastie oder die Napoleoniden. Sogar zum Tempel der Vernunft hat man sie einst gemacht, die ehrwürdige Kathedrale, und am Einweihungstage des neuen Cultus, wo ein Freudenmädchen durch die Kirche getragen und auf den Altar gesetzt wurde, sprang ein Conventsmitglied, der später so berühmt gewordene Maler David, auf die Kanzel, schoß eine Pistole los und schrie dabei laut: »Si tu existes, Dieu, tonne donc!« Aber der Allmächtige donnerte nicht und ließ den Maler David alt, reich, geehrt und berühmt werden. Doch der alte Mann weinte in seiner Sterbestunde mit dem betenden Priester und rief voll Verzweiflung: „Alles kann mir Gott vergeben, nur dies nicht!" Am folgenden Tage war in derselben Notre-Dame-Kirche ein feierliches Seelenamt für den Todten, der dem Capitel eine bedeutende Summe zu frommen Zwecken vermacht hatte.

Der Cardinal-Erzbischof celebrirte bei dem Annexionsfest in Person und mit der gewohnten imposanten Pracht. Das Tedeum wurde, wie es hier noch Gebrauch ist, von den ersten Künstlern und Künstlerinnen gesungen, meistens Mitgliedern der großen und italienischen Oper und der übrigen Theater, die sonst wohl nur selten in eine Kirche kommen.

Präcise um ein Uhr kamen die Majestäten von Fontainebleau am lyoner Bahnhofe an, wo sie mit dem üblichen Ceremoniell von den Stadtbehörden empfangen wurden. Der Zug setzte sich alsbald in Bewegung, denn auf halb zwei Uhr war der Anfang der Revue festgesetzt, d. h. der Fortritt des Kaisers mit seinem

Stabe von den Tuilerien nach dem Marsfelde; »l'exactitude est la politesse des rois«.

Die Suite des Kaisers war überaus glänzend; ihm zur Seite ritt auf einem Pony sein vierjähriges Söhnchen in Grenadieruniform, nach allen Seiten hin grüßend. Vier Marschälle, sechsundzwanzig Generäle, gegen vierzig Stabsofficiere aller möglichen Waffengattungen und verschiedene fremdländische Officiere, unter ihnen englische, russische und sardinische Uniformen, bildeten das Gefolge des Kaisers; Hundertgarden öffneten und schlossen den Zug. Das Menschengewühl war ungeheuer, vorzüglich im Tuileriengarten selbst, so daß der Zug alle Augenblicke stockte und es wirklich zu verwundern war, daß von den vielen Pferden keines wild geworden und Unglück angerichtet. Der Kaiser sah aus wie immer, ernst, fast düster; das freundliche Lächeln früherer Jahre, das ihm so gut stand, scheint ihn ganz verlassen zu haben; seine Gesichtsfarbe ist auch bleicher als gewöhnlich; kurz, er macht den Eindruck eines alternden, sorgenvollen Mannes. Die Acclamationen waren auch dieses Mal wieder sehr getheilt; in einzelnen Gegenden lauter, enthusiastischer Zuruf, auf andern Plätzen nur hie und da ein sparsames vive l'Empereur. Dies sagt übrigens nichts in Frankreich, wo längst kein individuelles Band mehr zwischen Fürst und Volk besteht und seit Ludwig XVI. alle persönlichen Beziehungen der Art verschwunden sind. Der Kaiser, als Imperator, hat seinen Halt und seine Stütze in der Armee, deren Haupt er bildet, und die ihrerseits wieder als eine besondere Macht, als eine Art Staat im Staate anzusehen ist. So wenigstens faßte Napoleon I. seine Würde und Stellung auf, und der Neffe folgt auch hier seinem Vorbilde.

Auf dem Marsfelde selbst war daher auch erst der eigentliche Empfang, die wahre Ovation. Es waren nahe an 100,000 Mann in Schlachtordnung aufgestellt, von denen allerdings die pariser Nationalgarde gegen 25,000 ausmachte. Der Kaiser ritt mit seinem Gefolge langsam über die ungeheuere Ebene, von jedem Regiment mit lautem Vivatsdonner begrüßt. Er selbst grüßte wenig, aber vor jeder Fahne, an welcher er vorbeikam, nahm er tief seinen Federhut ab. Mittlerweile war auch die Kaiserin in vierspänniger, offener Kalesche angelangt; ihr zur Seite saß die Herzogin von Leuchtenberg; auf dem Rücksitz ein schöner Knabe in russischem Nationalcostüm, eine äußerst liebliche Erscheinung. Auch die Kaiserin wurde mit lebhaften Acclamationen empfangen. Sie trug ein Atlaskleid, lila und weiß, in breiten Streifen, Hut und Sonnenschirm ebenfalls weiß mit lila, eine Toilette, so zart und duftig, wie Maiblumen und Veilchen. Die Herzogin von Leuchtenberg, schwarz und ganz in schwarze Spitzen gehüllt: die höchste Distinction.

Der Kaiser bewillkommnete die Damen, die auf der großen Tribüne in der Mitte Platz nahmen; ein Trommelwirbel wie ein Erdbeben erhob sich von allen Seiten und brauste über die weite Fläche, und das Defilé begann. Zuerst zog die Nationalgarde vorüber, mit klingendem Spiele und erneutem Zuruf, alsdann die Regimenter der eigentlichen Armee von Paris, die übrigens jetzt, „wo überall Ruhe und Friede herrscht", wie der Kriegsminister in seinem letzten Bericht sagt, nur siebenzigtausend Mann zählt. Nur! — was will man mehr? und es gibt böse Zungen, die behaupten, wir tanzen hier in Paris auf einem Vulcan!

Nach der Revue, die gegen drei Uhr vorbei war, obwohl die verschiedenen Truppen-Abtheilungen noch um fünf Uhr durch die Stadt zogen, begab sich alle Welt in die elysäischen Felder und in's Bois de Boulogne. Da keine Börse war, so hatten auch die meisten Läden und Magazine geschlossen, und Paris gewann wirklich das Ansehen einer festlichen Stadt.

Das versprochene Feuerwerk war wieder abbestellt worden; die Illumination fand indeß Statt. Aber auch sie bot nichts Besonderes. Die öffentlichen Gebäude und Monumente werden seit Jahren stets in derselben Weise illuminirt; es sind immer dieselben Adler, Kronen, Buchstaben und Feuerlinien; das Gas ist dazu sehr bequem zu verwenden. Das Hôtel de Ville zeichnet sich bei solchen Gelegenheiten glänzend aus. Das große, schöne Gebäude ist in allen seinen architektonischen Umrissen durch Flammenstreifen bezeichnet; ein flammendes Schiff, das Stadtwappen, schwebt in der Mitte.

Im Volk selbst war große Heiterkeit und bis um Mitternacht knallten und rasselten die Schwärmer und Handraketen, vorzüglich in den Vorstädten, wo die Polizei weniger strenge ist. Bengalische Flammen und

Transparente fehlten nicht, auf den Boulevards waren fast sämmtliche Privathäuser erleuchtet, und nur mit Mühe konnte man sich durch das Menschengewühl hindurcharbeiten. —

Am nächsten Morgen früh um 6 Uhr verließ ein leichtes Coupé den Tuilerienpalast und fuhr durch die Rue de Rivoli nach dem straßburger Bahnhof. Zwei Männer stiegen aus, in unscheinbarer Reisekleidung, gingen eilig durch den Wartesaal und setzten sich in einen prächtigen salonartigen Waggon; es war der Kaiser mit seinem Adjutanten, dem General Fleury. Die Locomotive pfiff und der Zug flog davon. Napoleon reiste über Straßburg nach Baden-Baden zur Conferenz mit dem Prinz-Regenten von Preußen.

Die Iden des März.

„Des Märzes Iden sind nun da!....
„Ja, großer Cäsar, da; doch nicht vorüber." —

Der große Mann, so melden uns die Geschichtschreiber, ging mit gewohntem Stolz und festen Schrittes in die Senatsversammlung, grüßte noch mit spöttischem Lächeln unterwegs den besorgten Augur, wies auch die Liste der Verschworenen zurück, die ihm von Freundeshand überreicht ward und ..... einige Minuten später sank er am Fuß der Pompejussäule hin, ermordet, todt: auch du mein Sohn? — Und die „Tyrannei" hatte ein Ende; das Volk jauchzte und ahnte nicht, daß der schlanke, feine Jüngling im Hintergrunde schon die Hand ausstreckte nach dem gefallenen Purpur, den er sich später kraftvoll um die Lenden schlug, um als gewaltiger Imperator an's Licht zu treten.

* * *

Da sieht man, so rufen jetzt die Kritiker, wohin die kaiserliche Galanterie führt und in was für Verlegenheiten man kommen kann, wenn man einer liebenswürdigen Dame eine Bitte nicht abzuschlagen weiß.

Unter Ludwig XIV., à la bonne heure, da war dergleichen an der Tagesordnung; man verwandelte über Nacht einen Rasenplatz in einen Teich, weil die schöne Montespan gerade auf jenem Platz und nirgends sonst im Kahn fahren und angeln wollte, oder man verwandelte einen Teich in einen Rasenplatz, weil die Marquise gerade auf jenem Platz und nirgends sonst ein Carroussel zu haben wünschte. Damals fand man das sehr „natürlich"; die ganze Welt, wenigstens die französische, existirte ja nur für den König und für seinen Hof, und die Maitressen hatten den Vortritt vor den Ministern und Marschällen. Aber das Damals ist Gottlob längst vorüber, und wir dürfen wirklich Ludwig XIV. und seine Zeit nicht citiren, denn die Parallele, wollen wir anders nicht ungerecht sein, ist geradezu unmöglich.

Es handelt sich ja auch nur um einen Scherz, um eine kleine Wette, die der Kaiser verloren hat, und wenn man nun weiter erzählt, daß durch jene verlorene Wette die große Oper hundert und fünfzig tausend Franken Kosten gehabt hat, so ist das wieder nicht recht, oder man muß sofort hinzufügen, daß an jenem Abend die Parquetplätze 80 und die Sitze in den ersten Ranglogen 200 Frs. gekostet haben, wodurch die Direction schon einigermaßen entschädigt wird; denn wenn sie auch den Speculanten einen großen Theil des Extragewinnes überlassen muß, so hat sie doch bei solchen Gelegenheiten eine Einnahme von fast 25,000 Frs.; sie ist mithin durch sechs bis acht Vorstellungen gedeckt, und so viel sollte doch wohl der Tannhäuser werth sein.

Das Wort ist ausgesprochen, der Tannhäuser; es ist dies hier ohnehin, seit den Iden des März, das dritte Wort in jeder Unterhaltung. Er ist also doch zur Aufführung gekommen, und der Leser hat wohl schon erfahren, wie die Vorstellungen ausgefallen sind. Wir kämen deshalb zu spät mit unserm Bericht, wenn wir überhaupt einen solchen bezweckten. Dies ist aber nicht unser Fall; wir wollen nur einige allgemeine Bemerkungen bringen, les généralités, wie der Franzose sagt, und mit denen kommt man nie zu spät.

Zunächst sind wir aber die Geschichte der oben angedeuteten Wette schuldig.

An einem September = Abend des vorigen Jahres war, wie gewöhnlich, sogenannter kleiner Empfang im Schloß von St. Cloud. Zum kleinen Empfang bei Hofe, »la petite cour,« werden keine Einladungen ausgegeben; wer Vergnügen findet, »qui trouve plaisir,« so heißt es im Ceremonial = Statut, kann hingehen. Man sollte glauben, daß alle Welt auf diese Weise zum kleinen Empfang gehen kann; aber es findet gerade das Umgekehrte Statt. Die obige Phrase ist eben die große Barrière, welche die Profanen von der Schwelle des Allerheiligsten zurückweist, und das liegt einfach in der Natur der Dinge. Finde doch Einer einmal „Vergnügen", den Majestäten einen Abendbesuch zu machen und sich bei ihnen zum Thee zu bitten, wenn er eben nicht zu den Eingeweihten, zu den Privilegirten, zu den

"Freunden" gehört; mache sich doch Einer einmal diesen Scherz, wäre es auch nur, um uns nachher zu erzählen, wie er sich "amüsirt" hat. Die kaiserliche Familie hat mithin keinen indiscreten Besuch zu befürchten; zur kleinen Cour findet sich stets nur die höchste Gesellschaft ein, wir sagen nicht der höchste "Adel", denn mehr als die Hälfte der bonapartistischen Würdenträger ist ja bürgerlichen Herkommens. Im Faubourg St. Germain rümpft freilich mancher duc oder Marquis verächtlich die Nase, wenn er zufällig hört, was alles für "Leute" bei der letzten kleinen Cour gegenwärtig waren; aber darüber hat sich der Hof längst hinweggesetzt und das große Publicum nicht minder. Man läßt den duc oder den Marquis schwatzen und schelten, oder erzählt ihm gar die Fabel von dem Fuchs und den Weintrauben.

An jenem Abend also, der, wie wir gleich sehen werden, für den Tannhäuser so entscheidend werden sollte, war bunte, glänzende Bewegung in den kaiserlichen Privatgemächern zu St. Cloud. Im blauen Saal der Kaiserin wurden auf einem kleinen, aber reizend ausgestatteten Liebhabertheater Sprüchwörter aufgeführt, und wenn das Parterre auch nicht aus "Königen" bestand, wie damals in Erfurt unter Napoleon I., so war es doch auch kein gewöhnliches Parterre. Der Kaiser saß unter den Zuschauern und wandte sich gerade an die Fürstin Metternich, um ihr die Vorstellung zu erklären, aber die Fürstin behauptete, er, der Kaiser, habe sie selbst nicht verstanden, und wisse die

Lösung der Charade nicht. Der Kaiser versichert das Gegentheil, die Fürstin gibt ihrerseits nicht nach; es kommt zu einer Wette, in welcher sich Napoleon verpflichtet, der Fürstin irgend welchen Wunsch zu erfüllen, wenn er am Schluß das betreffende Wort nicht errathe. Der Vorhang fällt, die Versammlung schweigt und schaut erwartungsvoll auf den Kaiser, der hin und her räth, aber trotz dem das Wort nicht findet und sich endlich für überwunden erklärt. Die Fürstin Metternich bittet darauf sofort Se. Majestät um die Aufführung des Tannhäuser auf der großen Oper in Paris. Man sah sich erstaunt an, aber der Kaiser gab sogleich sein Jawort, froh, wie er lächelnd sagte, so leichten Kaufs davon gekommen zu sein, da ja die Fürstin nach orientalischer Sitte sein „halbes Reich" hätte verlangen können. Der geistreiche Prosper Mérimée, der nicht allein als Senator und Mitglied des Instituts, sondern auch als Dichter hoffähig ist, begrüßte darauf die Fürstin mit einigen improvisirten Versen, in welchen er ihren Patriotismus noch über ihre Liebenswürdigkeit setzte, was einen allgemeinen Applaus hervorrief. Man gab sich darauf gegenseitig Rendezvous für die erste Vorstellung der Wagner'schen Oper, und schon am folgenden Tage (die Könige haben lange Arme und werden schnell bedient) theilte der Staatsminister Fould der Operndirection den kaiserlichen Befehl mit, den Tannhäuser unverzüglich einzustudiren. Der Director wollte anfangs seinen Augen nicht trauen, aber die Sache blieb wie sie war. Man erzählte sich unter der Hand und ganz geheimnißvoll die Geschichte von der kaiserlichen Wette in St. Cloud und acht Tage später begannen bereits die ersten Proben. Wir machen daher wieder drei Sterne, deren jeder zwei Monate bedeutet und gelangen so zu den Iden des März und zu der Vorstellung selbst.

* * *

Jede erste Vorstellung in der großen Oper ist für das pariser Theaterpublicum eine hochwichtige Angelegenheit; die des Tannhäuser sollte aber zu einem wahrhaften Ereigniß werden. Allerdings im schlimmen Sinne genommen, denn die Oper hat Fiasco gemacht, aber wiederum ein Fiasco, wie ein ähnliches wohl noch auf keinem Theater der Welt stattgefunden. Auch dies ist wieder ein Ruhm für die Pariser, wenn man will, aber ein kläglicher.

Man braucht nur die pariser Zeitungen und Journale in den Tagen nach der Vorstellung anzusehen: nicht ein Blatt wagt mit einer offenen Kritik hervorzutreten, das böse Gewissen, ja die Scham band ihnen die Zunge, denn sie hatten sechs Monate lang unaufhörlich die Unmöglichkeit des Gelingens, den Fall des Stückes vorausgesagt und alle Hebel in Bewegung gesetzt, um ihre Prophezeihung wahr zu machen. Und das alles, weil ihnen der Componist keine Freibillets zugeschickt und keine claque und kein Ballet wollte. Der deutsche Leser, der eine so kleinliche Handlungsweise für unmöglich hält, lächelt und glaubt es nicht;

aber es ist leider nur zu wahr, und der ‚Figaro', unbedingt eines der anständigsten und wohl das bedeutendste pariser Localblatt hat es ganz ungenirt eingestanden. »Monsieur Wagner nous dit qu'il n'a pas besoin de nous; eh bien, nous lui dirons que nous n'avons pas besoin de lui.«

Dabei wollen wir weder die Wagner'sche Schule und Doctrin, noch seine Opern vertreten oder vertheidigen, oder gar lobpreisen. Wir sind kein Musikverständiger, kein Tonkunstkritiker, unser Urtheil ist rein subjectiv. Wir finden den Gegenstand des Tannhäuser poetisch, hochpoetisch, obschon wir das heidnische und christliche Element in jenem Stücke zu sehr vereinigt sehen. Für uns ist Wolfram von Eschenbach oder gar Heinrich von Ofterdingen ein wahrhaft poetischer Held, von ganz anderer Bedeutung, als etwa Robert der Teufel oder der götzendienerische „Prophet". Doch das sind, wie gesagt, rein persönliche Ansichten.

Hätten sie uns in ihren Kritiken nur wenigstens die reinen, schönen Namen unangetastet gelassen! So aber machen sie aus dem Wolfram einen Voltran oder Quoltran, aus Eschenbach Aschenbach oder Eshenbag, und aus dem edeln Ofterdingen gar Opferdeung, und das alles mit der ernsthaftesten Miene von der Welt, und wenn man ihnen Vorwürfe macht und die Fehler verbessern will, so lachen sie und sagen: „Weshalb habt ihr auch in Deutschland Namen, die kein vernünftiger Mensch aussprechen kann"; und damit haben sie wieder die Lacher auf ihrer Seite.

Also der dreizehnte März*) war der Tag der großen Schlacht. Obwohl kein Billet an den Cassen zu haben war (die Cassen selbst waren sogar geschlossen), so hatte sich doch eine unendliche queue gebildet bis auf den Boulevard, und alle Vorstellungen der Polizeidiener und Gendarmen (der Kaiser wurde erwartet, mithin ist an solchen Abenden jeder dritte Mensch in der Nähe der großen Oper ein Polizeidiener oder ein Gendarm, oder beides zusammen) halfen nichts. Noch um zehn Uhr standen lange Reihen in der Rue Lepelletier und .... warteten; so konnten sie wenigstens die fortfahrenden Wagen sehen.

Als der Kaiser in seine Loge trat (er war allein und ohne die Kaiserin gekommen, nur von zwei Adjutanten begleitet), war es schon überlaut in dem übervollen Hause; ein Zischen und Pfeifen, ein Lachen und Brummen überall, daß man in einem Boulevard=Theater zweiter Klasse zu sein glaubte, und nicht in der Académie Impériale de Musique, wie sich die große Oper stolz nennt. Einen Augenblick schien es sogar, als wollte das Ganze eine üble Wendung nehmen, denn der Lärm, anstatt sich nach dem Eintritt des Kaisers zu legen, wuchs mit jeder Minute, so daß er den Anschein einer Demonstration gewann, die sich

---

*) Ich bemerke, im Fall mich ein Gelehrter liest, daß ich sehr gut weiß, daß die Iden des März, Mai, Juli und October auf den 15. fallen und nur die der übrigen Monate auf den dreizehnten. Aber was thut man nicht, um eine pikante Ueberschrift zu bekommen?

auf etwas Anderes, als auf das zu erwartende Stück bezog. Napoleon trat an die Logenbrüstung und schaute mit seiner gewohnten ernsthaften Miene umher, die Hand — nicht an den Degen (der Kaiser war in Civilkleidung) sondern an den Schnurrbart gelegt. Ein donnerndes vive l'Empereur begrüßte ihn sofort, als Beweis, daß ihm der Lärm nicht galt, und der Monarch zog sich befriedigt in seine Loge zurück. Daß zu gleicher Zeit der Ruf »à bas les novateurs!« laut geworden sei, haben wir nicht gehört — ja wir, denn wir waren ebenfalls zugegen und das obenein auf einem der besten Parquetplätze. Ein deutscher Autor in Paris gibt vier Louisd'or für ein Opernbillet!? fragt der Leser.

Nein, die Sache war diese.

Am Morgen des dreizehnten erhielten wir durch die Post, von unbekannter Hand, in sauberer Enveloppe, aber ohne ein begleitendes Wort, ein Opernbillet für die erste Vorstellung des Tannhäuser zugeschickt, und da wir den freundlichen Geber nicht kennen, so sei uns erlaubt, ihm auf diesem Wege unsern späten Dank zu sagen.

Doch der Kapellmeister schwenkte, trotz des immer mehr überhand nehmenden Lärms, den regierenden Stab, und die Ouvertüre begann.

Sie wurde noch mit einigem Interesse angehört; man kannte sie übrigens bereits aus den Concerten, die Wagner im vorigen Sommer hier in der italienischen Oper gegeben; aber dies rief eben den alten Aerger wach, denn von jener Zeit datiren gerade die Intriguen der „schwerverletzten" Gegenpartei. Der Applaus am Schluß der Ouvertüre wurde durch Lärm und Geschrei übertönt.

Wundervoll und von außerordentlicher Wirkung waren sämmtliche Decorationen; vielleicht hat man nie etwas Schöneres auf der Bühne der großen Oper gesehen. Gleich zu Anfang des ersten Actes die unterirdischen Felsengrotten, durch hereinfallendes Licht von Oben erleuchtet, waren von magischem Effect; aber der unglückliche Faunen- und Bachantentanz, der auch nach unserer Ansicht sehr gut fehlen könnte, machte der schönen, gehobenen Stimmung schnell ein Ende und rief eine prosaische Heiterkeit hervor, der ein homerisches Gelächter folgte. Das darauf folgende Duett war so lang, so überlang, daß man sehr gut unter der Zeit im Foyer ein Glas Eis hätte essen und ein Journal du Soir hätte lesen können; so wenigstens drückt sich das Feuilleton des ‚Moniteur' aus und meint noch sehr rücksichtsvoll zu sein. Nach diesem Duett war das Urtheil der Oper gesprochen. Vergebens die herrliche Wartburgslandschaft, denn die fatale Hirtenflöte war wieder ein vielwillkommener Vorwand zum Lachen und zu schlechten Witzen, die sich selbst in der Nähe der Majestät hören ließen; vergebens ferner die wundervolle Decoration des landgräflichen Schlosses, die allerdings einen momentanen Beifallssturm hervorrief, aber nur, um alsbald wieder vertuscht zu werden. Der Marsch indeß ward stark und ungetheilt applaudirt, und hier mußten sich auch die Gegner fügen um sich nicht ihrerseits lächerlich zu machen. Später nahm wieder das Lärmen, Zischen, Pfeifen und Lachen überhand, und so ging das Stück unter nie dagewesenem Scandal über die Scene und zu Ende. Die Künstler, namentlich Niemann, hielten sich tapfer wie gute Soldaten gegen den Feind; am Schluß wurden alle Mitwirkenden gerufen, und einige Freundesstimmen riefen auch Wagner und rissen ein paar hundert Kehlen mit fort, so daß der Kaiser einen Moment zu warten schien, ob der Componist hervortreten würde, aber er kam nicht. Wagner hat übrigens dieser denkwürdigen Vorstellung seines Tannhäuser in Person beigewohnt und zwar in der Loge des Directors. Dort saß er ernst und unbewegt, schaute ruhig und unbefangen in den glänzend erleuchteten Raum voll Brillanten und Sammetroben, voll Ordenssternen und Uniformen, und lächelte unmerklich, daß diese vornehme, hochansehnliche Versammlung sich (um das gelindeste Wort zu gebrauchen) so befremdlich geberdete. Von Wagner's Grimassen und Gesticulationen, von seinen Pantomimen der Verzweiflung und Wuth, mit denen die Zeitungsschreiber ihre Schilderung completiren, haben vernünftige Leute nichts gesehen. Der Recensent der 'Patrie', der vermuthlich so wenig wie mancher andere Berichterstatter zugegen war, spricht sogar von Thränen. Im Gegentheil, Wagner sah nichts weniger als gedrückt und verlegen aus, und war es nicht schon für ihn eine große Genugthuung, „vor dem Kaiser und den Großen des Reichs" sein Werk mit einer Pracht aufführen zu sehen, die ihn für den zweifelhaften Erfolg einigermaßen entschädigte? Auch wurden einige Stimmen laut, die ihm Gerechtigkeit widerfahren ließen, und die zweite Vorstellung am 18. fand bereits mehr Beifall. Dennoch ist der Tannhäuser nur drei Mal aufgeführt worden. Nach dem „Scandal" der dritten Aufführung soll Wagner selbst beim Staatsministerium die Erlaubniß nachgesucht haben, seine Oper vom Repertorium zurückzuziehen, was ihm sofort und auf das Bereitwilligste zugestanden wurde. Ach wie viele pariser Künstler wären stolz und seelenfroh, wenn sie ein solches Fiasco für ihre Geistesproducte erleben könnten, wie Wagner für seinen Tannhäuser!

Die Tagesblätter thaten nachher unisono alles Mögliche, um Wagner und seine Oper vollends „todtzuschlagen". Ein Artikel folgte auf den andern, und einer stets länger als der andere und alle, um zu beweisen, daß der Componist und sein Werk — nicht der Rede werth wären. Sollte nicht aber gerade dies überlange Gerede das Gegentheil beweisen?

Die ganze Cabale liegt übrigens längst offen zu Tage und ist sehr jämmerlicher Art. Der Scandal ist in Verbindung mit den „beleidigten" Journalisten und claqueurs vom Jockey-Club ausgegangen und zwar hauptsächlich wegen des mangelnden Ballets. Es haben sich sogar Zeugen gemeldet, die ausgesagt, sie seien an den drei Abenden in der Passage de l'Opera von „feinen Herren" angeredet worden, man habe ihnen ein Parterrebillet, fünf Franken und eine kleine Pfeife angeboten, unter der Bedingung, "so viel Lärm wie irgend möglich" zu machen. Und geht man der Sache noch weiter auf den Grund, so liegt der Anfangspunkt der Intrigue zuerst in der übeln Laune der ersten Solotänzerin, die sich zurückgesetzt und beleidigt gefunden, und alsdann in dem Versprechen eines ihrer Verehrer (natürlich eines jener „feinen Herren"), sie dafür eclatant zu rächen. Sapienti sat! Der Jockey-Club hat sich wieder ein Mal in seinem rechten Glanze gezeigt, und der ‚Charivari' hatte so Unrecht nicht, wenn er behauptete, bei den Vorstellungen des Tannhäuser wären eigentlich bloß deutsche „Schuster" zugegen gewesen; nur in der Nationalität hat er sich geirrt.

In der ‚Causerie' stand ein sehr gut geschriebener Bericht unter dem Titel: »un scandale à l'Opéra,« der, ohne weiter für Wagner Partei zu nehmen, rücksichtslos und unerbittlich das Publicum angriff und den Vorschlag machte, den Tannhäuser auf irgend einem Boulevardtheater aufzuführen, damit er doch wenigstens vor „anständigen" Zuschauern gegeben und „vernünftig" beurtheilt werden könne.

Inzwischen ist doch der Cäsar noch nicht todt, trotz aller Hieb- und Stichwunden und die Verschworenen dürften zu früh triumphirt haben.

Lustige Geschichten.

I.

Zuerst eine Gaunergeschichte, die aber eine ehrliche ist, so komisch dies auch klingen mag. Sie ist wirklich hier in Paris passirt in der Rue du Temple und hat viel Heiterkeit erregt.

Ein junger Künstler, in Geldnoth, sonst wäre er ja kein Künstler, fällt einem Wucherer in die Hände, der ihn gehörig rupft. Dies erfährt einer seiner Freunde, ebenfalls ein Künstler, und beschließt, ihn eclatant zu rächen. Er geht zum Wucherer, der Zimmer zu vermiethen hat, und miethet eine kleine Mansarde, wo er sich mit einigen gewöhnlichen Effecten und allerlei Utensilien und Geräthschaften einrichtet, denn er gibt sich für einen Lithographen aus. Er thut sehr geheimnißvoll, arbeitet bis spät in die Nacht, versteckt dabei sorgfältig seine Zeichnungen und Platten und erweckt auf diese Weise bald die Neugier und den Verdacht des Hausherrn. Dieser belauert ihn auch eines Abends spät; die Thür ist nicht einmal verschlossen, er schleicht sich hinein und überrascht unsern Künstler, der gerade im Begriff ist, ein Hundertfrankenbillet von einer Kupferplatte abzuziehen. Also ein Falschmünzer, — noch dazu der schlimmsten Sorte; einer, der falsche Bankzettel macht! — für die Galeere reif, denn »travaux forcés à perpétuité« steht ja auf jedem Billet zu lesen.

Der junge Mann leugnet auch gar nicht, sondern sagt einfach zu seinem Hauswirth: „Gehen Sie nur hin und zeigen mich an, unterdessen schieße ich mir eine Kugel vor den Kopf. Ich bin unglücklich und lebenssatt; gehen Sie nur hin und thun Ihre Pflicht."

Der Hauswirth hat aber mittlerweile das falsche Bankbillet genommen, von allen Seiten besehen und genau untersucht. Er ist erstaunt über die gelungene Arbeit; nicht der kleinste Fehler ist daran zu entdecken; man möchte schwören, es sei ein ächtes, so vortrefflich ist es nachgemacht. Die Habgier erwacht in der unreinen Seele des Wucherers.

Dem jungen Manne entgeht dies nicht; er ändert plötzlich den Ton und sagt ganz dreist: „Sie haben mich in der Hand, aber ich mache Ihnen einen Vorschlag: theilen wir mit einander; Sie geben die Billets aus und ich fabricire welche. Sie sagen ja selbst, daß sie das geschickteste Auge täuschen."

Der alte Sünder erliegt der Versuchung und geht auf den verbrecherischen Handel ein. Er hat gerade eine Zahlung an der Bank zu machen; er nimmt das falsche Billet, mischt es unter fünf sechs andere, und kommt nach einer Stunde freudestrahlend zurück: man hat sein Geld an der Casse angenommen, die Billets untersucht und keine Bemerkung weiter gemacht. Der Streich war also gelungen. — „Ja," begann der Künstler von neuem, „wenn ich ein Tausendfranken=billet hätte, in vierzehn Tagen wollte ich an hundert nachmachen und kein Mensch sollte sie erkennen".

Dem Alten kommt der Schwindel an. „Wenn es weiter nichts ist," sagt er und holt schnell aus seiner Geldkiste den gewünschten Zettel.

Unser Künstler macht sich sofort an die Ar=beit; Nachmittags geht er aus, „um einen Spazier=gang zu machen" und — und kommt nicht wieder. Seine Kleider und Effecten hatte er mitgenommen, einige werthlose Steine und Platten zurückgelassen. Der Wucherer war das Opfer einer großartigen My=stification; er, der so Viele geprellt, war dieses Mal selbst geprellt worden. Das erste Hundertfrankenbillet war nämlich ein ächtes und kein falsches, und die ganze Falschmünzerei war nichts als ein schlechter Witz, um in den Besitz der tausend Franken zu kommen.

Am nächsten Morgen erhielt der Polizei=Commissar des Temple=Quartiers eine Summe von 700 Franken für die Armen zugeschickt, anonym. Der Geber, hieß es in dem begleitenden Billet, wolle nicht genannt sein. Die Summe sei eine Restitution an die Armen, denen sie gehöre.

Der Künstler hatte hundert Franken für sein erstes Billet zurückbehalten und zweihundert Franken für seinen

Freund, den der Wucherer um die gleiche Summe betrogen hatte.

Wir haben die Geschichte im Café des Variétés aus sicherer Quelle erfahren — si non è vero, è ben trovato; dem Wucherer aber gönnen wir von ganzem Herzen diesen losen Streich.

II.

Nach der Falschmünzergeschichte eine Begräbnißgeschichte, und ebenfalls eine lustige.

Vor Kurzem starb in der Rue du Bac, Monsieur N. D., ein steinreicher Sonderling, aber einer der liebenswürdigsten Art. Während seines langen Junggesellenlebens hatte er stets ein gastfreies Haus und offene Tafel gehalten und niemals über Mangel an „guten Freunden" zu klagen gehabt. In seiner Villa bei Neuilly war zwei Mal wöchentlich im Sommer großer Empfang; oft gegen hundert Personen, darunter viele Damen, wie es die pariser Sitten mit sich bringen. Wenn man alsdann beim Nachtisch den Amphytrion hochleben ließ, so wurde dieser ganz gerührt über all' die Beweise der Liebe und Freundschaft. Auch die Neffen und Nichten fehlten nicht, als lachende Erben, was sie aber kluger Weise nicht merken ließen.

Dennoch hatte der gute Monsieur D., trotz aller Liberalitäten, manche bittere Erfahrung an seinen

„Freunden" gemacht, manchen Undank, manche Täuschung erlebt. Sein vortreffliches Herz änderte er freilich nicht, aber zum Besten wollte er sich doch auch nicht halten lassen; im Gegentheil, er sann sich einen letzten Streich aus, um noch nach seinem Tode die „guten Freunde" auf eine schlimme Probe zu stellen. Er verlangte nicht ein Mal eine Freundschaft **über das Grab hinaus**, wie man sie ihm so oft zugeschworen; nur **bis an's Grab** wünschte er sie, was doch keine übertriebene Forderung war.

Sofort nach seinem Tode wurden durch seinen Schwager die üblichen Trauerbriefe umhergeschickt: »les lettres de faire part«, und zwar gegen vierhundert; denn so viel „gute Freunde und Freundinnen" hatte der Verstorbene besessen und auf einer besondern, dem Testament beigefügten Liste mit Namen und Adressen genau bezeichnet. Die Briefe luden zur Todtenmesse und zum letzten Geleite ein, wie immer, nur mit dem Unterschiede: »à six heures précises du matin«. Welch eine seltsame Idee: Um sechs Uhr! Vor zehn Uhr findet ja nie ein „anständiges" Begräbniß Statt, die wirklich „vornehmen" erst um zwölf. Wer ist denn um sechs Uhr aufgestanden, vorzüglich, wenn man vielleicht am Abend vorher im Theater oder in einer Soirée gewesen und erst gegen ein, zwei Uhr zu Bette gegangen war. Man hätte also um fünf Uhr aufstehen, sich in „feines Schwarz" kleiden und wohl noch einen langen Weg bis zum Trauerhause machen müssen — décidément, der gute Mon-

sieur D. verlangte etwas zu viel mit seiner seltsamen
Forderung, oder es war ein Druckfehler und statt six
heures sollte es dix heures heißen: ein s für ein d;
das war wohl am wahrscheinlichsten. Und man bekümmerte sich nicht weiter um den Trauerbrief. Ohnehin
war Monsieur D. ja jetzt todt, also „nichts mehr von
ihm zu holen".

Am Begräbnißtage und zwar präcise um sechs Uhr
fanden sich daher nur neunundzwanzig Personen ein,
unter diesen zwei Damen. Der Notar des Verstorbenen war ebenfalls gegenwärtig und bat die Anwesenden, ihre Namen in ein zu diesem Zwecke vorbereitetes
Protokoll einzuschreiben, was geschah, wenn auch nicht
ohne neues Achselzucken über diese befremdliche Forma-
lität. Die Beerdigung fand darauf Statt und die
Geschichte war vorbei, d. h. der erste Act. Der zweite
Act kam etwas später und zwar wie folgt.

Acht Tage nach dem Begräbniß erhielten die obigen
neunundzwanzig Personen ein Schreiben von dem Notar,
mit der höflichen Bitte, sich zu ihm zu verfügen, um
eine interessante Mittheilung entgegen zu nehmen.
Monsieur D. hatte nämlich in seinem Testamente die
folgende Anordnung gemacht:

„Art. 3. Die Stunde meiner Beerdigung soll im
Winter-Halbjahre auf präcise acht Uhr Morgens und
im Sommer-Halbjahre auf präcise sechs Uhr Morgens
festgesetzt sein. Meine vielen »guten Freunde«, die
mich so lieb gehabt und mir stets versichert haben,
nicht ohne mich leben zu können, mögen sich auch ein

Mal meinetwegen »derangiren«; ich habe mich oft genug ihretwegen »derangirt«. Sämmtliche Herren und Damen, die sich zur bezeichneten Stunde bei meiner Beerdigung eingefunden haben, werden in ein Protokoll ihren Namen eintragen, das mein Notar mitnehmen wird. Acht Tage später soll mein Notar sie alsdann einladen, bei ihm ein kleines freundschaftliches Andenken an mich in Empfang zu nehmen, und zwar für die Herren eine Summe von fünftausend und für die Damen von achttausend Franken; die betreffende Summe soll einem Jeden sofort und auf die einfache Constatirung seiner Identität ausgezahlt werden. Lieb wäre es mir, wenn diejenigen, die mir solchergestalt auch im Tode treu geblieben, erlauben möchten, den Hergang der Geschichte in einigen pariser Zeitungen zu erzählen und natürlich ihre Namen hinzuzusetzen, wäre es auch nur, um der Welt zu zeigen, was es mit den »guten Freunden« der Reichen auf sich hat, und dann auch, um den Undankbaren, Faulen und Falschen unter meinen Freunden einen kleinen Aerger und eine kleine Strafe zu bereiten."

So lautete der merkwürdige Artikel 3 des Testamentes, und der Schwager des Verstorbenen, der um die Sache wußte, sorgte für die genaue Beobachtung und Ausführung desselben. Ihm verdanken wir denn auch die spätere Erzählung der Geschichte und die Namenliste der neunundzwanzig „treuen Freunde".

Man denke sich das Erstaunen jener Herren (die zwei Damen nicht zu vergessen), als ihnen der Notar den obigen Artikel 3 vorliest und Jedem zugleich in einem saubern Brief-Couvert ein Päckchen Banknoten überreicht. Aber man denke sich auch den Aerger derer, die sich an dem Begräbnißtage nicht um sechs Uhr Morgens „derangiren" mochten und auf diese Weise das kostbare Erinnerungsgeschenk des Verstorbenen eingebüßt haben. Fünftausend Franken, die Damen gar achttausend! Wie mancher „Freund", wie manche „Freundin" hätte sich unter dieser Bedingung gern um sechs Uhr früh „derangirt" und noch früher, wenn es hätte sein müssen!

Unter den „treuen Freunden" fanden wir in erster Reihe Monsieur Berthoud, den als „Sam" so populär gewordenen Chronikschreiber der ‚Patrie', dann den Schriftsteller Albéric Second und sonst mehrere Maler und Künstler. Aber auch einige vornehme Leute hatten sich an jenem Tage „derangirt" und waren erschienen. So der preußische Gesandtschafts-Secretär Graf Bonneval, der spanische Generalconsul Graf d'Arcos und Andere. Der reiche Marquis de Lavagne, der die größten und schönsten Schäfereien Frankreichs besitzt, hatte sich ebenfalls eingefunden; er war eben ein Freund des Verstorbenen gewesen, aber ein wirklicher. Von diesen Herren haben mehrere die fünftausend Franken den Armen-Anstalten ihres Quartiers übermacht, nachdem sie vorher den Vorschlag des Baron Hervé einstimmig angenommen, dem Verstorbenen auf dem Père Lachaise ein Denkmal zu setzen, zu welchem Zwecke Jeder sofort fünfhundert Franken deponirte.

So haben denn dem guten Monsieur D. seine Freunde noch nach seinem Tode über 150,000 Franken gekostet. Aber er konnte sich leicht diesen „letzten Spaß" erlauben, da er über drei Millionen nachgelassen, in welches Vermögen sich, nach Abzug der obigen Summe und vieler beträchtlicher Legate und Vermächtnisse an fromme Stiftungen, die Neffen und Nichten des Verstorbenen getheilt haben. Von diesen, sieben an der Zahl, waren nur drei erschienen.

Wenn nun aber alle vierhundert Freunde und Freundinnen zur Beerdigung gekommen wären, da hätte ja das Vermögen des Todten kaum ausgereicht und für die rechtmäßigen Erben wäre nichts übrig geblieben. Wenn — wenn .... allerdings. Aber Monsieur D. muß seine Leute, d. h. seine „guten Freunde" gekannt haben.

„Wer das hätte ahnen können!" rief Mancher von den Eingeladenen und schlug sich vor die Stirn, — gar Vielen wären die fünftausend Franken ein kleines Vermögen gewesen.

So dem jungen Charles N., der sich mühsam mit seinen kleinen Feuilletons durchschlägt, denn er hat noch keinen Namen und muß von der Pike auf dienen. Er war zufällig bei dem Verstorbenen eingeführt gewesen und hatte auch eine Einladung zur Beerdigung erhalten, sich aber nicht „derangirt". Wir trafen ihn gestern im Café des Variétés; er sah ganz trübsinnig und unglücklich aus. Max zeigte ihn mir und sagte: „Das ist auch einer von Denen, die geglaubt haben, es sei

ein Druckfehler, ein s für ein d. Was ein kleiner Buchstabe für Unheil in der Welt anrichten kann!"
„Und was man gewinnen kann, wenn man um sechs Uhr aufsteht," fügte ich hinzu.

III.

Noch eines andern Todten wollen wir gedenken, der noch kürzlich unter uns wandelte, d. h. richtiger: wir unter ihm. Wie diese eigenthümliche Phrase zu verstehen ist, begreift man leicht, sobald wir dem Leser sagen, daß wir von dem schottischen Riesen Murphy sprechen, der im vorigen Jahre das Zeitliche gesegnet. Da er sieben Fuß neun und einen halben Zoll hoch war, so durfte er sich wohl den größten Mann in Paris nennen und auch außerhalb Paris. Wir haben also ganz Recht, wenn wir sagen, daß er hienieden nicht unter uns, wir aber unter ihm gewandelt; denn er ragte um zwei Kopflängen nicht allein über alle Köpfe, sondern auch noch über alle Hüte hinweg. Das bekannte Café du Géant auf dem Boulevard du Temple verdankt ihm seinen großen Ruf, wie es sich denn auch nach ihm benannte. Allabendlich erschien zwei, drei Mal der Riese und spazierte in dem großen Saale auf und ab. Die Herren stiegen auf die Stühle, die Damen auf die Tische, um ihn in der Nähe zu betrachten. Kinder setzte er auf seine flache Hand und trug sie umher.

Sonst führte er ein ziemlich trauriges und langweiliges Leben. Er konnte selten oder nie am Tage ausgehen, denn er hätte ja alle Boulevards in Aufruhr gebracht. Ausfahren konnte er auch nicht wohl, denn in einem verschlossenen Wagen hatte er keinen Platz, und in einem offenen hätte er wieder die Aufmerksamkeit aller Welt auf sich gezogen. So machte er denn seine Spaziergänge in der Regel des Nachts zwischen zwei und drei Uhr, wo er freilich auch noch Bewunderer fand. Die pariser Straßen und Boulevards werden nämlich auch zur Nachtzeit nie ganz leer; aber dann ist dort ein friedliches Publicum: Lumpensammler, Gassenfeger, hie und da eine Patrouille, oder eine verspätete Gesellschaft lustiger Leute. Wir selbst sind ihm im vorigen Sommer auf einem unserer nächtlichen Ausflüge begegnet (im guten Sinne genommen, s'il vous plait, denn um Paris genau kennen zu lernen, muß man es nicht allein von allen Seiten, sondern auch zu allen Zeiten betrachten). Er saß auf einer Bank vor dem Bassin des Chateau d'Eau, und von weitem hätte man schwören mögen, daß eine der großen, steinernen Sphynxe von ihrem Piedestal aus der Mitte des Springbrunnens herabgestiegen sei, so riesenhaft war der ehrliche Bursche anzusehen. Wir setzten uns zu ihm, und die Bekanntschaft war bald gemacht. Er sprach recht gut französisch und erzählte mir von Schottland, von Holy=Rood, von den blauen Seen und den hohen Felsen seiner Heimath: eine ganz poetische Unterhaltung. Seine Jugendge=

schichte war aber mehr prosaischer Natur. Er habe gar nicht zu wachsen aufgehört, er sei immer größer und größer geworden, so daß sein Vater oft ausgerufen: Wo in aller Welt will denn der Murph' hinaus? Das habe ihn verlegen und traurig gemacht; aber der Schulmeister habe ihn getröstet und ihm gesagt, er solle nur nicht betrübt sein, er wäre vielleicht zu „großen" Dingen bestimmt. Und der Schulmeister hatte Recht. Eines Tages kam ein Fremder in's Dorf, ein Franzose, der von dem großen Murph' gehört hatte; er besah ihn von oben bis unten, von hinten und von vorn und bot ihm hundert Pfund Sterling, wenn er mit ihm nach Frankreich und nach Paris gehen wolle und ein Jahr bei ihm bleiben: freie Station mit zwei Flaschen Bordeauxwein täglich, lustige Gesellschaft, nichts zu thun und noch sonst allerlei Gratificationen. Hundert Pfund Sterling — ein kleines Vermögen! Die Eltern sparten seit langen Jahren für ihre beiden Töchter, um einer jeden vierzig Pfund mitgeben zu können — Murph' besann sich nicht lange und willigte ein. Er schenkte sofort seinen Schwestern achtzig Pfund. In Paris hatte der Riese viel Glück. Schon während des ersten Jahres machten ihm die Concurrenten seines Herrn viele glänzende Anerbieten, die er aber ausschlug. Auch ein Theaterstück wollte man für ihn schreiben und ihn so auf die Bühne bringen. Monsieur Dennery von der Porte Saint-Martin träumte schon goldene Berge; aber der Riese ließ sich auf nichts ein. Er blieb seinem erſten Herrn getreu, der ſein Gehalt ſtets erhöhte, ſo daß er zuletzt gegen zehntauſend Franken jährlich verdiente. Er ſchickte faſt alles Geld in die Heimath an ſeine Familie, die dadurch bald zu Glück und Wohlſtand gelangte. Für ſich ſelbſt brauchte er ſehr wenig. Ein Kleider-Magazin lieferte ihm alle Kleider umſonſt, bloß unter der Bedingung, ſeine Röcke und Hoſen vorher ein paar Tage öffentlich auszuhängen, die natürlich „ganz Paris" ſehen wollte, wobei der Schneider vortreffliche Geſchäfte machte. Ein Schuhmacher that ein Gleiches, und Murph' ließ es gern geſchehen. Auf ſeine alten Tage wollte er wieder nach Schottland zurück; das war ſeine ſtete, einzige Sehnſucht, und das Heimweh verließ ihn nie. Sein Wunſch ſollte nicht erfüllt werden, denn der Tod ereilte ihn ganz unerwartet. Er hatte in den ſpätern Jahren die „zwei Flaſchen Bordeauxwein täglich" auf vier und ſechs anwachſen laſſen, alsdann den Wein in Porter verwandelt und das Quantum beſtändig vergrößert. Zuletzt trank er bequem ſeine zwölf Flaſchen Stout per Tag, ohne übrigens je betrunken zu ſein. Im Sommer ſei es ſo warm, und im Winter ſo kalt, — das war ſeine ganze Entſchuldigung. Er aß wenig, nicht viel mehr als ein Kind, aber das verhinderte ihn nicht, immer dicker und fetter zu werden. Als er ſich zum letzten Male wog, vierzehn Tage vor ſeinem Tode, war er dreihundert zwei und achtzig Pfund ſchwer.

Aber nicht ein Mal ein Grab ſollte er finden in der fremden Erde; denn — man höre. Die Herren vom Jardin des Plantes hatten schon lange ein Auge auf den großen Murph', und nach seinem Tode haben sie sich seinen Leichnam zu verschaffen gewußt, um ihn auszustopfen und in dem naturhistorischen Museum aufzustellen. Der Riese wie auch seine Familie sollen dazu die Einwilligung gegeben haben. Man möchte das fast ein unchristliches Thun heißen. Aber die Gelegenheit war so günstig, das „Exemplar" so wunderschön (sieben Fuß neun und einen halben Zoll hoch und dreihundertzweiundachtzig Pfund schwer!) — kurzum, der arme Murph' ward ausgestopft und zu den Elephanten, Giraffen und Löwen gestellt. Er ist der Einzige seiner Art, obwohl sich im Museum bereits ausgestopfte Indianer und Neuseeländer befinden. Aber die sind nicht der Rede werth; sie reichen ihm kaum bis an die Brust. So kann man ihm, der so schwer auf der Erde gewesen, nicht einmal wünschen, daß ihm, dem Todten, die Erde leicht sein möge; im Gegentheil, wie er sich während seines Lebens für Geld hatte sehen lassen, so soll er auch noch nach seinem Tode das Handwerk fortsetzen. Wahrhaftig, so etwas könnte Einem die Lust vertreiben, ein „großer" Mann auf der Welt zu sein! Der arme Murph'!

Pariser Straßen-Industrie.

„Unser täglich Brod gib uns heute."

So beten wir ja täglich, Morgens und Abends, oder sollten es doch wenigstens thun; und der Leser glaube nur nicht, daß wir jene ernsten, schönen Worte zu flüchtigem Scherz hingesetzt; gewiß nicht! Wir Alle tragen ja das irdische Loos der Arbeit und der Sorge, hoch oder niedrig, reich oder arm, und nur keine Millionen wollen wir uns wünschen, denn was es mit den Millionen auf sich hat, haben wir noch kürzlich bei Mirès gesehen.

Freilich ist es um das „tägliche Brod" und die Bedeutung des Wortes eine eigene Sache, und wie Göthe irgendwo sagt, daß derjenige, der mit offenem Mund auf die gebratenen Tauben wartet, sich das Gericht höflich verbitten würde, wenn sie nicht vorher fein säuberlich zerschnitten wären. so ist auch das „tägliche Brod" ein weiter elastischer Begriff, in den unendlich viel hineingeht. „Nur satt essen wollen wir uns," sagt der ehrliche Jean Paul im Siebenkäs, als Lenette zwei

Eier und ein Groschenbrod aufträgt; aber die aufgeputzten Silber-Fasanen bei Chevet im Palais Royal zu hundert Franken und die in Champagner gekochten Riesentrüffeln, zu einem Louisd'or das Stück, sind ja ebenfalls nur zum Satt-essen. Wenigstens würde Chevet selbst dies sofort behaupten, wenn wir ihm vorwerfen wollten, daß ein derartiges „tägliches Brod" doch im Laufe des Jahres gewaltig theuer zu stehen käme.

So machte das „tägliche Brod" für die Hoftafel in Saint-Cloud den Intendanten und Küchenmeistern gewaltig viel zu schaffen, als vor einigen Jahren der kleine König von Portugal bei dem großen Kaiser von Frankreich zum Besuch war. Wie es bei dem Bankett selbst hergegangen, wissen wir nicht, denn wir waren nicht geladen, aber der Abhub der Tafel war schon sehenswerth. Reihenweise zogen die langen und breiten Körbe, je von zwei schneeweißen Burschen getragen, an uns vorüber: die meisten Gerichte auf ihren silbernen Schüsseln kaum angerührt, viele ganz unversehrt und in solchen Massen, daß man einige Regimenter damit hätte speisen können. Auch das war nur das „tägliche Brod", aber das kaiserliche, und wer weiß, ob diejenigen, die davon essen, auch täglich Gott dafür danken; darum bitten können sie ihn wirklich nicht, denn das wäre gar zu unverschämt. Doch dies alles ist nicht unsere Sache, vollends heute nicht, wo wir von denen erzählen wollen, für die das „tägliche Brod" im buchstäblichen Sinne zu nehmen ist.

Und deren gibt es Legionen; denn, es existiren in Paris über sechszig tausend Menschen, die des Morgens aufwachen, ohne zu wissen, ob und was sie über Tag essen und wo sie die kommende Nacht zubringen werden. Aber sie wollen und müssen doch Alle essen, und sie finden auch ihre Nahrung; denn Gott wacht über die zwei Millionen Einwohner der Weltstadt mit demselben Vaterauge, wie über die Vögel des Feldes. Nur ist das Dasein dieser Unglücklichen ein rein ephemeres, von heut' auf morgen, von der Hand in den Mund, und mehr als bei Andern heißt es bei ihnen: hilf dir selbst, so wird dir Gott helfen!

Uebrigens müssen wir fast das eben ausgesprochene Wort „Unglückliche" zurücknehmen, oder doch wesentlich modificiren, denn sie sind gar nicht so unglücklich, sondern fühlen sich zumeist sehr wohl in ihrer ungewissen, ganz vom Zufall abhängigen Existenz, ja Manche sind lustig und guter Dinge wie Demokrit und Diogenes. — Der Lazzarone in Neapel, wenn er seine vier Paoli verdient hat, die ihm zum täglichen Unterhalt genügen, bleibt ja auch sorglos auf einer Palasttreppe liegen und schaut über das blitzende Meer nach Capri hinüber oder nach der prächtigen Rauchsäule des Vesuv und würdigt den Fremden, der ihm „etwas zu verdienen" geben will, kaum eines Blickes — der pariser Lazzarone, sein civilisirter Bruder (um mit dem commissionnaire, d. h. dem Eckensteher, unsere Schilderung zu beginnen) hat ähnliche Manieren und Neigungen, nur muß er mehr als vier Paoli verdient haben, denn seine

Bedürfnisse als Bürger der Weltstadt sind bedeutender. Aber dafür ist er auch ein besteuerter, Abgaben zahlender citoyen de l'Empire und sogar stimm=, wenn auch nicht wahlfähig; bei den großen Staatsumwälzungen hat er ebenfalls aus der Monarchie die Republik und dann wieder aus der Republik das Kaiserreich mit machen helfen, und selbst zur Zeit des jetzigen Absolutismus respectirt man sein Votum, vorausgesetzt, daß er oui sagt, sonst ... doch zur Sache.

Der pariser Eckensteher ist eigentlich ein Ecken sitzer, denn das kleine rechtwinkelige Leiterchen, daß er bei seinen Gängen auf dem Rücken trägt und mit dessen Hülfe er manchmal den Umzug ganzer kleiner Haushaltungen bewerkstelligt, dient ihm, wenn er nichts zu thun hat, als Stuhl, Bank oder Bett, und gar Mancher von ihnen, der nur im Winter eine Wohnung gleich andern Menschenkindern besitzt, bringt auf seinem »crochet« die lauen Sommernächte zu, wenn ihm anders der Regen oder die Stadtsergenten diese Licenz gestatten.

Zunächst ist der Commissionair freilich nur ein prosaischer Stiefelputzer, aber außerdem ist er noch alles Mögliche und verrichtet, wie schon sein Name sagt, Commissionen jeglicher Art. Er ist verschlagen, gewandt und discret, und dabei ehrlich, so weit überhaupt ein solcher Patron ehrlich sein kann. Sie bilden eine besondere Kaste, sind auf dem Stadthause eingeschrieben und jeder hat seine Nummer, die er auf einem kleinen Messingschilde sehr augenscheinlich tragen muß.

Es gibt ihrer in Paris gegen viertausend, die sich aber unter einander in vielfache Kategorien getheilt haben. Der Commissionair der innern Boulevards steht obenan, und diejenigen, die gar auf dem Boulevard des Italiens und im Quartier der großen Oper stationiren, sind vornehme Leute, die Morgens ihre Zeitung lesen und ihre Cigarre rauchen und mehr bei dem Marchand de vins gegenüber wohnen, als an ihrer Straßenecke. Diese gehören also nicht in unsere Kategorie, auch bedürfen wir ihrer nicht, da wir Gottlob! mit den Tänzerinnen der großen Oper und mit den sonstigen . . . . . . innen der dortigen Gegend nichts zu thun haben; denn das ist das Hauptpublicum jener Commissionaire, die man schon oft in den kleinen Lustspielen des Palais Royal auf die Bühne gebracht hat.

Für zwei Sous putzt uns jeder Eckensteher die Schuhe spiegelblank und erzählt uns unter dem Putzen die neuesten Ereignisse seines Quartiers: dort eine Gasexplosion oder ein umgeworfener Omnibus, hier ein Feuerauflauf oder eine Arrestation; er hat Alles mit angesehen, ist überall dabei gewesen und stets als erste und handelnde Person. Kleine Münze zum Herausgeben hat ein pariser Commissionair niemals, so wenig wie ein pariser Droschkenkutscher; das ist Princip, und bei Vielen, vorzüglich bei Fremden, schlägt die List an. Man läßt dem armen Teufel das Vier= oder gar das Zehnsousstück, um nicht zu warten; denn er fragt an drei, vier Orten nach Kupfergeld und kann seltsamer

Weise nirgends etwas auftreiben, was er uns mit der ernsthaftesten Miene von der Welt versichert.

Die Geschichte von dem schwarzen Eckensteherpudel auf dem Boulevard Montmartre, obwohl schon zwanzig Jahre her, wird doch noch immer hier und da erzählt. Mancher Leser kennt sie vielleicht nicht einmal. Jener schwarze Pudel hielt sich immer getreu an der Seite seines Herrn und gab genau auf die Vorübergehenden Acht; kam irgend ein feiner, schöngekleideter Elegant des Wegs, geschwind hatte der Pudel seine beiden Vorderpfoten in den Rinnstein gesteckt und war hingelaufen, um sie dem Elegant auf die blanken Stiefel zu legen, dem natürlich alsdann nichts übrig blieb, als sich bei dem nächsten Stiefelputzer reinigen zu lassen, und das war eben der Herr des Pudels. Als die lustige Geschichte bekannt wurde, wollte „ganz Paris" den pfiffigen Pudel sehen, um sich von dem Hunde beschmutzen und von seinem Herrn bürsten zu lassen. Dieser machte darauf seine vier Kinder zu Gehülfen, denn allein konnte er nicht allen Anforderungen nachkommen, und im Verlauf einiger Monate hatte er ein kleines Capital beisammen, um sich anderweitig zu etabliren. Der kluge Pudel wurde als der eigentliche Wohlthäter der Familie bis an sein Ende verpflegt und in hohen Ehren gehalten.

Aber der Commissionair ist doch immer eine Standesperson unter den pariser Eintagsfliegen und ein vornehmer Mann im Vergleich zu so vielen andern seines Gelichters; deshalb hat er auch keine eigentlich poetische

Seite: er ist mit wenigen Ausnahmen die Prosa der Boulevards.

Unsere Stiefel sind blank, und wir sind glücklich bis an's Palais Royal gekommen; aber wie nun weiter über den ungeheuern Carrousselplatz auf die andere Seite der Seine, wohin wir doch durchaus heute müssen, trotz der Tropenhitze und trotz des Mangels an eigener Equipage? Wenn nur der Carrousselplatz nicht wäre, diese fast fünf Minuten lange Sahara, so ging's schon; nachher hätten wir die Bäume der Quais und die Schattenseite der Häuser. ... Da tritt ein sauber gekleideter Mann an uns heran und entfaltet einen Riesenschirm, ein wahres Familiendach, unter dessen Schutz wir bequem den heißen Weg zurücklegen können; wir lassen uns nicht lange nöthigen, zumal der Dienstfertige den Schirm selbst trägt und ehrerbietig hinter uns geht, so daß wir uns vorkommen wie ein orientalischer Fürst unter seinem Palankin. Und das Alles für einen Sou, oder auch für zwei, wenn uns nämlich die Geschichte des Schirmträgers unterwegs gerührt hat: ein Familienvater mit sechs kleinen Kindern und einer kranken Frau; eine Geschichte, die mit geringen Variationen stets dieselbe ist, und die man auch, wenn man sie erst einige Male gehört hat, nicht ohne Bedenken hinnimmt. Aber, lieber Gott! wir wollen ja Alle leben. „Unser täglich Brod gib uns heute."

Bei einem plötzlichen Regenschauer kommen wir in ähnliche Noth; aber auch da ist die Hülfe nahe. Gerade weil wir acht Tage lang wegen des steten Regenwetters nie ohne Schirm ausgegangen sind, lassen wir, durch eine sonnenheitere Stunde verführt, das langweilige Möbel zu Hause. Unterwegs, denn Sanct Medardus muß ja sein Recht haben, ein rauschender Guß, der allerdings erfrischt und den Staub verscheucht, der aber den Kleidern, ach! und vollends dem neuen Hute nichts weniger als vortheilhaft ist. Doch in demselben Augenblicke sehen wir in vielen Thorwegen rechts und links dienstbare Geister, die uns einen Regenschirm „zur Miethe" anbieten. Vier Sous die Stunde und in der Regel ein Pfand von zwei Franken; denn mehr als zwei Franken ist ein solcher Schirm nicht werth, so daß der Verleiher nichts riskirt, wenn er ihm nicht wiedergebracht wird. Diese Leute haben ebenfalls ein Messingschild mit ihrer Nummer und dem Namen ihrer Straße, so daß man sie leicht finden kann. Auch sind sie bei Weitem nicht so dumm, wie sie vielleicht aussehen, und sie wissen gleich, mit wem sie zu thun haben. Wenn sich zufällig ein vornehmer Mann an sie wendet, so suchen sie einen feinern Schirm hervor und weisen auch das Pfand zurück, indem sie ganz unterthänig sagen: »Monsieur a l'air d'un sénateur ou d'un ancien Pair de France; cette garantie me suffit«. Da widerstehe mal Einer und bezahle nicht doppelt: denn man braucht natürlich weder Senator noch Pair zu sein, um dies Compliment zu erhalten. Ein feiner Rock genügt. Man kann auch seine Adresse geben und dann kommt der Regenschirmmann am andern Morgen zu uns, um sein Eigenthum zu holen; aber das zieht begreiflicher Weise außerordentliche Kosten nach sich. Unter zehn Sous kommt man alsdann nicht frei. —

Mit den hunderttausend andern Spaziergängern wandeln wir wieder auf den Boulevards auf und ab, eine alte bekannte und doch ewig neue Camera obscura der seltsamsten Bilder voll Leben und Bewegung; wir haben vielleicht gerade einer Dame den Arm gegeben, einer Landsmännin, die sich erst seit gestern oder vorgestern in Paris befindet und obenein direct von Ratzeburg oder Bergedorf eingetroffen ist — eine Dame muß nämlich dabei sein, sonst kann der neue Industrieritter, den wir jetzt unsern Lesern vorführen wollen, nicht reüssiren; ein Mann ist zu hartherzig und würde ihn wohl gar auslachen. Kurz, der Bursche tritt dicht an uns heran, er hält in der Hand einen kleinen mit Schwalben und Sperlingen angefüllten Käfig und sagt mit trauriger Stimme, indem er auf die ängstlich hin- und herflatternden Vögel zeigt: „Sehen Sie, wie grausam! Die armen kleinen Thiere so einzusperren! Seien Sie barmherzig, Madame; das Stück kostet nur vier Sous, geben sie einem von ihnen die Freiheit". Man müßte ja ein Herz von Stein haben, wenn man sich da nicht erweichen und rühren ließe, vorzüglich ein Frauenherz; man läßt sich also einen kleinen Vogel geben. ... „Nehmen Sie lieber eine Schwalbe," sagte Fräulein Emilie, „die Schwalben sind jedenfalls die unglücklichsten von allen...." Die Hofräthin nahm gar eine Schwalbe und einen Spatz. Der Bursche holte die verlangten Delinquenten aus dem Käfig heraus und gab sie den Damen, die sie erst noch liebkosten, bevor sie ihnen die Freiheit gaben. Der Spatz flog auf den nächsten Baum und zwitscherte wie zum Dank, aber die Schwalben schossen wie zwei Blitze und mit lautem Gekreisch hoch in die blaue Luft und verloren sich im Aether. Der Vogelräuber steckte schmunzelnd seine zwölf Sous ein, grüßte höflich, und hielt bereits zwei andern Damen, augenscheinlich Engländerinnen, seinen Käfig entgegen, und die lustige Scene spielte von neuem. —

„O Helios! leuchtender Sonnengott, verlaß uns nicht!" — singt Pindar in seiner dreizehnten Ode — wenigstens behauptet dies Jules Janin in einem seiner Feuilletons; da aber leider seine Corpulenz (nicht die Pindar's, sondern Janin's) weit größer und anerkannter ist als seine Gelehrsamkeit, obwohl er die Manie hat, in Alles, was er schreibt, lateinische und griechische Brocken hineinzustreuen, so können wir leider, da wir den Pindar nicht zur Hand haben, jenes Citat nicht verbürgen. Wir setzen es aber doch hin, weil es so sehr auf unser heutiges Thema paßt, denn wenn die armen Industrieritter in Paris auch die vierte Bitte aus dem Vater-unser obenan stellen, so folgt doch gleich darauf das Gebet um gutes Wetter und Sonnenschein, als eigentliche Bedingung ihrer ephemeren Existenz. Jeder kann doch nicht Regenschirmvermiether werden, und die unzähligen andern kleinen Verdienstzweige hängen fast sämmtlich vom guten Wetter ab.

Man muß es nur beobachten, denn es ist sehr

amüsant, wie sie sofort den ersten hellen Sonnenstrahl benutzen und an's Licht, d. h. auf die Trottoirs kommen — Gott weiß, wo sie während des Regens sich versteckt hielten!

Gar viele von ihnen haben kleine Tische, die sie aufklappen, mit ihren Siebensachen belegen, sich dahinter stellen und die Vorübergehenden alsdann einladen, ihnen nur „auf einen kurzen Augenblick" Gehör zu schenken. Das Reden ist die Hauptsache und nicht Wenige haben es in der Suada so weit gebracht, daß Hunderte stehen bleiben, um zuzuhören, unbekümmert um das, was der Schwätzer verkauft, zumal er von tausend Dingen faselt, die meilenweit von seinem Handelsgegenstande abliegen. Aber das gehört dazu und je mehr sie raisonniren, um so lieber hat es der Pariser. Manche Verkäufer halten auch ihre Tischchen sorgfältig zugedeckt, so daß man nichts sehen kann, und nun fangen sie an zu erzählen von der Entdeckung America's und von Guttenberg, von Napoleon „dem Großen" und von den kaiserlichen Siegen. Ein solcher Kerl versteigt sich immer weiter und weiter, daß Einem ganz toll im Kopfe wird; man hat natürlich nicht die leiseste Ahnung, was er mit all' dem sagen will, und noch weniger, was er de'rn eigentlich zu verkaufen hat; endlich ... endlich hebt er die Decke auf, und es kommt entweder eine neue Wichse zum Vorschein, oder ein kleines Instrument, das Zahnstocher, Federhalter, Dintenfaß und Radirmesser zugleich ist und nur wenige Sous kostet u. s. w. Dennoch macht Keiner von den Umstehenden Anstalt, das Ding zu kaufen; aber das macht unsern Helden nicht verlegen: rechts und links theilt er nach allen Seiten ein Flacon, oder was es sonst ist, aus und sagt: Sie bezahlen mir's morgen, oder wann sie wieder vorbeikommen. Endlich findet sich ein Käufer und alsdann auch gleich zehn, denn Keiner wollte der Erste sein. Manchmal passirt es auch, daß der improvisirte Handelsmann mitten im Redefluß auf einmal abbricht, sein Tischchen ergreift und mit Allem, was darauf ist, davonläuft, geradezu davonläuft, und das so schnell er kann, zum großen Erstaunen der Zuschauer, die ihm nachsehen und von denen nur die Eingeweihten den wahren Grund dieser hastigen Flucht verstehen. Es hat sich nämlich an der nächsten Ecke ein Stadtsergent gezeigt, vor welchem alle diejenigen Straßenkrämer, die keine Erlaubnißkarte gelöst und mithin keine Nummer haben, gewaltigen Respect besitzen, da er sie einfach beim Kragen nimmt und auf die Polizeipräfectur führt, eine Procedur, die immer schlecht abläuft. Man sieht, das tägliche Brod dieser armen Teufel ist nicht leicht zu verdienen; oft stellen sie in einiger Entfernung Wachen aus, die durch einen gellen Pfiff die Annäherung der gefürchteten blauen Uniform mit dem Schiff auf den Knöpfen (das pariser Stadtwappen) ankündigen, und in dem großen Menschengedränge sind sie alsdann leicht verschwunden.

Weiterhin steht ein Anderer, ebenfalls an einem kleinen Tischchen, aber der hat nichts von der Polizei zu befürchten und die Präfectur geht ihn nichts an. Er ist ein Künstler, wie er selbst sagt, vom Gouvernement anerkannt und er steht unter dem besondern Schutze des Ministers. Se. Excellenz, so erzählt er uns, habe ihm mehrfache Stellen an den Schreib- und Zeichenschulen angeboten, die er nur deshalb ausgeschlagen, um sich dem großen Publicum zu erhalten; — dabei ist er wirklich ein wahrer Federkünstler: mit schnellen, sichern und graziösen Zügen zeichnet er auf einen Bogen in weniger als einer Minute die seltsamsten Verschlingungen und Linien, hilft dort mit einigen Grundstrichen nach, macht dort ein paar Punkte oder Striche und das Ding ist fertig: ein Adler mit ausgebreiteten Flügeln, der kaiserliche natürlich, „der die Welt erobert hat", oder auch die Vendôme-Säule, oder ein Portrait von Heinrich dem Vierten, oder endlich das wohlgetroffene Bildniß Napoleon's des Ersten. Im Gespräche, oft ohne hinzusehen, wirft er mit staunenswerther Leichtigkeit diese Zeichnungen auf's Papier, die er hierauf Jedem anbietet, gratis und bloß für die Ehre, von einem Kenner gewürdigt zu werden. Dabei verkauft er Stahlfedern, die gut und billig sind und versichert treuherzig, daß der Haupttheil seiner Kunst eben in den Federn bestehe, die man nur zu kaufen brauche, um wie er zu zeichnen und zu schreiben; il faut seulement un peu d'exercice, setzt er mit heimlichem Lächeln hinzu. —

Ein College auf der andern Seite des Boulevards bietet laut hundert Franken Demjenigen, der zerbrochenes Porcellan besser wieder zusammenzukitten wisse als er. Fünf Louisd'or, Gott weiß, wo er sie herbekommen, wenn es überhaupt ächte und nicht falsche sind, liegen vor ihm auf seinem Tischchen und das zieht nicht wenig Gamins und Flaneurs an. „Ich könnte," so erzählt er, denn schwatzen müssen sie Alle, „ich könnte längst ein reicher Mann sein und von meinen Renten leben, wenn ich mein Geheimniß (die Composition des Kittes) der Regierung hätte verkaufen wollen. Der Director der großen Porcellanfabrik von Sèvres würde sein halbes Vermögen dafür geben; aber meine Erfindung würde alsdann nur Wenigen zu Gute kommen, wohingegen sie jetzt ein Gemeingut ist ꝛc. Das Flacon kostet zehn Sous." Dabei wühlt er in einem Haufen buntfarbiger Porcellanscherben umher, sucht hier ein Stückchen und dort eins heraus und wieder eins und setzt und klebt mit seinem Universalkitt ein kleines Tellerchen oder eine Tasse sehr geschickt zusammen, schlägt dann darauf, um die Solidität seiner Composition zu beweisen und versichert uns schließlich, daß er einst einen zerbrochenen Flintenlauf ebenfalls damit wieder reparirt habe, mit dem der Eigenthümer noch heute auf die Jagd gehe. Mehr kann man doch wirklich nicht verlangen. — Ein anderes Bild:

„Hüten Sie sich, meine Herren, vor den Marktschreiern und Windbeuteln, die überall in Paris auf den Boulevards und Straßen umherstehen und die Ihnen allerlei Schund anpreisen als neue Erfindung, oder sonst etwas Außergewöhnliches; es sind fast im=

mer Gauner und Spitzbuben, welche die Leichtgläubigkeit des Publicums mißbrauchen. Ich hingegen, meine Herren ...." und so schwatzt er noch eine halbe Stunde in einem Athem, ohne abzusetzen, ohne sich je zu versprechen, noch dazu im besten, reinsten Französisch, was ja in Paris alle Welt spricht, vom letzten Gamin bis zum Senator. Er preist uns seine Streichriemen und vorzüglich seine mineralische Composition an, die jedes Messer, und sei es auch noch so stumpf, scharf wie ein Rasirmesser macht. Er bittet sich ein beliebiges Messer aus, man reicht ihm eins, er versucht einen Bindfaden damit durchzuschneiden, oder ein Stückchen Holz zu spalten: unmöglich, trotz aller Anstrengung. Er streicht das Messer nun auf seinem Riemen, ein- und zwei Mal, nimmt alsdann ein Stück Papier und schneidet daraus, zum Erstaunen der Zuschauer, in weniger als einer Minute, eine zierliche Silhouette, einen Napoleonskopf, oder das Portrait von Lamartine, Dumas oder Beranger, täuschend ähnlich und vortrefflich ausgeführt. Auch theilt er diese Bilder gratis aus, sieht sich aber vorher seine Leute etwas an, denn es ist schon oft vorgekommen, daß ein pfiffiger Gamin sich mehrere davon zu verschaffen wußte, die er dann sofort hundert Schritte weiter an einer andern Straßenecke für zwei Sous feil bot. —

Ist irgendwo ein freier Platz auf den Boulevards, durch zurückliegende Häuser und breitere Trottoirs gebildet, gleich ist er von einem Bänkelsänger, von einem Equilibristen oder auch von einem Taschenspieler in Beschlag genommen; ein großer Kreis bildet sich um den „Künstler", der die Menge erst in gewohnter Weise haranguirt und alsbann seine Kunststücke zeigt. Nach dieser Richtung hin sieht man aber in Paris wenig Neues; auf deutschen Jahrmärkten und Messen findet man dergleichen besser. Für uns ist dabei nur der Umstand interessant, daß ein solches Treiben Tag aus Tag ein und das ganze Jahr hindurch in Paris besteht, als wenn hier eben stets Jahrmarkt und Messe wäre. Wie jener Kleinstädter, als er zum ersten Mal nach Paris kam, an der Ecke des Faubourg Montmartre, allerdings einem der belebtesten Theile der Hauptstadt, stehen blieb, um abzuwarten, „bis sich das Gedränge verlaufen haben würde", so haben auch wir gar oft Fremde gesehen, die auf ihren ersten Spaziergängen durch Paris verwundert ausriefen: „Ist denn heute irgend ein Volksfest, oder sonst etwas Außergewöhnliches? Ueberall gibt es ja etwas zu sehen und überall stehen Tausende, die nichts Anderes zu thun zu haben scheinen, als sich zu amüsiren!"

So ist aber Paris tagtäglich, und weil wir doch ein Mal heute mit dem allgemeinen Strome schwimmen, so wollen wir auch noch etwas weiter flaniren, gleichviel wohin; wir bekommen gewiß etwas Amüsantes zu sehen. Wir brauchen nur an jenen Kreis zu treten, den ein paar hundert Zuschauer in unserer Nähe gebildet haben, und aus deren Mitte wir nichts als die Worte hören: »Quarante sous, Messieurs, pas plus; quinze, seize, vingt, il manque encore vingt sous; quarante sous, pas plus!« Von Zeit zu Zeit hört man den klingenden Fall einer Kupfermünze, plötzlich ruft der Künstler: „Halten Sie ein, meine Herren, werfen Sie nichts mehr, es sind schon drei Sous zu viel; ich habe nur vierzig Sous verlangt, und ein Mann ein Wort.

Aber was will er uns denn zum Besten geben für die vierzig Sous? Er ist ein langer, hagerer Patron, verhungert und schäbig; vor ihm steht auf der Erde eine Kiste von Holz; die Kiste ist verhältnißmäßig klein, und doch macht er sich anheischig, in dieselbe hineinzusteigen und darin zu bleiben; man soll sogar den Deckel zumachen und sich daraufsetzen. Impossible! ruft man von allen Seiten, ein Knabe hätte ja kaum in der Kiste Platz, wie viel weniger ein so großer Mann! Der Equilibrist lächelt vornehm und wiederholt einfach: quarante sous, Messieurs, et vous allez voir. Er steigt, da er die verlangte Summe erhalten, nun auch wirklich hinein, macht sich natürlich vorher noch so lang wie irgend möglich, kriecht dann zu einem Knäuel zusammen, der Deckel fliegt zu, ein Gamin springt hinauf: er sitzt wirklich drin, ganz und gar.

Die Geschichte kam einigen Engländern so unglaublich vor, daß sie, als er wieder herausgekrochen war, ungenirt in den Kreis traten, die Kiste von ihrem Platze hoben, um sich zu überzeugen, daß nicht etwa der Boden fehle und ein Loch im Pflaster sei; sie bezahlten darauf ihren Zweifel, denn die Kiste war natürlich unversehrt, sehr großmüthig. Man erzählte uns, daß jener Equilibrist täglich zehn= bis zwölf Mal in ganz Paris herum sein Kunststück macht und somit einen Louisd'or verdient .... ein französischer Oberst hat kaum so viel.

Treten wir in jenes Kaffeehaus, d. h. setzen wir uns draußen hin in den Schatten der Marquise, wenn nur ein Platz zu bekommen ist. Die großen Kaffeehäuser der Bou= levards sind nämlich stets mit Menschen angefüllt, von acht Uhr Morgens bis ein, zwei Uhr nach Mitter= nacht; wie das zugeht, mag Gott wissen. Auf den innern Boulevards allein zählt man gegen achtzig Cafés, die allesammt vortreffliche Geschäfte machen. So! Einen Tisch und ein paar Stühle hätten wir glücklich erobert und das Bier ist sehr gut, freilich sechs Mal theurer als daheim im baierischen Vater= lande, von wo es direct herkommen soll, wie wenig= stens mit goldener Schrift über dem Büffet geschrieben steht. Von unsern Tischen aus sehen wir nun das bunte, unendliche Gewühl vor uns, aber wir sitzen kaum fünf Minuten lang, so werden wir auch schon in Con= tribution gesetzt. Die Blumenmädchen, deren es in Paris Legionen geben muß, denn man sieht sie überall, sind die Ersten. Sie legen, wenn wir sie zurückweisen, ein kleines Bouquet auf unsern Tisch und gehen fort; der Fremde oder der Neuling, der in den Kniffen und Pfif= fen der pariser Straßen=Industrie noch unerfahren ist, nimmt vielleicht gedankenlos den Strauß in die Hand, riecht daran und besieht ihn — gleich ist die

Kleine wieder da und verlangt ihre zwei Sous, ja sie sagt wohl gar ganz dreist: vous l'avez accepté, Monsieur, il faut le garder. Was will man machen, zumal man von hundert Herren und Damen umgeben ist und man in allen öffentlichen pariser Localen sehr Acht geben muß, sich nicht bemerkbar oder gar lächerlich zu machen.

Ein Mann mit einer Mitleid erweckenden Geberde tritt an unsern Tisch; es ist ein Taubstummer. Er überreicht uns ein kleines gedrucktes Papier, auf welchem wir die Zeichensprache der Taubstummen erklärt finden; »ayez pitié d'un pauvre sourd-muet« steht als Motto obenan. Obwohl wir bereits anfangen, ungehalten zu werden, daß man uns so unausgesetzt beansprucht.... „man kann ja wirklich hier in Paris nicht einmal seinen Schoppen Bier in Ruhe trinken!" ruft Max ärgerlich.... so rührt uns doch die stumme Leidensgestalt mitten in dieser glänzenden, daseinsfreudigen Welt. „Sie haben Recht," sagt mein Freund besänftigt, „geben Sie dem armen Teufel zehn Sous, es ist schrecklich, taubstumm zu sein; danken wir Gott, daß wir es nicht sind." Kaum aber habe ich dem „Unglücklichen" das Geldstück in die Hand gedrückt, so erscheint, wie vom Himmel herabgefallen, auf einmal ein Sergent de Ville, packt unsern Taubstummen sehr unsanft an und führt ihn ab mit den Worten: „Find' ich dich schon wieder, du Taugenichts?" Wir hören noch recht gut, wie der „Taubstumme" bittet und fleht, ihn doch noch dies Mal laufen zu lassen, aber der

Mann mit dem pariser Stadtwappen auf seinen Knöpfen ist unerbittlich. „Welch eine Frechheit!" rief ich entrüstet. „So werde ich alter Pariser auch noch angeführt!" — „Wer weiß," sagte Max, „der übergroße Schreck hat ihm vielleicht die Sprache wiedergegeben. Man hat solche Beispiele."

Wir zünden eine zweite Cigarre an und werfen natürlich, wie andere Erdenkinder, gleichgültig den kleinen glimmenden Stummel auf die Erde. Aber in demselben Augenblicke streckt sich schon die gierige Hand eines alten Mannes danach aus und steckt den noch nicht erkalteten in den Sack. Die Cigarrenstummelsammler sind fast immer alte Leute, die diesen elenden Erwerbszweig als ein letztes Mittel gewählt haben, sich vor dem Verhungern zu schützen. Denn auch diese armen Teufel werden regelmäßig zwei Mal täglich hungrig, wie Herr von Rothschild und der Kaiser; sie machen aber weniger Ansprüche und sind schon zufrieden, wenn sie nur ein Mal am Tage etwas zu essen bekommen. Aber sollte man es glauben, daß diese kleinen fortgeworfenen Cigarrenreste an der großen Halle, wie man den pariser Hauptmarkt nennt, einen eigenen Handelsartikel ausmachen, der noch dazu gar nicht so unbedeutend ist? Widerlegen wir zunächst die alberne Behauptung, die man vielfach in Paris und oft von verständigen Leuten hört, daß nämlich jene Tabaksreste wieder in die kaiserlichen Fabriken zurückwandern, um auf's neue, natürlich unter einer andern Form, in den Handel zu kommen. Wer nur eine oberflächliche Vorstellung von der Regie eines Regierungsmonopols hat, und vollends von der Tabaksregie in Frankreich, die allein in Paris über achttausend Menschen beschäftigt, Männer, Frauen und Kinder, und die vielleicht die größte derartige Administration der Welt ist, dem wird der Gedanke unwillkürlich ein Lächeln abzwingen, daß die Tabak- und Cigarrenreste von der Straße in die kaiserlichen Fabriken zurückgehen sollen, um später wieder debitirt zu werden. Jene Reste wären dabei, wenn auch täglich auf der Halle vier bis sechs Säcke verkauft werden, buchstäblich ja nur ein Tropfen im Meer. Uebrigens wissen wir auf der andern Seite auch sehr gut, wer dieselben kauft und wie sie verwendet werden. Niemand anders als die Kunst- und Gemüsegärtner in und um Paris. Die große, fast zwei Quadratmeilen umfassende Ebene zwischen Paris und St. Denis, die sogenannte Plaine Saint Denis, ist ja nichts als ein einziger, unermeßlicher Küchengarten, dessen Gemüse täglich zur Vertilgung der Erdflöhe und anderer Insekten mit Tabaksjauche begossen werden, und die Raucher der Hauptstadt liefern das nöthige Material zu diesen Besprengungen.

Die zahlreichen Kunstgärtner sind nicht minder starke Consumenten dieses eigenthümlichen Handelsartikels, und manches prächtige Treibhaus auf irgend einem Schlosse an den Ufern der Seine dankt seine Schönheit und Frische zum großen Theil dieser Procedur.

Nur einen flüchtigen Moment (der Gedanke eilt ja noch schneller, als der Dampfwagen) gestatte man mir noch, bevor ich zu meinem industriellen Straßenhelden zurückkehre, und ich verlange auch diesen Moment nur, um die Leserin für die obige unschöne Erzählung zu entschädigen.

Das Schloß Belle-Fontaine liegt in der schönen, fruchtbaren Ebene zwischen Orleans und Blois; die Wälder geben denen von Fontainebleau und Saint-Germain nichts nach, und die überall auftauchenden blauen Seen, mitten in diesem reichen Grün, möchte man wirklich für ein Stück Himmel halten, das von Oben herabgefallen. Doch weiter: wir haben ja nur ein paar Minuten verlangt, und eilen somit an dem hohen, gothischen Prachtgebäude vorüber in den Schloßgarten, dessen vielfarbiger, duftender Flor eine Blumenausstellung im Großen ist. Fünfzehnhundert Rosenarten und mehr haben wir selbst dort einst in voller, gleichzeitiger Blüthe gesehen, und überall gingen die weißen Gärtnerburschen umher und begossen das Erdreich, die Stämme und den Rasen, und die Leserin weiß jetzt recht gut, weshalb das Wasser in den Gießkannen eine so dunkelbraune Farbe hatte. Die Treibhäuser in der Mitte des Gartens stehen offen, und hinter den blitzenden Glasscheiben glüht und flimmert eine feenhafte Tropenwelt; aber wir gehen dennoch nicht hinein, so gern wir auch möchten, sondern treten schnell in das Orchideenhaus, von dem man uns bereits an der Table d'hôte in Orleans als von einem achten Weltwunder erzählt hatte und weshalb wir überhaupt nach Belle-Fontaine gekommen waren. Die Wände des weiten

Raumes bilden dunkle Fächerpalmen und noch dunklere Aloepflanzen, und hoch von der Glasdecke herab hängen zu Hunderten — nicht Blumen, sondern leuchtende Schmetterlinge, viele riesengroß, und nie gesehene Vögel mit weit ausgebreiteten Flügeln und Alles in goldener, juwelenglänzender Pracht, und rings berauschende Düfte wie von Ananas und Erdbeeren, Vanille und Orangenblüthen zugleich. ... Das sind die Orchideen. Auch diese Wunderpflanzen, für deren manche der alte Pescatore (denn Niemand anders als er war der Besitzer von Belle-Fontaine) fünfhundert Franken bezahlt hatte,*) wurden ebenfalls, wenn auch nur in ihrer ersten Jugend, als unscheinbare Wurzeln mit dem genannten Wasser besprengt und gewaschen, manchmal sogar eingeräuchert. — Die höchste Blumenpoesie geht also geschwisterlich Hand in Hand mit jener unsaubern Boulevard-Industrie, deren Namen wir hier nicht einmal wiederholen mögen. Ein seltsamer Contrast, wie

---

*) Es ist dies gar nicht übertrieben, und Kenner behaupteten vielfach, daß das Orchideenhaus in Belle-Fontaine über breimalhunderttausend Franken werth sei. Ein pariser Blumenmaler wohnte manchmal Monate lang im Schlosse, nur um die Orchideen, sobald sie aufgeblüht waren, zu malen, da die Pflanzen trotz der sorgfältigsten Pflege gar oft abstarben. Pescatore war der einzige und zudem sehr glückliche Rival von Rothschild, freilich nur auf dem unschuldigen Gebiete der Blumenzucht; nach des Erstern Tode kaufte auch der „große Baron" in der Rue Lafitte den ganzen Orchideennachlaß an, aber selbstverständlich, als guter Financier, weit unter dem Einkaufspreise.

so gar Vieles im Leben, und weiter wollten wir auch mit unserer Abschweifung nichts sagen. —

Die Procession der ambulanten Straßenkrämer hat unterdessen ihren ungestörten Fortgang genommen. Hier bietet man uns Spazierstöcke an, dort kleine Fächer, ein Anderer drängt sich geheimnißvoll hinzu und zeigt uns ganz leise und unter der Hand einen Operngucker, zierlich und elegant in einem rothseidenen Etui; vous donnerez ce que vous voudrez, setzt er noch leiser hinzu, ein augenscheinlicher Beweis, daß er das Ding irgendwo gestohlen oder „gefunden" hat, wie die pariser und auch wohl andere Gauner sofort sagen, wenn sie Rede und Antwort stehen müssen. Auch Messer und Scheeren, Bürsten, Seife, Parfums und hundert sonstige kleine Toilettegegenstände werden uns im Fluge angeboten und zwar stets zu erstaunlich niedrigen Preisen, so daß es wirklich nicht zu verdenken ist, wenn man sich ganz eigenthümliche Ideen über die Art und Weise macht, wie jene Händler zu all' den tausenderlei Sachen gekommen sein mögen. Doch für uns, die wir nur das Originelle aufsuchen und erzählen wollen (wir würden ja sonst in Ewigkeit nicht fertig), ist dieser Theil der Straßen-Industrie von untergeordnetem Interesse und wir gehen lieber auf die Quais, wo es andere Dinge zu sehen gibt.

Zuerst der Kieselsteinmann, l'homme aux cailloux, der sich schon Jahre lang in Paris zeigt und dessen Geheimniß bis jetzt noch Niemand zu entdecken gewußt hat. Dabei macht er vortreffliche Geschäfte, und noch kürzlich haben wir ihn im Franconi'schen Circus gesehen, d. h. unter den Zuschauern und ganz elegant gekleidet, mit Hut und Handschuhen. Wenn er seine Vorstellungen gibt, trägt er übrigens eine Blouse. Er sitzt auf einem kleinen Schemel und hat vor sich einen gewaltigen Quaderstein und um sich herum natürlich die obligaten hundert Zuschauer. Aus einem Sacke nimmt er einen Kiesel heraus, reichlich so groß wie seine Faust, mit der er ihn zerschlagen will. So sagt er wenigstens und bietet Wetten an, auf die Niemand eingeht, und verlangt endlich quarante sous, die denn auch nach und nach zusammenkommen. Während dieser Zeit reicht er den Kiesel zur Besichtigung umher: es ist ein gewöhnlicher glatter, runder, grauer Silex, an dem nichts Besonderes zu sehen ist, so daß die Behauptung, er sei schon einmal mit dem Hammer zerschlagen und geschickt wieder zusammen geleimt, durchaus nicht stichhaltig ist. Unser Mann nimmt darauf den Kiesel .... eine schnelle Verwechselung ist ebenfalls unmöglich, da ein paar hundert Augen auf ihn gerichtet sind und alle seine Bewegungen bewachen, ... legt ihn auf den großen Stein, wendet und dreht ihn nach allen Richtungen, bis er ihm bequem liegt, hebt die Hand, besinnt sich, wischt sich die Stirn, schüttelt den Kopf, als hätt' er doch wohl zu viel versprochen (all' dieser Hokus-pokus gehört dazu), mittlerweile fallen noch ein paar mitleidige Sous — da, auf ein Mal, ein derber Faustschlag und der Kiesel liegt in hundert Stücken zertrümmert vor ihm. Wer ein Stück erhaschen kann, nimmt es zu einer nochmaligen Untersuchung, die aber nichts erklärt. Der Kieselsteinmann selbst ist aufgestanden, zündet sich eine Cigarette an, lehnt sich mit ihr manierlich über die Granitbrüstung des Quais, raucht und kümmert sich um nichts. Die Menge verläuft sich, aber nach einer halben Stunde hat sich bereits ein neuer Haufen Schaulustiger eingefunden und die Vorstellung beginnt wieder. Wie die Sache eigentlich zusammenhängt, ob sie sich wirklich so verhält, wie sie sich ansieht, oder ob Betrug mit unterläuft und was für einer, das alles haben wir nie in Erfahrung bringen können. —

Wir sind nicht weit von der Morgue, diesem ernsten memento mori mitten in dem lauten, leichtfertigen, genußsüchtigen Paris, und seltsam! auf dem freien Platze vor dem Trauer= und Todtenhause sieht man das albernste und lächerlichste Schauspiel von der Welt: einen grimassier, zu deutsch Fratzenschneider. Der Père Rigolo hat einen großen Ruf; seine Fratzen sind im pariser Volke längst sprichwörtlich geworden und er hat nirgends seines Gleichen. Wie er dasteht,

„mit bunten Lappen ausstaffirt,
„sein ehrlich Antlitz roth beschmiert,"

so haben wir ihn schon vor zehn Jahren gesehen. Doch das sagt nichts, denn alte Leute haben uns versichert, daß sie ihn seit länger als dreißig Jahren kennen und daß er bereits unter Carl X. dort gestanden, mit derselben lichtgelben Flachsperrücke, dem rothen Rocke mit den langen Schößen, breiten Aufschlägen und Stahlknöpfen, und mit der fast bis an die Knie reichenden seidenen Weste, auf der ein ganzes Vogelcabinet gestickt ist. Nur selten verläßt der Père Rigolo seinen Standplatz und zeigt sich auf den Boulevards, aber wenn er es thut, so entsteht jedes Mal eine große Bewegung im Publicum, denn alle Welt kennt ihn und kein pariser Gamin läßt die Gelegenheit vorübergehen, ihm guten Tag zu sagen. Der Alte ist redselig und freundlich und scheint auch ganz vernünftig zu sprechen, trotz seiner Narrentracht. Aber plötzlich hält er inne, stülpt seinen dreieckigen Hut, der aus der großen Revolution datirt, verkehrt auf den Kopf, reißt das Maul (denn Mund kann man wirklich nicht sagen) zwei Handbreit weit auf, verdreht die Augen zu zwei schielenden Punkten, steckt eine fußlange Zunge heraus — ein Ruck und Alles ist verschwunden, und wir sehen ein kugelrundes, bausbackiges Gesicht vor uns, fast ohne Mund und Nase, aber mit tellergroßen, glotzenden Augen ꝛc. — Die Menge lacht über das klägliche, unschöne Schauspiel und klatscht ihm Beifall, je wilder und toller er sich geberdet. Armer Rigolo! Dann legt er auf ein Mal sein Gesicht in ehrbare Falten und sieht wieder menschlich aus, greift in die Tasche und zieht kleine versiegelte Papierchen hervor, die er mit süßlichem Lächeln den „Damen" der Gesellschaft anbietet und ihnen zugleich dabei etwas in's Ohr flüstert, was sie gern zu hören scheinen, denn sie lachen, behalten das Papier und geben gern ihre zwei oder vier Sous, je nachdem die Consultation lang oder kurz war. Also auch eine individuelle Existenz, ein Mikrokosmos in dem großen,

chaotischen pariser Treiben, dieser Rigolo, wenngleich
Leibnitz wohl Mühe gehabt haben würde, auch auf ihn
seine Lehre von der vorausbestimmten Harmonie in An=
wendung zu bringen. Und merkwürdig, wie bei dem
Grimassier vor der Morgue auch sonst die grellsten Ge=
gensätze einander nahe liegen und sich berühren! Comme
les extrêmes se touchent! so sehr, daß ich die
Versicherung hinzufügen muß, daß die folgende kleine
Notiz über den Père Rigolo auch wirklich wahr ist.

Es war im vorigen Winter und zwar ein ächter
pariser Wintermorgen: Regen und Schnee und gren=
zenloser Schmutz. Wir kamen aus einer Vorlesung im
Collége de France und warteten auf der Omnibussta=
tion hinter dem Hôtel Dieu, um wieder in unser Quar=
tier zu gelangen. Nun kann man Morgens keine zehn
Minuten auf der Wasserseite des genannten Hospitals
verweilen, ohne nicht drei, vier und mehr Leichenzüge
zu sehen; Leichenzüge, du lieber Gott, ist freilich nicht
das rechte Wort, denn nur die Armen werden von dort
nach dem Père=Lachaise gefahren: ein kahler, schwarzer
Wagen, ein schwarzes Tuch schnell über den Sarg ge=
worfen, der nach seiner Nummer aufgerufen, abgeliefert
und einregistrirt wird .... das ist Alles. So auch an
jenem Morgen. Hinter einem der Särge ging allein
und als einziger Leidtragender ein alter Mann, küm=
merlich schwarz gekleidet, einen abgetragenen Hut in der
einen und einen weißen Kranz in der andern Hand,
einen von jenen Kränzen aus weißem Papier, die vier
Sous kosten und die in Paris unter dem Namen cou=

ronne du pauvre bekannt sind. Der alte Mann weinte und sah sich schüchtern um, ob ihn Jemand erkenne, als hätte er sich seiner Thränen und seiner Trauer zu schämen. Aber kein Mensch bekümmerte sich um ihn; der Wagen fuhr fort durch Dick und Dünn, und der alte Mann schritt hinterher in Regen und Wind, ohne Schirm und dabei stets den Hut und den Kranz in den Händen. Es war der Père Rigolo, wir erkannten ihn sofort; er begrub seine einzige Tochter, wie uns einer der Unterbeamten, noch dazu ziemlich höflich, also völlig gegen die Gewohnheit, sagte.

Den ganzen Tag über wollte mir der Père Rigolo und die Beerdigung nicht aus dem Sinne; aber schon drei Tage später sah ich den Alten wieder auf seinem bekannten Platze vor der Morgue: er schnitt Gesichter und Fratzen wie gewöhnlich. Der arme Mann! —

Doch dieses Bild war ein trauriges. Sehen wir uns lieber eines an, das nur traurig aussieht! Ein kleiner Bursche steht jammernd und klagend an einer Straßenecke, natürlich auf einem der belebtesten Boulevards, und schaut verzweifelnd in das Gitter, das hier wie an allen Ecken über den Abzugsgräben der Rinnsteine liegt. Der arme Junge hat offenbar etwas verloren; in wenig Minuten umgibt ihn ein halbes Hundert Neugieriger, und wir erfahren die traurige Geschichte. Sein Vater, ein harter, strenger Mann (oft ist es auch eine „kranke Mutter") hat ihn mit einem Fünffrankenstück zum Bäcker geschickt; hier an der Ecke wird er im Gedränge vom Trottoir gestoßen, er fällt und verliert im Fallen den Thaler, der durch das Gitter gleitet und mithin unwiederbringlich verloren ist. Ist dies nicht eine traurige Geschichte? Spielt der Kleine seine Rolle gut, so heult und schreit er und rauft sich die Haare, schwört dabei, er wage sich nicht wieder nach Hause, aus Furcht vor seinem Vater, der ihn todtschlagen werde, oder weil seine kranke Mutter nun nichts zu essen habe, denn es sei ihr letzter Thaler, lieber werfe er sich in die Seine, und was der Jammerdinge mehr sind. Schon greift ein mitleidiger Herr in die Tasche und gibt ihm ein Zehnsousstück, Andere folgen dem großmüthigen Beispiele, und der verlorene Thaler kommt auf diese Weise leicht zusammen. Das Ganze ist aber nur eine Gaunercomödie, die in der Regel zwei, drei zusammen spielen, und hundert Schritte weiter lauert der Cumpan auf den günstigen Ausgang der Scene. Mischt sich, was auch geschieht, die Polizei hinein, so erscheint der „Vater" selbst und bekräftigt die Aussage seines Sohnes; oft läuft auch das Unglückskind beim Erscheinen eines Stadtsergenten eilig davon. Die Pariser kennen diese schlechten Streiche sehr gut, aber das verhindert sie nicht, sich immer wieder von neuem anführen zu lassen; vorzugsweise sind es jedoch die Fremden, auf deren Beutel die Industrieritter, groß und klein, speculiren.

So sah man vor Jahren im Quartier latin einen Mann von Hôtel zu Hôtel ziehen, der an alle Thüren klopfte und um ein Almosen bat, „damit er seinen einzigen Sohn, der gestern gestorben sei, begraben könne." Auch an unsere Thür klopfte er damals, und wir ließen uns anführen, wie hundert Andere. Zudem war es ein Deutscher, mithin ein Landsmann — ein doppelter Grund, ihn nicht hart zurückzuweisen. Der Mann, obwohl er eine Blouse trug, sah durchaus anständig und ehrbar aus; er weinte dabei seine hellen Thränen, erzählte die Krankheits- und Leidensgeschichte seines Sohnes umständlich und in erschütternder Weise und zeigte schließlich eine Summe von etwa zwanzig Franken, die er bereits zusammengebracht, aber er mußte fünfunddreißig haben, denn so viel kostete das Begräbniß. Wir gaben ihm außer unserm Beitrage noch eine Empfehlung an einen Priester der deutschen Zweigmission im Pantheon, was der Gauner (denn das war er) auf das Erfolgreichste ausbeutete. Einige Tage später sprach ich an unserer Table d'hôte zufällig von dem „armen Landsmann:" aber da kam ich schön an! Die Meisten kannten ihn und hatten sich ebenfalls von ihm mystificiren lassen. Einer hatte ihm schon vor Jahr und Tag seinen Beitrag für die imaginairen Begräbnißkosten gegeben, ein Anderer erst vor einigen Wochen. Dr. B., bei dem er schon im letzten Winter angeklopft und dem er, ohne ihn wieder zu erkennen, seine Leidensgeschichte zum zweiten Mal erzählen wollte, nahm ihn einfach beim Kragen und warf ihn zur Thüre hinaus.

Doch dieser Gauner gehört eigentlich schon nicht mehr in die Kategorie der pariser Straßen-Industrieritter, da er die Leute in den Häusern auffucht und mithin gefährlicher wird. Auch hat auf ihn und seines Gleichen die Polizei ein weit strengeres Augenmerk, und die police correctionnelle ist unerbittlich, wenn ihr einer von jenen Flausenmachern in die Hände fällt. Wir geben ihnen damit noch einen feinen, toleranten Namen, denn in der Regel sind es Diebe oder sonst Verbrecher der schlimmsten Sorte. Es sind sogar Fälle vorgekommen, wo Priester und barmherzige Schwestern (d. h. Gauner und Gaunerinnen in dieser Verkleidung) in die ersten pariser Häuser gingen, von Straße zu Straße, von Quartier zu Quartier und zu irgend einem, natürlich fingirten, mildthätigen Zwecke Beiträge sammelten, dieselben mit den Namen der Geber in große Listen einschrieben, gedruckte Quittungen gaben und für den Empfang größerer Summen sogar einen bekannten Banquier der Hauptstadt bezeichneten — und diese großartige Prellerei Monate lang und ganz frei am hellen Tage trieben, ohne entdeckt zu werden. So beutete vor drei Jahren ein Abbé Lecoeur mit seiner Schwester, einer Carmeliterin, Beide von dem Bischofe ihrer Diöcese empfohlen, das Faubourg Saint-Germain aus und zwar für einen Kirchenbau in Calvados. Die ersten Namen der pariser hohen Gesellschaft standen auf der Liste und die gezeichneten und auch eingezahlten Beiträge betrugen weit über hunderttausend Franken. ... Der saubere Abbé und seine noch sauberere Schwester wohnten dabei als „vornehme Ausländer" im Hôtel du Louvre und gaben ihre kleinen Soupers à la régence in der Maison dorée. Und was die Hauptsache und auch das Schlimmste ist: als endlich die Polizei Wind bekam und Jagd machte auf das barmherzige Geschwisterpaar, war dasselbe verschwunden, Gott weiß, wohin. Man hat nie wieder etwas von ihnen gehört, welcher letztere Umstand die mit Recht so gerühmte pariser Sicherheitspolizei nicht wenig geärgert hat. —

Vor allem dürfen wir den Autographensammler an der Pointe = Saint = Eustache nicht vergessen; es ist wirklich ein origineller Mann und dabei seine Industrie ganz neu. Ob freilich seine Autographen berühmter Männer alle authentisch und ächt sind, ist eine andere Frage, oder es unterliegt dies vielmehr keiner Frage, denn sie sind entschieden unächt. Aber was macht das? Wir kaufen sie ja doch nicht, und könnten sie ja auch gar nicht kaufen, denn ihre Preise sind enorm; wir wollen sie nur besehen, und dies Vergnügen haben wir für einen Sou. Hier der Brief Santerre's an den National=Convent, in welchem er anzeigt, daß alle Vorbereitungen für die Hinrichtung des »Capet, ci-devant roi de France« getroffen sind (die Greuelscenen aus der ersten Revolution behaupten noch stets ihre alte Anziehungskraft); dort ein Brief Louis Philippe's, in welchem er als Schulmeister in der Schweiz seinen Hauswirth wegen der schuldigen Miethe um Nachsicht bittet und auf „bessere Zeiten" vertröstet; in einem andern Kasten der bekannte Zettel von Talma, auf welchen der große Künstler die Worte geschrieben: »Laissez

entrer Monsieur Bonaparte dans ma loge«; auch
Verse von Beranger und Lamartine, Briefe von Vol=
taire und Rousseau, ein „Liebesbrief" von der Rachel
und hundert ähnliche Raritäten.

Die meisten Zuschauer wissen sehr gut, daß das
Ganze nichts als eine lustige Mystification ist; aber
sie hören trotzdem ehrbar zu, wenn der Patron ver=
sichert, mit allen Celebritäten des Tages bekannt
zu sein, und dann erzählt, wie sein Vater als
Intimus von Talleyrand mit allen bedeutenden Per=
sonen des ersten Kaiserreichs befreundet gewesen zc.
Leider können wir uns nicht länger bei dem Wunder=
manne aufhalten; wir verlassen ihn gerade in dem
Augenblicke, wo er seinen Zuhörern einen „Original=
brief" Garibaldi's vorliest, in welchem der große
Volksbefreier die Königskrone von Neapel ausschlägt ....
ein Stadtsergent steht nahe genug, um den Unsinn
zu hören; aber er läßt ihn ruhig geschehen und
stört den Redner nicht, der übrigens auch klug genug
ist, sofort ein Facsimile des „großen Kaisers" zu
zeigen. —

Mit einbrechender Dunkelheit sieht man andere
Industrielle, die sich eben nur Abends produciren kön=
nen. Dort sitzt in einem dunkeln Thorwege ein ar=
mer Teufel und läßt beim Scheine einer kleinen
Kerze bunte Gliederpuppen zwischen seinen Beinen tan=
zen; das ausgespannte Pferdehaar, an welchem die
Figuren befestigt sind, sieht man nicht, so wenig wie
die übrigen Fäden an Händen und Füßen; die Täu=

schung ist vollkommen und der Platz um den Künstler wird namentlich von Kindern nie leer.

Auf der andern Seite des Boulevard zeigt eine arme Frau Schattenbilder an einer Mauer, auf die von dem prächtig erleuchteten Magazin gegenüber helles Licht fällt; die Bilder sind zunächst die Portraits bekannter Persönlichkeiten, aber außerdem auch die Monumente der Hauptstadt, die Kirchen, das Louvre ꝛc. Die Sachen sind hübsch zu sehen, aber die arme Frau sieht gar zu unglücklich und kümmerlich aus. Zwei Sous, und wir gehen vorüber.

Ueberall auf den Trottoirs kleine brennende Kerzen und überall etwas zu sehen und zu hören, fast immer dasselbe und doch immer etwas Neues. Kommt Einer und stellt sich mitten in den Weg, setzt seinen Hut vorsichtig und mysteriös auf den Boden, ein Licht daneben und beginnt alsdann seine pathetische Rede, die wir allerdings nur unvollkommen wiedergeben können, obwohl sie bei der ganzen Geschichte die Hauptsache ist. Es handelt sich nämlich darum, das versammelte Publicum neugierig zu machen auf das, was unter dem Hute verborgen ist. Nie, so lange Paris steht, ruft er aus, hat man so etwas gesehen, so schön, so billig, so merkwürdig. Die größten Gelehrten sind sich nicht einig, das Wunder zu erklären ꝛc. Dabei bleibt der Hut immer auf demselben Platz, manchmal macht der Redner Miene, ihn aufzuheben und den seltenen Schatz zu zeigen, aber er besinnt sich und fängt sein Geschwätz von neuem an. Das dauert eine gute Viertelstunde und länger, je nach der Ungeduld einzelner Zuhörer, die ihm endlich ein paar Sous hinwerfen, damit er seinen Hut aufdecke. Was alsdann zum Vorschein kommt, ist natürlich nicht der Mühe und der Rede werth: eine „goldene" Uhrkette zu vier Sous, kleine goldene Ringe mit „ächten" Steinen zu zwei Sous, oder sonst etwas Derartiges. Manche gehen alsdann ärgerlich davon und schelten auf den Schwadroneur und Windbeutel, der vielleicht noch nicht gefrühstückt hat, obwohl es neun Uhr Abends ist. „Unser täglich Brod gib uns heute!" —

Vor allen Kaffeehäusern ist um diese Stunde kaum ein Plätzchen zu haben, und war die Procession der Industrieritter beiderlei Geschlechts schon am Tage groß, so wächst sie bei Nacht um das Doppelte und Dreifache. Equilibristen und wandernde Musikanten in erster Reihe, und was für Künstler! In der Regel kleine Kinder, die sich schnell auf den Kopf stellen, mit den Beinen zappeln, uns um einen Sou bitten und weiter laufen; andere bleiben mit ihrer Violine einen Augenblick vor uns stehen, entreißen dem Instrument ein paar Jammertöne und uns eine Gabe, wenn wir nämlich noch nicht die Lust zu geben verloren haben, und machen sich ebenfalls eilig aus dem Staube, Alle aus Furcht vor den Stadt-Sergenten, die sie als unbefugte Bettler sofort arretiren. Wie gesagt, sechs=, acht=jährige Kinder, oft, trotz ihrer Lumpen und schmutzigen Hände, von intelligentem Aussehen, die kleinen Mädchen nicht selten allerliebst, wenn auch bereits welk und verkümmert, physisch wie moralisch. O, der ernste Statistiker, oder gar der Philosoph wende nur den Blick ab von diesen Geschöpfen, und hänge nur seinen Gedanken nicht nach über ihre Gegenwart und vollends nicht über ihre Zukunft, will er sich anders nicht in ein unendliches Chaos der trübseligsten Bilder verlieren! Das ist die dunkle Schatten- und Nachtseite des äußerlich so amüsanten Bildes, wie wir dasselbe dem Leser vorführen; er liest diese Blätter beim Thee oder bei der Cigarre und ruft wohl gar, um uns ein Compliment zu machen, am Schlusse der Lectüre ganz zufrieden aus: „Es ist doch wirklich interessant, dies Paris! Im nächsten Jahre reise ich entschieden hinüber."

Aber trotz dieser günstigen Selbstkritik unserer Arbeit sind wir mit unserer Schilderung noch nicht zu Ende; ja der Schluß scheint uns interessant genug, um ihn nicht auszulassen. Wir haben nämlich die letzte, die allerletzte Sorte der pariser Straßen-Industrieritter noch nicht vorgeführt, die eigentlichen Proletarier unter diesen armen Teufeln, oder, wenn man lieber will, die Parias unter diesen Proletariern.

Die bis jetzt von uns geschilderten Industrieritter, groß und klein, hatten doch sämmtlich mehr oder weniger ein materielles Etwas, um nicht Besitzthum zu sagen, was ihnen zu dem täglichen Sou oder Franken verhalf; einen fonds de commerce, wie man es hier in Paris nennt. Der Leser findet es gewiß spaßhaft, dies ernste große Wort auf so leichte kleine Verhältnisse angewandt zu sehen; aber er vergißt nur, daß hier eben Alles, auch das Geringste, einen pomphaften, vornehmen Namen trägt. Was übrigens ein fond de commerce in Bezug auf die pariser Straßen = Industrie bedeutet, ersieht man am besten aus der folgenden kleinen Geschichte, die wir um so mehr verbürgen können, als sie uns selbst passirt ist.

Im Faubourg St. Denis, nicht weit von unserm Hause, stand im vorigen Herbste fast allabendlich unter einem Thorwege ein armes zerlumptes Weib, wie man deren Hunderte in allen Quartieren sieht. Diese Unglücklichen bitten kaum um ein Almosen; sie stehen da in ihrer Leidensgestalt, ein jammervolles Memento, und wenn der Vorübergehende sie nur bemerkt, so haben sie auch Hoffnung, einen Sou zu bekommen, denn sie sehen gar zu elend aus. Eines Abends aber redete mich jene Frau an und bat mich um einige Suppen = und Brodzettel für irgend ein Bureau des St. Vincent de Paul = Vereins, der seine segensreiche Wirksamkeit längst über die ganze Hauptstadt ausgebreitet hat. Die Leidensgeschichte der armen Frau war übrigens so gewöhnlich, daß sie sich nicht der Mittheilung verlohnt. „Wenn ich nur einen fonds de commerce hätte," rief sie schließlich aus, „so wäre mir gleich geholfen".

„Wie so?" fragte ich. „Einen fonds de commerce; um irgend ein Geschäft anzufangen, nicht wahr? Ja, lieber Gott, das glaube ich gern, aber dazu gehört Geld, ein Capital."

Sie lächelte schmerzlich: „Nicht mehr Geld, als

Sie vielleicht an einem Theater - Abende oder für ein Souper ausgeben, schöner Herr, nicht mehr."

Ich erschrack, obwohl mich, Gottlob! der frivole Vorwurf nicht traf; aber diesen Unglücklichen muß man Alles verzeihen: sie haben den grenzenlosesten, raffinirtesten Luxus tagtäglich vor Augen und fühlen ihr eigenes eben so grenzenloses Elend nur um so tiefer. .... Die Geschichte des hungrigen Bettelmannes, dem eine lustige Gesellschaft in der Maison dorée eine Handvoll Champagnerpfropfen als Almosen gab ... genug, ich verzieh der armen Frau ihr hartes Wort gern und fragte weiter.

„Fünf und zwanzig Franken genügen," sagte sie, „damit habe ich Alles, was nöthig ist, um mein Geschäft anzufangen."

„Fünf und zwanzig Franken als »Geschäftsfonds«! Und wie denn das?"

Um es kurz zu machen, die Sache war so: Für die genannte Summe konnte die Frau eine kleine Fruchthöckerei unter einem Thorwege kaufen, und zwar von einer andern alten Frau, die sich „von den Geschäften zurückziehen" wollte, und damit den Grund legen zu einem täglichen Verdienst von zwei und drei Franken; ihr „Geschäft" vielleicht außerdem mit der Zeit erweitern, jedenfalls sich aber dadurch vor dem Verhungern schützen. Und dies geschah denn auch, und jetzt ist die Frau „etablirt" und ganz zufrieden.

Einen solchen Fonds hat also, wie gesagt, mehr oder weniger Jeder, der zur Straßen = Industrie gehört; nur die allerletzte Sorte, von der wir jetzt reden wollen, besitzt auch diesen Fonds nicht einmal und hat gar nichts, als sich selbst und die Hoffnung auf irgend eine günstige Gelegenheit, ein paar Sous zu verdienen. Wahre Kinder des Zufalls, kann auch nur der Zufall ihnen die gebratene Taube in der Gestalt eines Zwei- oder Viersousstücks zuführen; aber er thut es auch und in hundertfacher Weise, denn Gott verläßt die Seinen nicht. „Unser täglich Brod gib uns heute!"

So wie einer von den tausend Wagen, die von früh bis spät auf den innern Boulevards hin- und herrollen, anhält .... gleich eilt ein Gamin hinzu, öffnet den Schlag, hilft der Dame ganz manierlich beim Aussteigen und hat sein Trinkgeld verdient. Oder man wünscht einen Wagen, hat aber eine Dame am Arme, kann also nicht quer über die wildbelebte, lärmende Chaussée laufen, um einen leeren Fiaker anzuhalten .... flink ist unser Gamin wieder da, springt fort und in den ersten besten Wagen hinein und läßt vorfahren, händigt uns auch die Nummer des Kutschers ein und hat sich vermuthlich von diesem ebenfalls ein kleines Trinkgeld geben lassen. Hunderte von Gamins (wir behalten das französische Wort bei, denn es ist charakteristisch) warten allerdings auf allen Boulevards auf diese Wagengelegenheiten, aber dieselben bieten sich auch hundertfach in einer Stunde.

Die Stühle auf den vornehmen Boulevards sind an schönen Nachmittagen, obwohl deren viele Tausende überall stehen, fast sämmtlich besetzt; man sucht vergebens einen leeren Platz, und zwar mehr für seine Dame, als für sich selbst. Umsonst: ein Königreich für einen Stuhl! Ein sauberer Bursche bietet uns sofort zwei an, pour Madame et pour Monsieur, er hat sie auf sein Risico genommen und jeden mit zwei Sous bezahlt, wir geben ihm la pièce blanche, denn das obige Wort Königreich, wie wir in Verzweiflung ausriefen, sollte zehn Sous bedeuten.

Zu dem folgenden Spitzbubenstreiche gehören zwei Gamins, aber die finden sich leicht, denn Gleich und Gleich gesellt sich auch in Paris gern, wie bei uns zu Hause.

Kommt ein feiner Herr gegangen, der froh ist, aus dem schmutzigen Macadam auf's saubere Trottoir zu gelangen (der Macadam der Boulevards ist nämlich stets schmutzig: bei schlechtem Wetter vom Regen und bei gutem von dem gesprengten Wasser, ein millionen Mal gerügter Uebelstand, dem aber bis dato nicht abgeholfen ist).... Der feine Herr schreitet behutsam über die breite Gosse; da — wenn man ein Unglück haben soll! tritt ihm ein Esel von Gamin auf den Spazierstock, und der Stock fällt gerade in den Dr..., wie Göthe in seinem Schneiderliede schreibt. Sofort springt aber ein anderer Gamin (der Helfershelfer!) herbei, holt den Stock aus dem Schmutz, wischt ihn sorgfältig ab und überreicht ihn dem Gentleman, der froh ist, bei dem „Unglück" wenigstens seine neuen Handschuhe gespart zu haben. Der Liebesdienst ist schon seine paar Sous werth.

Der Leser glaube nur nicht, daß wir dergleichen Geschichten erfinden; noch ganz kürzlich wurde ein solcher Fall vor dem Polizeigerichte verhandelt. Ein Sergent de Ville hatte nämlich zwei Gamins bei diesem Streich beobachtet, den sie in etwa einer Stunde nicht weniger als fünf Mal gespielt, und sie darauf arretirt. Que voulez-vous, sagte der Eine von ihnen zum Präsidenten, les temps sont si mauvais et on invente toutes sortes de choses quand on a faim et, quand on veut rester honnête. Der Schluß ist namentlich charakteristisch; auch wurden die Burschen nach einer derben Vermahnung frei gelassen.

Als wenn diese Schlingel nicht arbeiten könnten! ruft ärgerlich Dr. B., mein Terrassennachbar und böser Geist. Man sollte wirklich dergleichen Geschichten gar nicht von der scherzhaften Seite schildern, um ihnen nicht Vorschub zu leisten.

Recht hat der Doctor und auch nicht; aber der pariser Gamin ist einmal ein Taugenichts, und wenn er arbeitete, wie andere ehrliche Leute, so wäre eben die Hauptstadt der Welt um einen ihrer interessantesten Typen ärmer. Zudem ist es gar nicht so schlimm mit den Gamins, die fast sämmtlich, eben weil sie nichts Besseres zu thun wissen, mit dem siebenzehnten Jahre als Freiwillige in den Militärdienst treten und sehr gute Soldaten werden.

Die Schwefelhölzer, richtiger die Zündhölzer (um wieder auf unser Capitel zu kommen) sind doch gewiß billig; auf allen Tischen vor den Kaffeehäusern liegen sie umher und der Vorübergehende nimmt ungenirt eins, um seine Cigarre anzuzünden. Eh bien, wer sollte es glauben, daß ein solches Zündhölzchen per Stück einen Sou und gar zwei Sous werth sein kann? Freilich unter Umständen und zwar unter folgenden. Kaum ist der Vorhang im Theater, gleichviel in welchem, gefallen, so eilt alle Welt in's Freie, um während des Zwischenactes zweierlei zu schöpfen: Luft, nach der erstickenden Hitze des Saales, und Kraft, den folgenden Act ohne Lebensgefahr zu bestehen. Man lächle nur über diesen superlativen Ausdruck; aber die pariser Theater, vorzüglich im Sommer, sind wahre Backöfen, im Großen wenn man will, aber doch Backöfen. Der »Prise de Pékin« z. B., nach der chinesischen Expedition das berühmteste pariser Spektakelstück, von Anfang bis zu Ende beizuwohnen, ist eine Herculesarbeit, der wahrlich nicht Jeder gewachsen ist. Genug, Alles eilt in's Freie, und welch' einen Genuß alsdann eine Cigarette bieten kann, (eine Cigarre würde zu lange währen) das weiß jeder Raucher. Nur schnell Feuer bekommen, was im Gedränge nicht leicht ist. Da präsentirt sich ein Gamin und reicht uns ein brennendes Zündhölzchen, und wir geben ihm gern einen Sou für diesen Liebesdienst, und wenn wir nur Zwei-Sous-Stücke in der Tasche haben, so lassen wir ihm großmüthig die ganze „Summe". —

Die Haupt-Omnibusstationen in Paris sind stets von Passagieren umdrängt; an Sonntagen zumal kann man bequem eine Stunde warten, bis man einen

Platz bekommt. Es geht übrigens Alles sehr ordentlich her, die Aufseher geben Nummern aus und Jeder wartet ruhig und ohne Murren, bis seine Nummer aufgerufen wird. Die Herren ziehen überdem die Plätze oben im Freien auf dem Impérial vor; es sind aber deren immer nur zwölf auf jedem Wagen, die nur (nur!) alle fünf Minuten abfahren. Wer also Nummer 75 oder 94 hat, kann sehr gut Schiller's „Resignation" nicht allein lesen, sondern auch auswendig lernen, bis die Reihe an ihn kommt. Immer aber findet man Gamins, die uns still und unter der Hand ihre Nummer anbieten, Numero 5 oder 7 oder 11, die sie, wie jener oben die Stühle auf dem Boulevard, auf eigenes Risico genommen haben. Wir geben ihm gern den doppelten Preis, sechs Sous statt drei, nur um schnell fort zu kommen. Sind nicht sechs Sous noch immer sehr billig, wenn man dafür vom Palais Royal nach Passy fahren kann? Ueber zwei Meilen! Manchmal verlangen sie freilich mehr für ihre Nummer, aber viel Lärm dürfen sie auch nicht machen, denn wenn ein Aufseher sie attrapirt, obwohl diese den kleinen Handel sehr gut kennen, so läßt er sie arretiren. So lautet wenigstens sein Reglement, aber er drückt mitleidig ein Auge zu. „Unser täglich Brod gib uns heute!" —

Bis hinein in die Kirchen erstreckt sich diese Schmuggelei mit den Plätzen, und jedes Mal, wenn ein berühmter Redner sich hören läßt, kann man sicher sein, am Eingange der Kirche angeredet zu werden: »Monsieur désire une bonne place? en face du prédicateur, tout près de la chaire« ꝛc. Man kann schon einen Franken und auch zwei daran wenden, um einen Dupanloup, Lacordaire, Ravignan, oder P. Felix zu hören, ein Fremder vorzüglich, der nur einige Wochen in Paris bleibt. Unser Platzverkäufer gibt uns eine Nummer, mit der wir leicht in der Kirche unsern Stuhl finden, von welchem sich sofort still ein Anderer, sein Cumpan, erhebt, der ihn bis dahin besetzt hielt. Es ist dies allerdings ein Mißbrauch, fast eine Profanation des heiligen Ortes. Die Sache kam auch im vorigen Winter in einigen Zeitungen bei Gelegenheit der Fastenpredigten des P. Felix in Notre=Dame zur Sprache, wo man sich schon um 10 Uhr, also drei Stunden vorher, in die Kirche drängte, um einen Platz zu bekommen. Aber da antwortete ein Anderer sehr richtig, daß dies noch immer kein so großes Aergerniß sei, als die Manier der hohen Damen aus dem Faubourg Saint=Germain, die einen ihrer Livrée=Bedienten hinschicken, um einen Platz zu besetzen, oder gar ... einen ihrer „Courmacher". Da war denn allerdings nichts mehr zu sagen.

Noch ein Wort über die sogenannten »suiveurs«, eine Industrie, welche die demi-monde aufgebracht hat, auch Etwas, das wir vom Standpunkte der Moralität nicht gut heißen können .... aber wir berichten ja nur, wie's hier in Paris zugeht, Licht und Schattenseiten, wie es kommt; denn nur auf diese Weise lernt man das Leben und Treiben des Volkes kennen.

Wir sitzen in den Champs=Elysées und plaudern

und lassen die bunten Equipagen mit ihrem noch bunteren Inhalte an uns vorüberfahren. In einem offenen Coupé à la Daumont, grün mit Silber und amaranthenen Schleifen, erscheint eine schöne Dame .... Scherz bei Seite, wirklich eine schöne Dame, von großer Distinction, und unwillkürlich sage ich zu meinem Nachbar: »Mais regardez donc cette belle femme!« In demselben Moment, wie ein deus ex machina, biegt sich mir ein Bursche über die Schulter und flüstert mir geheimnißvoll zu: »Monsieur désire que je la suive?« Ich mache große Augen, aber mein Freund, ein Pariser pur sang, lacht und erwidert: „Verstehen Sie denn nicht, was er will? C'est un suiveur, voilà tout". Der Leser versteht es jetzt eben so gut, wie ich es verstand. So ein suiveur läuft dem Wagen nach bis an die Bastille, bis an's Pantheon, bis an's Ende der Welt, wenn's sein muß und Nota bene, wenn er gemessene Ordre hat und außerdem merkt, daß er mit einem Gentleman oder gar mit einem Gandin zu thun hat. Man kann sicher sein, daß er sich am folgenden Tage vor demselben Stuhle in den elysäischen Feldern einfindet und dort Bericht erstattet. Die genaue Adresse der Dame zuerst, alsdann, wo der Wagen noch sonst etwa unterwegs angehalten und ähnliche Details. Ein Gandin, à la Ponson du Terrail, bezahlt eine solche Nachricht, die ja nicht mit Gold aufzuwiegen ist, gern mit einigen Franken und mehr und der suiveur empfiehlt sich zu weiteren „Commissionen". Das ist doch gewiß ein parifer Sittenbild erster Sorte und originell obenein; o tempora, o mores! Oft sieht man einen suiveur hinter einem Omnibus herlaufen, wenn der Wagen complet ist, was häufig paffirt, oder wenn der arme Teufel keine drei Sous hat, was wohl noch häufiger der Fall ist; er läuft aber unverdroffen bis an's Ziel.

Doch auch wir müffen endlich an das Ziel denken, so Mancherlei wir noch zu erzählen hätten, zum Beispiel von einer andern parifer Induftrie, die nicht auf der Straße, fondern an der Straße etablirt und nicht weniger intereffant ist. Etabliffements, wo man eine „Taffe Kaffee" im Winter und ein „Glas Eis" im Sommer für einen Sous bekommt, wo man fich ein „Frühftück" für zwei Sous und ein „Diner" für drei kauft und „recht gut ißt;" wo man, um Abends auf einen „Ball" zu gehen, die ganze Toilette für zwei Franken miethet und nicht ein Mal nöthig hat, die Effecten zurückzubringen, da fie ohnehin nicht mehr werth find; fogenannte Hôtels garnis, wo man für einen Sous übernachtet und noch ein Stück Brod in den Kauf erhält, und hundert ähnliche Dinge, die man gefehen haben muß, um fie zu glauben, und welche die kühnfte Phantafie nicht zu erfinden vermöchte.

Doch wir verfparen dies auf ein anderes Capitel.

Ein Glas Eis.

Wir haben in diesem Jahre in Paris keinen Sommer; wir sind im Juli, aber der erste wirklich heiße Tag soll noch immer kommen. Die gesammte Sommer-Industrie leidet darunter sehr, und mittelbar der ganze pariser Handel, denn Alles greift wie eine Kette ineinander. Wie wenige Herren sieht man in diesem Jahre in Strohhut und weißen Beinkleidern, und ein weißer Rock ist vollends eine Seltenheit! Aber viele Hunderte von Gewerbtreibenden sind auf den Absatz von Strohhüten und weißen Anzügen angewiesen, und tausend fleißige Hände feiern, denn ihre materielle Existenz wird durch die Ungunst der Witterung bedroht. Die Vornehmen freilich, die stets zufrieden bleiben, weil sie reich sind, klagen auch nicht über das Ausbleiben der Hitze; oder wenn sie klagen, so thun sie es nur deshalb, weil sie weniger Ursache haben, in ein Seebad zu gehen, was einmal zum guten Ton gehört. Die Damen klagen nur, weil sie ihre kostbaren Sommertoiletten unbenutzt liegen lassen müssen, oder Damen wie Herren sind unzufrieden, weil sie nicht wie sonst in der heißen Zeit Eis und Sorbet essen können. Die freundliche Leserin lächelt; aber schon Börne hat in seinen pariser Briefen gesagt: „Wer nie ein Glas Eis in Paris gegessen hat, weiß gar nicht, was es heißen will, ein Glas Eis essen." —

Nehmen wir einmal an, es sei einer jener milden, schönen Sommerabende, wie wir sie im vorigen Jahre zwei Monate lang gehabt und hoffentlich auch in diesem Jahre noch haben werden.

Erlauben Sie mir Ihren Arm, gnädige Frau, daß ich Sie an den Wagen führe, denn man darf nicht zu Fuße kommen, will man anders in Paris das beste Eis und zwar in der besten Gesellschaft essen. Schon sind die breiten Boulevards von tausend und aber tausend Gasflammen erleuchtet, und hunderte von Equipagen und Fuhrwerken jeglicher Art bilden mit ihren angezündeten Lampen auf und ab tanzende, hin und her eilende Lichterreihen. Es ist ein Gesause und Gebrause überall, unaufhörlich und betäubend, daß man sich wirklich in das pariser Leben hineingelebt haben muß, um sich in diesem unermeßlichen Strudel und Wirrwar heimisch und wohl zu fühlen.

Und doch — bildet man nicht auch wiederum eine Art Mikrokosmus in seinem Wagen, unberührt von der übrigen lärmenden Welt, obwohl in nächster Verbindung mit ihr, gewissermaßen ein integrirender Theil des großen, unermeßlichen Ganzen? Der leichte, elegante

Phaëton fliegt dahin, vorüber an der Rue Vivienne und an der Rue de Richelieu, am Café Tortoni vorbei, an dem berühmten Café Anglais und dem noch berühmtern goldenen Hause, der maison dorée. Weiter und weiter geht es bis zur Madeleine-Kirche, die im Mondscheine nur noch täuschender das herrliche Parthenon Athens in die Erinnerung ruft, — und nun wird Alles noch breiter, freier und größer: vor uns die schäumenden, blitzenden Cascaden des Concordeplatzes und der ägyptische Obelisk, der bereits gegen sechs Jahrtausende gesehen; weiter zurück die doppelte Feuerlinie der elysäischen Felder, wie die Boulevards, nur in noch großartigern Verhältnissen, von schwebenden, tanzenden Lichtern durchgaukelt. In solcher tausend und einer Nacht darf Sorbet und Eislimonade nach orientalischer Sitte nicht fehlen. Unser Wagen hält auch bereits vor einem blendend erleuchteten Hause, und nicht unser Wagen allein, sondern wenigstens zwanzig bis dreißig Equipagen in langer Doppelreihe. Die Kellner sämmtlich in schwarzem Frack, weißer Cravatte und weißen Handschuhen (ein Band im Knopfloch und man könnte sie, wie sie sind, auf einen Hofball schicken); sie eilen in geschäftiger Hast hin und her, um auf silbernen Platten das Eis zu präsentiren, das man im Wagen genießt, denn so will es die Sitte, für die Damen zumal. Die Herren, auch hier wie bei allen Gelegenheiten das freiere Geschlecht, steigen wohl aus, und wo sich Bekannte treffen, treten sie zusammen zu einem flüchtigen Gespräch. Was für Eis wünschen Sie zu essen, meine

Gnädige? Sie haben nur zu befehlen; alle möglichen und unmöglichen Sorten und, was das Wunderbarste ist, alles in natürlicher Form servirt: Apfelsinen=Eis als goldene Orangen, Erdbeer= und Himbeer=Eis als Erdbeeren und Himbeeren an zierlichen Stielen und so fort die Früchte aller Länder und Zonen. Wie gesagt, man hat nur zu befehlen. Auch wartet man nie länger, als eben der Kellner braucht, um das Bestellte zu holen. Auch das sogenannte Phantasie=Eis ist in der reichsten Auswahl zu haben, hier ein Vogel, natürlich der kaiserliche Adler, dort ein Ordensstern, natürlich das Kreuz der Ehrenlegion, auch dreifarbiges Eis, blau, roth und weiß; um Alles zu nennen, müßte man die lange Liste abschreiben, die uns in alphabetischer Ordnung in einem silbernen Rahmen vorgehalten wird. Die Equipagen fahren an und fahren ab und dies Treiben dauert bis nach Mitternacht; ja in den heißen Juli-Nächten des vorigen Jahres konnte man in der Rue Royale um zwei Uhr noch die kleinen Cabriolets halten sehen, die allerdings dann mehr der demi-monde angehörten. Jene Herren und Damen, die übrigens stets die Nacht zum Tage machen, kamen von den Ballfesten zurück, die fast täglich während des Sommers im Bois de Boulogne gegeben werden; sie konnten der Versuchung nicht widerstehen, bei Rouzé anzuhalten trotz der späten, oder richtiger so frühen Stunde. Von St. Cloud, von Passy und Auteuil kommen ebenfalls viele Familien Abends nach Paris, um sich in der Rue Royale zu erfrischen, ... manche machen weite Umwege ...

ein Königreich für ein Glas Eis! — es muß aber ein Glas Eis von Rouzé sein.

Mein mecklenburgischer Freund, eine ehrliche, gute Haut, aber inmitten der eleganten, schimmernden pariser Welt ein — fast hätt' ich gesagt — ungeleckter Bär, verstieß schrecklich gegen den guten Ton, als wir uns eines Abends bei Rouzé niederließen. Kaum wage ich's, gnädige Frau, Ihnen die Geschichte zu erzählen. Denken Sie sich, mein armer Landsmann fragt den herbeieilenden Kellner, und noch dazu in einem die urgermanische Abkunft nur allzu sehr verrathenden Accent, was für Eis, d. h. was für eine Sorte Eis man haben könne. Der Kellner hatte keine Antwort auf diese Enormität und nur einen Blick des tiefsten Mitleids für den „Wilden". Ich ging an's Buffet und bestellte Ananas à l'impériale, um mich sofort als Kenner zu legitimiren.

Sie lächeln, meine Gnädige, über all das alberne Zeug, das ich Ihnen berichte; aber geben Sie Acht, ich kann Ihnen auch Ernsthaftes erzählen und zwar ohne meinen Gegenstand, d. h. das Glas Eis, zu verlassen.

Sagte ich nicht, als wir über die Boulevards fuhren, „an Tortoni vorüber" — sehen Sie, der Name genügt. Wir brauchen nur einen flüchtigen Blick auf die Vergangenheit dieses Hauses zurückzuwerfen, und wir befinden uns mitten in der Revolution.

In der ersten Hälfte des Julimonats 1830 herrschte eine schwüle, drückende Gewitterluft, und am politischen

Himmel hingen ebenfalls drohende Wolken. Allabendlich hielten auf dem Boulevard des Italiens vor Tortoni lange Wagenreihen; die Damen aßen Eis wie gewöhnlich, aber auf den Hüten trugen sie dreifarbige Bänder und auf den Kleidern kleine Rosetten, ebenfalls in den Farben der ominösen Tricolore. Noch wehte freilich die weiße bourbonische Fahne auf den Tuilerien, Karl X. war noch König und der Fürst Polignac allgebietender Minister. Aber das Gewitter zog näher und näher, und schon rollte der Donner in die Ferne. Im obern Saale bei Tortoni war um jene Zeit täglich große Versammlung: sechszig, achtzig, oft über hundert Männer. Die Discussion war lebhaft, ja stürmisch; manchmal trat lautlose Stille ein, wenn nämlich einer der Herren zu reden begann. Der alte Lafayette, der schon in der ersten Revolution eine so bedeutende Rolle gespielt hatte, saß auf einem erhöhten Sessel, neben ihm Casimir Perier, Lafitte c. Ein einfacher, noch junger Mann mit ausdrucksvollen bleichen Zügen war ebenfalls zugegen; er sprach aber nicht, sondern hörte nur zu, aufmerksam und ernst — das war Guizot, der zehn Jahre später der eigentliche Regent Frankreichs wurde. Auf dem Buffet des Saals standen Erfrischungen, und fast Jeder aß ein Glas Eis bei der großen Hitze und debattirte dabei über den möglichen Ausgang der Revolution, — denn daß eine solche ausbrechen würde, wußte ganz Paris. Als endlich am 25. Juli in den Abendblättern die berüchtigten Ordonnanzen gegen die Presse erschienen waren, brach wilder Tumult aus bei Tortoni. Die Versammlung war auf wenigstens fünfhundert Köpfe gestiegen, und man vertheilte sich von da in die verschiedenen Quartiere der Hauptstadt. Schon am folgenden Morgen begann der Barrikadenkampf. Ob an jenem letzten Abende auch wie sonst die Equipagen vor Tortoni hielten, und ob viel Eis gegessen wurde, meldet die Geschichte nicht. Sie sehen aber, gnädige Frau, daß ich ganz Recht hatte, wenn ich sagte, daß man in Paris mit einem Glase Eis höchst ernsthafte Geschichten verbinden könne.

Und, erlauben Sie gütigst, ich bin noch immer nicht fertig. Da wir doch einmal unsern Wagen haben, so lassen Sie mich dem Kutscher einen Wink geben und zugleich eine Adresse, die er nur allzu gut kennen wird: à la reine Blanche. Der Weg ist freilich weit, durch die Rue Vivienne, am Palais-Royal vorbei und über den Carrousselplatz an den Tuilerien vorbei, dann über den Pont-Royal auf die andere Seite der Seine. Jetzt noch durch die lange Rue du Bac, wo Frau von Staël wohnte und Chateaubriand starb, nun noch ein paar Minuten, und wir sind mitten im Faubourg St. Germain. Kaum eine halbe Stunde war zu dieser Wandlung nöthig, und doch ist dieselbe so vollständig, daß es einer ernsthaften Versicherung bedarf, um zu glauben, daß wir noch in Paris sind. Der Marquis von S., derselbe, dessen gepuderte Dienerschaft wir vor einer Stunde drüben in den Champs-Elysées bemerkten, würde Ihnen sogar einfach sagen, daß das eigentliche, wahre Paris nur hier im Faubourg St. Germain zu finden ist, — so verschieden sind die Ansichten in der Welt; es kommt nur Alles auf den Standpunkt an, von welchem aus man die Dinge betrachtet. Die Straßen sind fast öde zu nennen, und doch ist es kaum zehn Uhr, also eine Stunde, um welche auf dem andern Ufer das pariser Leben erst recht beginnt. Durch die erleuchteten halb offenen Portale der hohen, schloßähnlichen Gebäude kann man in den vordern Hofraum hineinsehen: Kutscher und Bedienten in reicher altmodischer Livree, Mohren und Haiducken, hohe Staatscarossen, der ganze Kutschenschlag ein Wappen mit Hermelin und Fürstenkrone, — es ist, als hätte die Luft sogar einen eigenen parfum de bonne compagnie. Aber wir vergessen ganz die reine Blanche, und wir haben noch nicht einmal gesagt, was der Titel bedeutet. La reine Blanche ist der Tortoni oder Rouzé des Faubourg St. Germain. Blanca von Castilien war bekanntlich die Mutter des heiligen Ludwig; vielleicht daß der Gründer des Hauses daran gedacht hat, vielleicht auch nicht; in der gewöhnlichen Conversation sagt man, profan genug, la dame blanche, als sei von der gleichnamigen Oper die Rede. Der Wagen hält und — wir bleiben diesmal nicht sitzen, sondern steigen aus. Ein „goldener" Portier steht am Eingang, das ist Alles. Durch ein mit matten Glaskuppeln sanft erhelltes Vorzimmer gelangen wir in einen weiten, prächtigen Saal von wahrhaft fürstlicher Eleganz. Alles in rothem Sammet: die Wände, die Vorhänge, die Sessel; die ganze hintere Wand dem Eingange gegenüber ein Spiegel, zugleich der einzige, denn die vielen Spiegel sind das Privilegium der Caffeehäuser und nichts weniger als aristokratisch. Auf den blendend weißen Marmortischen findet sich ein zierlicher Schreib-Apparat (zu einem Billet=doux könnte man nichts Feineres verlangen), überall eine reichgalonirte Dienerschaft, „jedes Winks gewärtig," um die aufgeschriebene Bestellung auszuführen. Das Eis, es wird in der dame blanche nichts Anderes genossen, ist eben so reichhaltig und vortrefflich wie bei Rouzé und Tortoni, aber die Gesellschaft ist eine ganz andere. Dort war sie, wenn auch den reichen, vornehmen Ständen angehörend, doch gemischt und vielfarbig: der Banquier und der Künstler, der Fremde, vom Russen bis zum Brasilianer, der in Californien reich gewordene Speculant und der aus den Colonieen heimgekehrte Pflanzer: alles durcheinander, buntscheckig und interessant; man hörte alle Sprachen der Welt. Die Damen (wenn Sie mir diese Bemerkung gestatten wollen, gnädige Frau) sind dort nicht minder kosmopolitisch; ehrbare Beamtenfrauen und Schauspielerinnen, die Gemahlinnen der Staatsräthe und Senatoren und dazwischen eine Opern = Tänzerin, oder gar noch leichtere Waare, kurz die sogenannte vornehme Welt der Boulevards — hier hingegen von all dem nichts; hier ist Alles ebenbürtig. Man könnte einander fast mit Du anreden und vergäbe sich nichts; alle diese Stammbäume haben die Ahnenprobe, wie das Gold die Feuerprobe, ausgehalten. Viele tragen sogar den Halbmond im Wappen, — nicht als Ungläubige, ganz gewiß nicht, — denn diese ganze hohe Gesellschaft ist katholisch und römisch mit Wort und That, und in religiöser Hinsicht der edelste Kern der pariser Bevölkerung, — sondern weil ihre Vorfahren die Kreuzzüge nach dem heiligen Lande mitgemacht haben. Politisch sind diese Herren und Damen Legitimisten, und zwar Legitimisten vom reinsten Wasser; deshalb findet man auch Eis von der Farbe der Bourbonen, weißes Eis, das man so „weiß" nur in der reine Blanche bekommen kann; und manche schöne zarte Hand schreibt Abends auf das goldgeränderte Atlaspapier: glace à la Chambord. Weiße Lilien in kostbaren Vasen von Sèvres sind die einzigen Blumen, die zur Ausschmückung des Saales erlaubt sind. Staatsgefährlich sind die Legitimisten nicht; sie sind als Opfer der Revolution von Geburt an deren entschiedenste Gegner; ihre Opposition ist bloß eine passive, aber ernst und bedacht und von großer moralischer Kraft. Die Parvenus in den Tuilerien (das Wort ist nicht von mir) mögen sich noch so viel lustig machen über die Perrücken des Faubourg St. Germain (das Wort ist wieder nicht von mir), sie können ihnen doch ihre Bedeutung und ihren stillen Einfluß nicht nehmen. Man glaube nur nicht an den Verfall, an das Dahinscheiden, an die wurmstichige Abgelebtheit — und wie die Schlagwörter der Gegner sonst heißen — der Legitimisten. O ja nicht! Bei einem etwaigen Umsturz des status quo, bei einer Wandlung der Dinge können wir sie erscheinen sehen, diese „Perrücken", voll Muth und Energie, Alles in sich vereinigend: Reichthum, hohen Stand und Bildung, die Sitten so makellos wie das Wappenschild, treue Söhne der Kirche und stolz auf ihren katholischen Glauben, würdige Nachkommen des heiligen Ludwig (»Dieu et la patrie!«) und des großen Bayard (»sans peur et sans reproche!«), vielleicht berufen zu einer großartigen, dauernden Restauration — rira bien qui rira le dernier. —

Da sehen Sie, gnädige Frau, wohin man bei einem Glase Eis gerathen kann! Doch es ist spät geworden, und wenn Sie sonst nichts befehlen, so können wir nach Hause fahren.

———

Inhalt.

	Seite.
Veilchen	1
Die Weihnachts- und Neujahrszeit I.	11
„ „ „ „ II.	21
Pariser Fasching. La saison des bals	44
I. Au château	46
II. A l'Opéra	51
III. Die Volksbälle. La salle Barthélémy	64
IV. Die Soldatenbälle. Le salon de Mars	80
Aux Barrières	93
Longchamps	119
Charfreitag	133
Fontainebleau I.	140
„ II.	152
„ III.	171
„ IV.	184
„ Kurze Nachschrift	194
Die Berühmtheiten des Tages	198
Léotard	200
Ponson du Terrail	213

	Seite.
Die Berühmtheiten des Tages.	
Squire, der zweite Home	225
Anne Delion	248
Madame Saqui im Hippodrome	260
»Le docteur noir«	277
Das Annexionsfest	296
Die Iden des März	305
Lustige Geschichten I.	318
" " II.	321
" " III.	327
Pariser Straßen-Industrie	332
Ein Glas Eis	379

www.ingramcontent.com/pod-product-compliance
Lightning Source LLC
Chambersburg PA
CBHW030427300426
44112CB00009B/894